CAMBRIDGE LIBRARY COLLECTION

Books of enduring scholarly value

Medieval History

This series includes pioneering editions of medieval historical accounts by eye-witnesses and contemporaries, collections of source materials such as charters and letters, and works that applied new historiographical methods to the interpretation of the European middle ages. The nineteenth century saw an upsurge of interest in medieval manuscripts, texts and artefacts, and the enthusiastic efforts of scholars and antiquaries made a large body of material available in print for the first time. Although many of the analyses have been superseded, they provide fascinating evidence of the academic practices of their time, while a considerable number of texts have still not been re-edited and are still widely consulted.

The Chartulary of the Cistercian Abbey of St Mary of Sallay in Craven

The abbey at Sallay (Sawley) was a Cistercian house founded in 1147/8 by the Percys, close to the Yorkshire–Lancashire border. The chartulary was compiled in the 1330s, comprising records from the foundation onwards, with a few later additions. The house remained a poor foundation, and it suffered when Whalley Abbey was founded only seven miles away in 1296. The 676 charters are arranged in twelve geographical groups, according to the proximity of the properties to Sallay. The documents are given in Latin, with English summaries of each by the editor, Joseph McNulty, who has also attempted to date the charters. Although the abbey is not as well known as other foundations, its charters provide a valuable source for the economic history of the north of England. Volume 1, published in 1933, contains the first 388 charters.

T0371489

Cambridge University Press has long been a pioneer in the reissuing of out-of-print titles from its own backlist, producing digital reprints of books that are still sought after by scholars and students but could not be reprinted economically using traditional technology. The Cambridge Library Collection extends this activity to a wider range of books which are still of importance to researchers and professionals, either for the source material they contain, or as landmarks in the history of their academic discipline.

Drawing from the world-renowned collections in the Cambridge University Library and other partner libraries, and guided by the advice of experts in each subject area, Cambridge University Press is using state-of-the-art scanning machines in its own Printing House to capture the content of each book selected for inclusion. The files are processed to give a consistently clear, crisp image, and the books finished to the high quality standard for which the Press is recognised around the world. The latest print-on-demand technology ensures that the books will remain available indefinitely, and that orders for single or multiple copies can quickly be supplied.

The Cambridge Library Collection brings back to life books of enduring scholarly value (including out-of-copyright works originally issued by other publishers) across a wide range of disciplines in the humanities and social sciences and in science and technology.

The Chartulary of the Cistercian Abbey of St Mary of Sallay in Craven

VOLUME 1

EDITED BY JOSEPH MCNULTY

CAMBRIDGE
UNIVERSITY PRESS

CAMBRIDGE UNIVERSITY PRESS

Cambridge, New York, Melbourne, Madrid, Cape Town,
Singapore, São Paolo, Delhi, Mexico City

Published in the United States of America by Cambridge University Press, New York

www.cambridge.org
Information on this title: www.cambridge.org/9781108058797

© in this compilation Cambridge University Press 2013

This edition first published 1933
This digitally printed version 2013

ISBN 978-1-108-05879-7 Paperback

The Anniversary Reissue of Volumes from the Record Series of the Yorkshire Archaeological Society

To celebrate the 150th anniversary of the foundation of the leading society for the study of the archaeology and history of England's largest historic county, Cambridge University Press has reissued a selection of the most notable of the publications in the Record Series of the Yorkshire Archaeological Society. Founded in 1863, the Society soon established itself as the major publisher in its field, and has remained so ever since. The *Yorkshire Archaeological Journal* has been published annually since 1869, and in 1885 the Society launched the Record Series, a succession of volumes containing transcriptions of diverse original records relating to the history of Yorkshire, edited by numerous distinguished scholars. In 1932 a special division of the Record Series was created which, up to 1965, published a considerable number of early medieval charters relating to Yorkshire. The vast majority of these publications have never been superseded, remaining an important primary source for historical scholarship.

Current volumes in the Record Series are published for the Society by Boydell and Brewer. The Society also publishes parish register transcripts; since 1897, over 180 volumes have appeared in print. In 1974, the Society established a programme to publish calendars of over 650 court rolls of the manor of Wakefield, the originals of which, dating from 1274 to 1925, have been in the safekeeping of the Society's archives since 1943; by the end of 2012, fifteen volumes had appeared. In 2011, the importance of the Wakefield court rolls was formally acknowledged by the UK committee of UNESCO, which entered them on its National Register of the Memory of the World.

The Society possesses a library and archives which constitute a major resource for the study of the county; they are housed in its headquarters, a Georgian villa in Leeds. These facilities, initially provided solely for members, are now available to all researchers. Lists of the full range of the Society's scholarly resources and publications can be found on its website, www.yas.org.uk.

The Chartulary of the Cistercian Abbey of St Mary of Sallay in Craven
(Record Series volumes 87 and 90)

Volumes 87 and 90 of the Record Series contain an edition of the cartulary of the abbey of Sallay in Craven, founded on the banks of the Ribble in 1147/8. Until 1974, Sawley (as it is now spelled) lay in the West Riding of Yorkshire, but as a result of boundary changes it is currently part of Lancashire. The text of the cartulary is taken principally from British Library Harleian Manuscript 112. It has the number 876 in *Medieval Cartularies of Great Britain and Ireland*, edited by C. Breary, J. Harrison and D.M. Smith (London, 2010).

THE YORKSHIRE ARCHÆOLOGICAL SOCIETY

Founded 1863   Incorporated 1893

RECORD SERIES
Vol. LXXXVII
FOR THE YEAR 1933

THE CHARTULARY of the CISTERCIAN ABBEY of ST. MARY of SALLAY in CRAVEN

VOL. I
(Nos. 1—388).

TRANSCRIBED AND EDITED BY

JOSEPH McNULTY, B.A.

PRINTED FOR THE SOCIETY
1933

Printed by
THE WEST YORKSHIRE PRINTING CO. LIMITED,
WAKEFIELD

THE CHARTULARY OF THE CISTERCIAN ABBEY OF ST. MARY OF SALLAY IN CRAVEN

VOL. I

(Nos. 1—388)

PREFACE

The small Yorkshire Cistercian abbey of Sallay[1] (1148-1536) stood on the left bank of the River Ribble within a mile of the Lancashire boundary. Seven miles south was the Cistercian abbey of Whalley (1296-1537) and between the two lay the castle town of Clitheroe.

The Sallay Chartulary, now British Museum Harleian MS. 112[2], is a beautifully written quarto volume of 198 ff. (leaves 25 cms. by 16·5 cms.), which seems to have been completed soon after 1333[3]. A few documents of later date have been inserted by other hands on pages left blank by the original scribes[4]. In all there are 676 deeds which mostly concern the lands possessed by the monks in Yorkshire and Lancashire. Following these is the *Taxatio* of Pope Nicholas IV in so far as it concerns Yorkshire, and a few miscellaneous entries.

The Chartulary passed into the possession of Sir Arthur Darcy (d. 1560)[5] at the Dissolution and other owners were Sir Simonds Dewes (1602-50)[6] and Humphrey Wanley (1672-1726)[7] and so into the Harley collection. It has been possible to furnish Sallay deeds which are not in the Chartulary from the MSS. of Roger Dodsworth[8] in the Bodleian Library at Oxford, and from one of Christopher Towneley's MSS., lately in the possession of

[1] Other variants of the name are Sallai and Salley. The modern form Sawley, which might well be discarded, first appears in the late 16th Cent. in the Bolton in Bolland Registers. There was another Salley near Ripon where Fountains abbey possessed lands, and the two have been confused by John Harland in his history of the abbey (1853), and in Brit. Mus. *Catal. Royal MSS*. 12 F. VI.

[2] Formerly 35 A. 13. Plut. III B. On the back: *Virtute et fide.*

[3] No. 673 is dated 2 May 1333, the latest date among the original deeds.

[4] No. 221 bears the date 5 Aug. 1392.

[5] On f. 3* are the signatures of Arthur Darcy and Thomas Darcy. "Thys book aperteinithe to Arthur Darcy, knyght, of Salley. Whosoever findes ytt he shall have x.s. so he bryng ytt agayn to hym and Goddes blyssyn. Arthur Darcy."

[6] *D.N.B.* xiv, 450-3. While in the possession of Dewes, the Chartulary was used by Dodsworth (Dodsworth MS. 55, ff. 89-96 (30 Jan. 1647); 89, ff. 141-5; 155, ff. 12-4 (15 Oct. 1649). It is not in the catalogue of Dewes MSS., Harleian MS. 775, although Dewes transcribed a few deeds from it. The Sallay deeds in *Monast. Angl.* (1825), v, 512, were taken "ex registro de Sallaia in bibl. Deuvesiana."

[7] f. 1v.* "For my worthy friend Humphrey Wanley....House in Duke ....in York buildings." Wanley was librarian to Harley and employed by him to catalogue the Harleian MSS. (*D.N.B.* lix, 287-9; Harleian Soc., vi, 199).

[8] 1585-1654 (*D.N.B.* xv, 176). For the Dodsworth MSS. *cf.* Hunter's *Three Catalogues*; Bernard, *Catal. MSS.* (1697), pp. 187-233. A card index to the MSS. is in course of preparation at the Bodleian Library.

Dr. William Farrer and now in the Public Reference Library, Manchester[1]. Copying from original deeds Dodsworth and Towneley frequently supply the names of additional witnesses, which facilitate the task of dating. Where a document from an outside source has been printed it has not had a number assigned.

The arrangement of the Chartulary is into twelve *casae cartarum*, of which Nos. 1-4 deal with places mostly within easy reach of the abbey and Nos. 5 and 6 relate to lands held in Lancashire. They are as follows :

1. f. 1. Sallay, Gaisgill, Rimington, Gisburn.
2. f. 12. Stainton, Marton, Gargrave, Horton, Swinden, Painley, Elwinthorp, Paythorn, Bolton in Bolland.
3. f. 47. Malasis, Ragill.
4. f. 53. The Haia, Acreland, Grindleton.
5. f. 62. Sunderland, Meols, Chipping, Preston (Lancs.).
6. f. 76. Clayton le Dale, Dutton, Salesbury, Ribchester, Bradford by Clitheroe.
7. f. 85. Stainford, Giggleswick, Langcliff, Settle.
8. f.107. Rathmell, Litton, Preston (Craven), Stocton, Arnecliff, Stockdale.
9. f.119. Borrowby, Kearby, Kirkby, Hunslet, Halton.
10. f.146. Ilkley, Farnley, Weston, York, Boston (Lincs.), Hartlepool.
11. f.156. Tadcaster, Hagandby, Smaws.
12. f.170. Oxton, Owston, Whitworth (Lancs.).

It has been decided to reserve for Vol. II the list of abbots and the editor's comments on the Chartulary. An attempt has been made to assign a date to the deeds and a short English summary has been given.

[1] No. 6 on the hand list at the Library. This consists of transcripts relating to the abbeys of Fountains, Whalley and Sallay. It has the *ex-libris* of Mr. Towneley, Park St. West, Thomas Dean, M.D., and William Farrer. For Chris. Towneley (1604-74) cf. *D.N.B.* lvii, 98, and for his MSS. cf. *Bulletin of Instit. of Hist. Research*, vii, 131-2.

CORRIGENDUM

On page 132, line 17, *for* Roger de Lacy *read* Robert de Lacy.

SALLAY CHARTULARY

Anno ab incarnacione domini m⁰.c⁰.xlvij. kal. januar. emissus est conventus cum abbate Benedicto ad construendam abbaciam de Salleya, petente et preparante eis locum nobili viro Willelmo de Percy. viij. Idus. Januar. fundata est, ipsa die luna prima.

> On Jan. 1, 1147-8, a convent was sent forth under abbot Benedict to construct the abbey of Sallay, William de Percy seeking and preparing a place for them. It was founded on Jan. 6, that day being new moon.

1. Carta prima ejusdem Willelmi.   [*c.* 1148]

Willelmus de Percy. Omnibus sancte matris ecclesie filiis Francis et Anglicis, clericis et laycis, presentibus et futuris salutem.   Notum sit vobis omnibus me communi consilio et consensu uxoris mee et liberorum meorum dedisse Deo et ecclesie sancte Marie et abbati Benedicto et monachis abbacie de monte sancti Andree quam ego ipse construxi pro Dei amore et pro salute anime mee et uxoris mee et liberorum meorum et fratrum meorum, dominorum meorum et omnium amicorum meorum et pro animabus patris et matris mee, parentum et amicorum meorum cunctorumque fidelium defunctorum; Sallayam et Dudelant et Helwinesthorp cum omnibus appendiciis et rebus eisdem terris pertinentibus in bosco et in plano, in pascuis et in pratis et in aquis, in puram et perpetuam elemosinam; et preter hec concedo eis unam carucam in Rimigtona quam Normannus Huctredi filius eis dedit et concessit in elemosinam perpetuam, et duas bovetas in Hilleclaia de donacione Roberti dapiferi mei; ista et omnium illorum et aliorum meorum hominum dona illi ecclesie inperpetuum optinenda confirmo.   Testibus subscriptis, in quorum audiencia hec carta facta, lecta et concessa fuit, scilicet, Alanus filius Willelmi de Percy, Will [elmus] de Arches, Gylbertus de Arches, Bertramnus Haget et Farcinus frater ejus, et aliorum multorum.

> The first charter of William de Percy grants to abbot Benedict and the monks of the abbey of Mount St. Andrew, Sallay, Dudelant and Helwinesthorp; confirms one carucate in Rimington, the gift of Norman son of Huctred, and two bovates in Ilkley, the gift of Robert his steward. William himself had prepared some buildings for Benedict and his monks. According to a charter preserved by Christopher Towneley, Swain son of Swain had sold two carucates of land in Sallay to St. Robert, abbot of

Newminster, whose feast is kept on June 8th; and given him land and wood beyond Suanesside towards Clitheroe as far as the spring of St. Andrew, and as the brook of the same spring reaches the river Ribble, to construct an abbey of the Cistercian order. Dr. Whitaker published part of this charter and drew some strange conclusions from it. He translated "novi Monasterii"—"of the new monastery," and made St. Robert of Newminster the first abbot of Sallay. Dodsworth preserves a better text than Towneley e.g. *ad* Cliderhou, for *et* Cliderhow. The deed was with Robert Hartley of Styrkhouse near Gisburn 23 Sept., 1629.

[*c.* 1147]

Notum sit omnibus legentibus vel audientibus litteras has quod ego Suanus filius Suani vendidi Roberto abbati Novi Monasterii duas carucatas terre in Salleia. Insuper pro salute anime mee et uxoris mee omniumque parentum nostrorum dedi ei terram et silvam que vadit ultra Suanesside ad Cliderhow usque ad fontem sancti Andree et sicut rivulus ejusdem fontis vadit in Rible ad construendam abbathiam de ordine Cistercii coram testibus his quorum nomina subscribuntur. Orm decanus de Wallei, Ricardus clericus de Blakeburne, Ranulphus presbiter de Gisleburne, Rogerus clericus de Gerigrafa, Hugo filius Heilsi, Uctred de Dudeland, Gamel filius Ulf beri, Suanus de Stoca, Dolfinus de Dudeland, Sandolf le Venat[or], Walterus Martun, Alfuerus et Loterdus fratres ejus, Alexander de Cliderhow, Ricardus Frectling, Suanus filius Dunnig(?), Ketellus filius Uctredi de Dudeland. (Towneley MS. 6, pp. 683-4; Manchester Public Library; Dodsworth 155, f. 10).

2. Carta secunda Willelmi primi de Percy de Sallai, Dudeland, Crocum, Ailwinnesthorp, Stainton.   [*c.* 1148]

In nomine sancte et individue Trinitatis Ebor. Archiepiscopo omnique ejusdem ecclesie capitulo et universis sancte matris ecclesie filiis nunc existentibus et deinceps futuris Willelmus de Percy salutem. Noverit ergo presens etas omniumque secutura posteritas me communi consilio et concessu uxoris mee et liberorum meorum dedisse et concessisse Deo et ecclesie sancte Marie et abbati Benedicto et monachis abbacie de monte sancti Andree Sallaie quam ego ipse construxi pro amore Dei et pro salute anime mee et uxoris mee et liberorum meorum et fratrum meorum, dominorum meorum et omnium amicorum meorum, et pro animabus patris et matris mee, parentum et amicorum meorum cunctorumque fidelium defunctorum; Sallaiam et Dudelant et Elwinnthorp et Crochum et omne servicium de Staintona quod ad me pertinuit cum omnibus appendiciis et rebus eisdem terris pertinentibus in bosco et in plano et in pascuis et in aquis, solutas et quietas et liberas ab omnibus terrenis serviciis, in puram et perpetuam elemosinam. Testibus subscriptis, in quorum audiencia hec carta facta fuit, lecta et concessa. Alano de Percy filio ejusdem Willelmi de Perci, Willelmo de Arches, Gilberto de Arches, et aliorum multorum. Et hii testes de Crochum. Gillebertus filius Fulconis, Robertus dapifer nepos ejus, Gillebertus de Arches, Robertus de Perci, et alii quam plures. Et hii testes donacionis et confirmacionis [de] Staintona. Gillebertus filius Fulconis, Robertus de Percy, Robertus *f. iv.* dapifer, Gillebertus de Arches, nec non et alii complures tam clerici quam laici, quorum nomina seriatim inserere prolongum foret. Valete.

Second charter of William de Percy to abbot Benedict and his monks, of Sallay, Dudelant, Elwinthorp, Crochum, and such service of Stainton as belonged to him.

Christopher Towneley, with the original grant before him gives additional witnesses: Bertranno Haget et Faricio fratre ejus, Viviano Haget, Rodberto filio Rabodi, Johanne Arundell, Rodberto de Halleia, Rodberto filio Rodberti, Malgero fratre ejusdem Rodberti, Theobaldo filio Viueth, Ricardo capellano, Gladewino sacerdote de Collingaham, Malgero filio ejusdem, Marmaduc Darell, Rodberto filio Willelmi de Haitun, Jordano dapifero, Unfrido pincerna, Theobaldo dispensatore, Rogero Mustela, Willelmo filio Hugonis de Letheleia, Adam filio Meldredi et aliorum multorum. Crochum: Rodbertus' filius Pigot, Rodbertus filius Rabode, Thomas Darel, Fulco presbiter de Gairegrave, Gladewinus sacerdos de Collingaham, et Malgerus filius ejus et alii quamplures. Stainthune: Baldewinus, ipse Willelmus filius Hugonis, Rodbertus filius Pigot, Nicholas sacerdos, Jordanus camerarius, necnon etc. (Towneley MS. 6, p. 692; Dodsworth 8, f. 1; 9, f. 212; 10, f. 193; 155, f. 11; from the charters of Robert Hartley of Styrkhouse near Gisburn 23 Sept., 1629).

3. Carta secunda Willelmi de Perci primi de Sallai, Dudeland, Crocum, Ailwinesthorp, Sprohg', Accescal, Staintona. [*c.* 1148] Omnibus sancte matris ecclesie filiis tam presentibus quam futuris Willelmus de Percy salutem. Notum sit universitati vestre me communi consilio et consensu uxoris mee et Alani heredis mei concessisse et dedisse et presenti carta mea confirmasse Deo et abbacie sancte Marie de Sallay et monachis ibidem Deo servientibus quam ego ipse construxi pro amore Dei et pro salute anime mee et uxoris mee et heredum meorum et fratrum meorum et dominorum meorum et omnium amicorum meorum et pro animabus patris et matris mee, parentum meorum et amicorum meorum cunctorumque fidelium defunctorum; Sallaiam et Dudeland et Crocum et Elwinesthorp et Sprohgescroft et Accescales ex dono Widonis de Humet, et duas bovetas in Hilleclaia cum sartis eidem terre pertinentibus ex donacione Roberti dapiferi mei, et omne servicium de Staintona quod ad me pertinuit, cum omnibus appendiciis et rebus eisdem terris pertinentibus in bosco et plano, in pascuis et in pratis et in aquis, solutas et quietas et liberas ab omnibus terrenis serviciis, in puram et perpetuam elemosinam. Testibus subscriptis in quorum audiencia hec carta facta, lecta et concessa fuit. Alano de Percy filio et herede meo, Willelmo de Arches, Gilleberto de Arches, Bertranno Haget, et alii multi. Et hii testes de Crocum. Gillebertus filius Fulconis, Robertus dapifer nepos ejus, Gillebertus de Arches, Robertus de Percy, Robertus filius Pigot. Et hii testes donacionis et confirmacionis Staintune. Gillebertus filius

Fulconis, Robertus de Perci, Robertus dapifer, Gillebertus de Arches, nec non et alii complures tam clerici quam laici, quorum nomina seriatim inserere prolongum foret. Valete.

Second charter of William de Percy confirming Sallay, Dudeland, Crocum, Elwinesthorp, Sprohgescroft and Accescales, the gift of Guy of Humet; two bovates in Ilkley, the gift of Robert his steward; and the service of Stainton.

Towneley again supplies further witnesses: (Bertranno Haget) et Faricio fratre ejus, Viviano Haget, Roberto filio Rabodi, Johanne Arundell, Roberto de Hallaia, Roberto filio Roberti, Malgero filio ejusdem Roberti, Theobaldo filio Viuet, Ricardo capellano, Gladewino sacerdote de Colingaham, Malgero filio eiusdem, Marmaduc Darel, Roberto filio Willelmi de Haitun, Jordano Dapifero, Unfrido pincerna, Theobaldo dispensatore, Rogero Mustela, Willelmo filio Hugonis de Leithleia, Adam filio Meldredi. Crocum: Robertus filius Rabode, Thomas Darel, Fulco presbiter de Gairegrave, Gladewinus sacerdos de Colingham, Malgerus filius ejus. Staintune: Baldewinus, ipse Willelmus filius Hugonis, Robertus filius Pigot, Nicholas sacerdos, Jordanus camerarius, necnon etc. (Towneley MS. 6, p. 693).

4. Quieta clamacio Petri de Burnehil de loco abbacie et de omnibus terris antecessorum suorum. [c. 1250-60]
Omnibus hoc scriptum visuris vel audituris Petrus de Burnehil eternam in domino salutem. Noverit universitas vestra me pro salute anime mee et Alicie sponse mee et omnium antecessorum et heredum meorum dedisse, concessisse et quietum clamasse de me et heredibus meis Deo et beate Marie et monachis de Salleia in puram et perpetuam ele-mosinam, solutam liberam et quietam ab omni servicio et exaccione et omni re ad terram pertinente, totum jus et clamium quod habui vel habere potui in ipso loco ubi eorum abbacia sita est, et in omnibus terris, pratis, pascuis, nemoribus et in omnibus aliis rebus que aliquo tempore fuerunt vel esse potuerunt alicujus antecessorum meorum vel aliquo modo ad jus meum vel clamium pertinuerunt vel pertinere potuerunt. Ita quod nec ego nec heredes mei vel aliquis per nos aliquod jus vel clamium nobis vendicare vel calumpniam aliquam versus predictos monachos vel eorum successores super omnibus predictis movere poterimus imperpetuum. Et sciendum quod predicti monachi
f. 2. concesserunt michi caritative et predicte Alicie sponse mee et heredibus meis participacionem omnium bonorum spiritualium que fient in predicto domo usque ad finem seculi. In cujus vero rei testimonium presenti scripto sigillum meum apposui. Hiis testibus. Domino Roberto de Cestria, domino Johanne de Cancefeld, domino Ricardo de Cnol, Rad[ulfo] de Claiton, Johanne Heriz, Ad' Noel, et multis aliis.

Peter of Burnhill and Alice his wife quitclaim their rights in the site of Sallay Abbey, in return for participation in all the spiritual benefits of the abbey to the end of time. Peter of Burnhill (or Brindle) occurs 1246, 1264

(*Lancs. Fines*, 1196-1307, pp. 98, 116), and 1283 (*Whalley Coucher*, iii, 848). Robert de Cestria was the brother of John de Lacy and the progenitor of the Constables of Flamborough (*Pontefract Chart.*, i, 38-9). John of Cancefeld was knighted *c*. 1248-54.

To these witnesses Towneley adds: Roberto de Cundecliffe, Willelmo de Marton, Roberto de Percy, Johanne de Bolton, Henrico fratre ejus, Waltero de Rimington, Willelmo de Males, Willelmo de Rimington, Ricardo Scoto, et multis aliis. This Deed hath a faire seale at (the copieing hereof). (Towneley MS. 6, pp. 686, 699; Dodsworth 155, f. 15).

5. Carta Walteri de Haltona de dimid' avename.
[*Late Henry II*]

Omnibus sancte matris ecclesie filiis tam presentibus quam futuris Walterus de Haltona filius Uchtredi salutem. Sciatis me consilio et consensu heredum meorum Johannis et Helie dedisse et concessisse et hac presenti carta mea confirmasse Deo et sancte Marie et monachis de Salleia dimidium avenam quod jacet inter rivulum qui dicitur Seleghile et Dudeland, in puram et perpetuam elemosinam, liberam et quietam ab omnibus que pro terra exigi possunt absolutam. Hanc donacionem dedi eis pro salute anime mee et uxoris mee et heredum meorum et omnium parentum meorum et omnium fidelium. Hiis testibus. Johanne filio et herede meo, Helia filio meo, Willelmo filio Roberti, Willelmo de Bathresby, et multis aliis.

Grant by Walter of Halton of half an oat-field between Seleghile Brook and Dudeland.

Towneley completes the list of witnesses: Ricardo de Helghefeld, Malgero persona de Giselburna, Ketello de Westby, Alexandro filio ejus, fratre Dolphino de Hospitali, Alexandro de Neusum. This deed hath a faire seale; in the occupation of Robert Nowell of Little Mearley, Esq. (Towneley MS. 6, pp. 59, 689).

William son of Robert is mentioned in these deeds under three names, namely, of Belasis, of Malasis and Constable. His father is called of Bolton, and his son Richard, of Malasis or Constable (*Pudsay Deeds*, p. 92).

6. Carta Herberti de Crocum. [*Early Henry III*]

Omnibus sancte ecclesie filiis presentibus et futuris Herbertus filius Roberti de Hortona salutem. Noveritis me pro salute anime mee et omnium antecessorum meorum et heredum meorum dedisse, concessisse et presenti carta mea confirmasse Deo et monachis beate Marie de Sallai in puram et perpetuam elemosinam, solutam liberam et quietam ab omni servicio et accione, totum jus et clamium quod ego vel heredes mei habuimus vel habere potuimus in Crocum cum omnibus pertinenciis suis unde placitum fuit inter me et prefatos monachos in curia domini mei Willelmi de Perci; ita quod nec ego nec heredes mei nec aliquis per nos clamium vel calumpniam contra predictos monachos de predictis unquam movere poterimus. His testibus. Willelmo de

Stivetona tunc senescallo domini Willelmi de Perci, Petro Gwillot, Rad[ulfo] de Lunewel', Hugone de Haltona, et aliis pluribus.

Herbert son of Robert of Horton renounces his rights in Crocum, after impleading the monks of Sallay in the court of his lord William de Percy.

7. Quieta clamacio Roberti Coc de Crocum.   [*ante* 1168]
Omnibus has litteras videntibus vel audientibus Robertus Coc de Horton salutem.   Sciatis me consilio amicorum meorum forinrasse et quietum clamasse inperpetuum in curia domini mei Willelmi de Perci Deo et sancte Marie et monachis de Sallai ibidem Deo servientibus pro salute anime mee et omnium antecessorum meorum et heredum, omne jus et clamium quod habui in Crocum cum omnibus pertinenciis, unde placitum fuit inter me et prefatos monachos in curia domini mei Willelmi de Perci, pro viginti solidis quos prefati monachi michi dederunt.   Et dominus meus Willelmus de Perci dedit michi et heredibus meis x. bovatas terre in Horton in libero servicio in escambium pro predicta terra de Crocum.   Et sciendum quod ad hoc prefati monachi concesserunt michi plenaria beneficia domus illorum inperpetuum, et ad finem meum inter eos ad sepulturam si voluero, et servicium pro anima mea sicut pro fratre suo in omnibus.   His testibus.   Nigello de Stokelde, Baldwino de Bramhop, Petro de Plumtona, Olivero Angevin, et multis aliis.

After impleading the Sallay monks in the court of his lord, William de Percy, Robert Coc of Horton renounced his rights in Crocum, in return for twenty shillings from the monks and ten bovates in Horton from William de Percy.   In addition full benefits of the abbey were conferred on Robert, burial there also, if he so desired, and prayers for his soul like those for any of the brethren.

Towneley adds as further witnesses: Willelmo filio Roberti, Helia de Stivetun, Petro de Marton, Waltero de Haltun, Turstino de Arches, Ketello de Dudeland, Nicholao persona de Tadecaster, Gaufrido de Percy, Malgero persona de Giseburne.   (Towneley MS. 6, pp. 707, 712).

For the family of Stockeld, see *Yorkshire Deeds*, vol. v, app. iii, p. 184.

8. Antiqua confirmacio W. de Percy de omnibus possessionibus
f. 2v. feodi sui.   [*c.* 1205]
Omnibus sancte matris ecclesie filiis presentibus et futuris Willelmus de Perci salutem.   Noveritis me pro amore Dei et pro anima H. de Perci patris mei et pro anima Matild[is] comitisse de Warewic' et pro animabus omnium antecessorum et heredum meorum dedisse, concessisse et presenti carta mea confirmasse Deo et monachis sancte Marie de Sallai omnes terras et donaciones quas habent de dono omnium antecessorum meorum preter ecclesiam de Tadecast' tantum, scilicet: ipsam abbaciam, Elum, Ailwinthorp, grangiam de Sallai, Crocum, Dudeland, Stokedale, sicut in carta Willelmi de Perci continetur; Esbrichag', sicut in carta comitisse continetur; locum illum ubi fuit hospitale in

Tadecast', cum tofto et crofto et gardino et una carucata terre in eadem villa, cum terra de Littona et de Lintona et de Werrebi, sicut in carta commitisse continetur; et quietam clamacionem quindecim solidorum in Steingtona, sicut in carta Willelmi de Perci continetur; et pasturam centum quadraginta ovium in Littona, sicut in carta Agnetis de Perci continetur. Hec omnia predicta dedi, concessi et presenti carta confirmavi prefatis monachis tenenda et habenda in liberam et puram et perpetuam elemosinam, solutam et quietam ab omni servicio et exaccione et omni re ad terram pertinente. Et ego et heredes mei omnia prenominata prefatis monachis warantizabimus versus omnes et defendemus inperpetuum. Preterea concedo eisdem monachis et presenti carta confirmo grangiam de Steingtona et unam carucatam terre in Bergeby, sicut carte donatorum testantur; et duas carucatas terre in Catton, sicut in carta commitisse continetur; et omnes alias racionabiles donaciones quas habent de feodo meo, sicut donatorum carte testantur. Et ut hec concessio et confirmacio rata sit et stabilis inperpetuum hanc cartam sigillo meo signatam dedi predictis monachis in testimonium. His testibus. Henrico persona de Giseburn', Laurencio persona de Gikelewik, Henrico persona de Kirkebi, et aliis.

Ancient confirmation by William de Percy of Sallay abbey, Elum, Ailwinthorp, Sallay grange, Crocum, Dudeland, Stockdale, the gifts of William de Percy; Esbrichag', from the countess of Warwick; the site of the late hospital in Tadcaster, with land in Litton, Linton and Wetherby, from the countess; a quitclaim of 15s. in Stainton from William de Percy, and pasturage for 140 sheep in Litton, from Agnes de Percy; also Stainton grange, one carucate in Borrowby, and two carucates in Catton.

Towneley adds to the list of witnesses: Hugone de Lelay, Olivero de Brindle [Brinkle?] Jordano de Lester, Petro de Plumpton, Alano de Cathertun, Willelmo le Vavasour, Ricardo de Stockelde, Roberto Beaugrant, Ricardo filio Elie de Bolton. (Towneley MS. 6, p. 697).

9. Confirmacio Willelmi de Perci secundi de omnibus possessionibus feodi sui. [c. 1205]
Omnibus sancte ecclesie filiis presentibus et futuris Willelmus de Perci salutem. Noveritis me pro salute anime mee et pro anima Henrici de Perci patris mei et pro anima comitisse Matildis de Warewic' et pro animabus antecessorum omnium et heredum meorum concessisse et presenti carta mea confirmasse Deo et monachis ecclesie beate Marie de Sallai omnes terras et donaciones quas habent de dono omnium antecessorum meorum preter ecclesiam de Tatecast' tantum, scilicet: ipsam abbaciam, Elum, Aelwinthorp', grangiam de Sallai, Crocum, Dudeland, Stokedale, sicut in cartis Willelmi de [Perci] continetur; Esbrichehag', sicut in carta comitisse continetur; locum illum ubi fuit hospitale in Tatecast' cum tofto et crofto et gardino et cum una carucata terre cum pertinenciis in eadem villa, et cum carucata terre cum omnibus pertinenciis suis in Littona, et cum dimidia carucata *f. 3.* terre cum pertinenciis in Littona, et cum terra de Werrebi, que omnia

Matildis commitissa dedit eidem domui tanquam appendicia dicti hospitalis de Tatecast', sicut in carta ejusdem comitisse continetur. Grangiam de Staintona et quietam clamacionem quindecim solidorum in Staintona, sicut in carta Willelmi de Perci continetur; et pasturam ovium in Littona, sicut in cartis Agnetis de Perci continetur; et unam carucatam terre cum pertinenciis in Bergeby, sicut carte donatorum testantur; et duas carucatas terre cum pertinenciis in Catton, sicut carte Comitisse testantur; et omnes alias racionabiles donaciones quas habent de feodo meo, sicut donatorum carte testantur. Hec omnia predicta dedi, concessi et presenti carta mea confirmavi prefatis monachis tenenda et habenda in puram et perpetuam elemosinam, solutam liberam et quietam ab omni servicio secta et exaccione et omni re ad terram pertinente. Et ego et heredes mei omnia prenominata prefatis monachis warantizabimus et defendemus versus omnes inperpetuum. Et ut hec concessio et confirmacio mea rata sit et stabilis inperpetuum, hanc cartam sigillo meo signatam dedi eisdem monachis in testimonium. His testibus. Henrico de Perci, fratre meo, Hugone de Leley, Olivero de Brinchale, R. de Plumtona, Jordano de Est', et aliis.

Similar confirmation by William de Percy the second of all the possessions in his fee that Sallay had acquired from his ancestors.

The witnesses in Towneley MS. 6, p. 686, are: Hugone de Lelay, Olivero de Brinkile, Jordano del Estre, Petro de Plumpton, Alano de Catherton, Willelmo le Vavasour, Ricardo de Stockelde, Roberto de Beaugrant, Ricardo filio Elie de Boulton. (Cf. Dodsworth 155, f. 15v).

f. 3v.   *Blank.*

GASEGYLE.

f. 4.   **10.** Carta Ricardi(?) de Gasegil.   [1223-33]
Omnibus matris ecclesie filiis presentibus et futuris Adam filius Henrici de Blackeburne salutem. Sciatis me dedisse et concessisse et presenti carta mea confirmasse Roberto fratri Walteri de Gasegile unam bovatam terre in Gasegile, illam, scilicet, quam Radulfus filius Alani in eadem villa de Gasegile tenuit, cum tofto et crofto et cum omnibus aliis pertinenciis libertatibus et asiamentis suis infra villam et extra, ita plenarie sicut dictus Walterus frater dicti Roberti de Gasegile eam tenuit die qua obiit. Et homagium et servicium ejusdem Roberti de eadem bovata terre et heredum suorum dedi Deo et monachis beate Marie de Sallai. Ita quod dictus Robertus et heredes sui dictam bovatam terre cum pertinenciis tenebunt in liberam et puram et perpetuam elemosinam de eadem domo. Red[d]endo inde annuatim eidem domui vj. denarios ad Pentecosten. Confirmavi eciam eidem Roberto et heredibus suis illam terram quam tenuit in eadem villa de hospitali ante mortem Walteri fratris sui. His testibus. Stephano tunc abbate de Sallay, Hugo de Leley, Alano de Cathertona, et aliis pluribus.

Grant by Adam son of Henry of Blackburn to Robert brother of Walter of Gaisgill, of a bovate in Gaisgill; and gift of Robert's homage and service to Sallay Abbey, with a payment of 6*d*. to the abbey at Whitsuntide.

11. Carta Walteri de Gasgile de culturis et pratis in Gasgile.
[*Early Henry III*]
Universis sancte ecclesie filiis Walterus filius Willelmi de Gasegile salutem. Noverit universitas vestra me pro salute anime mee et omnium antecessorum et heredum et successorum meorum dedisse et concessisse et presenti carta mea confirmasse cum corpore meo Deo et beate Marie de Salleia et monachis ibi Deo servientibus quandam partem terre mee in villa de Gaisegile, scilicet, totam terram que jacet inter croftum Radulfi et Oterescroft cum toto prato meo eidem terre adjacenti, scilicet, Welle enghes et Turnemire, et predictum Oterescroft et quandam terram que vocatur Dancere croft cum prato eidem crofto adjacente; et totam meam que vocatur Holmes et jacet inter domum meam et capellam beate Helene; et toftum et croftum quod Radulfus filius Alani de me tenuit; et duas acras terre que vocantur Bradhens, et jacent inter terram Roberti et terram Ricardi filii Ailsy; tenendam et habendam in liberam puram et perpetuam elemosinam, sicut aliqua terra liberius potest absque omni servicio seculari teneri, cum omnibus communis et aysiamentis et libertatibus infra et extra tante terre pertinentibus. Et ego Walterus et heredes mei hec omnia predicta Deo et beate Marie et dictis monachis contra omnes warantizabimus inperpetuum. His testibus. Willelmo de Estivetun, Willelmo de Hebbene, Johanne de Haltona, Helia de Gikel', et multis aliis.

Grant to Sallay Abbey by Walter of Gaisgill, of land and meadow in Gaisgill, together with his body.

12. Carta Walteri de Gasgile ij. de culturis et pratis in Gasgile.
[*Early Henry III*]
Omnibus sancte ecclesie filiis presentibus et futuris Walterus filius Willelmi de Gasgile salutem. Noverit universitas vestra me pro salute anime mee et omnium antecessorum meorum et heredum meorum dedisse concessisse et presenti carta mea confirmasse Deo et monachis ecclesie beate Marie de Sallai simul cum corpore meo ibidem sepeliendo quandam partem terre mee in villa et in territorio de Gasgile, scilicet, totam terram que jacet inter croftum Radulfi et Otercroft, cum toto prato modo eidem terre adjacenti, scilicet, Welle enges et Turmire et predictum Otercroft, et quandam terram que vocatur Dancecroft cum prato eidem crofto adjacente, et terram meam que vocatur Helmes et jacet inter domum meam et capellam sancte Helene; et toftum et croft- *f. 4v.* um quod Radulfus filius Alani de me tenuit; et duas acras terre que vocantur Bradendes et jacent inter terram Roberti et terram Ricardi filii Ailsi. Hec omnia dedi predictis monachis tenenda et habenda in puram et perpetuam elemosinam, solutam liberam et quietam ab omni servicio et omni re ad terram pertinente, sicut aliqua elemosina liberius

potest dari et teneri, cum omnibus pertinenciis communis libertatibus
et aisiamentis suis infra villam et extra ad dictas terras pertinentibus.
Et ego et heredes mei omnia prenominata prefatis monachis warantizabimus et defendemus contra omnes inperpetuum. Hiis testibus.
Willelmo de Stivetun, Willelmo de Hebd', Johanne de Haltona, Helia
de Gykeleswik, et aliis.

Grant of Walter of Gaisgill to Sallay Abbey of his body for burial there,
and of the arable lands and meadow known as Welle enges, Turnmire, Otercroft, Dancecroft, Holmes and Bradendes.

13. Carta Walteri de Gasgile iij. de servicio j. bovate et iiij^{or}
acris in Gasegile.   [*Early Henry III*]
Omnibus sancte ecclesie filiis presentibus et futuris Walterus filius
Willelmi [de] Gasgile salutem. Noveritis me pro salute anime mee et
omnium antecessorum et heredum meorum dedisse, concessisse et
presenti carta mea confirmasse Deo et monachis beate Marie de Sallay
uno cum corpore meo homagium et servicium Elie filii Willelmi unius
bovate terre cum omnibus pertinenciis suis in villa de Gasgile quantum
ad me pertinet, scilicet xii^{elm}. denarios ad Pentecosten; et homagium
et servicium Roberti filii Radulfi de quatuor acris terre quas tenuit
de me in dicta villa de Gasgile, pro vj. denariis annuatim ad Pentecosten solvendis; tenenda et habenda in puram et perpetuam elemosinam
sicut aliqua elemosina liberius et quietius teneri potest. Et ego et
heredes mei hec omnia predicta prefatis monachis ecclesie beate Marie
de Sallay warantizabimus contra omnes inperpetuum. Hiis testibus.
Willelmo de Stivetona, Willelmo de Hebbesden, Johanne de Hauton,
Elie de Gyg', Hugo de Hauton, et multis aliis.

The third charter of Walter of Gaisgill to Sallay Abbey, granting to
the monks the homage and service of one bovate and of four acres in Gaisgill.

14. Carta Walteri iiij. de Gasgile de servicio j. bovate et iiij^{or}
acris terre in Gasgile.   [*Early Henry III*]
Universis sancte ecclesie filiis Walterus filius Willelmi de Gasgile
salutem. Noverit universitas vestra me pro salute anime mee et omnium
antecessorum et heredum et successorum meorum dedisse et concessisse et presenti carta mea confirmasse cum corpore meo Deo et
beate Marie de Salleia et monachis ibidem Deo servientibus homagium
et servicium Elye filii Willelmi de quadam bovata terre cum pertinenciis in villa de Gasgile quantum ad me pertinent, scilicet, xii^{elm}
denarios ad Pentecosten; et homagium et servicium Roberti filii Radulfi
de iiij^{or} acris terre quas tenuit de me in dicta villa de Gasgile, pro sex
denariis annuatim ad Pentecosten solvendis; tenenda et habenda in
liberam et puram et perpetuam elemosinam sicut aliqua elemosina
potest liberius teneri. Et ego et heredes mei hec omnia predicta Deo
et beate Marie et dictis monachis warantizabimus contra omnes inperpetuum. Hiis testibus. Willelmo de Stivetona, Willelmo de Hebden,
et aliis.

Fourth charter of Walter of Gaisgill to Sallay Abbey, of the service and homage of one bovate and of four acres in Gaisgill.

15. Carta Ade de Neuby de j. tofto et ij. acris terre cum corpore suo.   *[Early Henry III]*
Omnibus sancte ecclesie filiis presentibus et futuris Adam de Neubi salutem. Noveritis me pro salute anime mee et omnium antecessorum et heredum meorum dedisse concessisse et presenti carta mea confirmasse Deo et monachis ecclesie beate Marie de Sallay simul cum corpore meo ibidem sepeliendo unum toftum et croftum in villa de *f. 5.* Neubi quod Walterus de Hollegile tenuit de me; et duas acras terre in Hocroft versus occidentem cum omnibus pertinenciis libertatibus et aisiamentis dicte ville de Neubi pertinentibus. Tenenda et habenda de me et heredibus meis in puram et perpetuam elemosinam, solutam liberam et quietam ab omni servicio et exaccione et omni re ad terram pertinente. Et ego et heredes mei omnia predicta cum pertinenciis dictis monachis warantizabimus et defendemus versus omnes inperpetuum. Hiis testibus. Hug' de Haltona, Philippo de Rimyngtona, Roberto de Perci, et aliis pluribus.

Grant by Adam of Newby to Sallay Abbey of a toft and a croft in Newby, and two acres in Hocroft, together with his body for burial at Sallay.

16. Carta Alani filii Ade de Neubi de ij. acris terre in Gaysgile.
                                                                            [post 1250]
Omnibus sancte ecclesie filiis presentibus et futuris Alanus filius Ade de Neubi salutem. Noveritis me pro salute anime mee et patris mei et matris mee et omnium antecessorum meorum et heredum meorum dedisse, concessisse et presenti carta mea confirmasse Deo et beate Marie et monachis de Salleya duas acras terre in Martinstokisclif et totum jus quod ego vel heredes mei unquam habuimus vel habere potuimus in eodem loco sine aliquo retenemento ; illas, scilicet, quas Walterus filius Alani de Gasgil tenuit de Ada patre meo; cum omnibus pertinenciis, libertatibus et aisiamentis ad tantam terram pertinentibus in villa de Gasgile. Tenendas et habendas predictis monachis de me et heredibus meis in puram et perpetuam elemosinam, solutam liberam et quietam ab omni servicio et exaccione et omni re ad terram pertinente. Et ego et heredes mei omnia prenominata cum omnibus pertinenciis prefatis monachis contra omnes homines inperpetuum warantizabimus, adquietabimus et defendemus. Ut nostra donacio rata sit et stabilis huic scripto sigillum meum apposui. Hiis testibus. domino Ricardo Tempest, Roberto de Perci, Waltero filio Philippi de Rimigton, et aliis.

Grant to Sallay Abbey by Alan son of Adam of Newby, of two acres in Martinstokisclif, Gaisgill.

17. Carta Alani de Harnford de iij. bovatis in Scothorp et

j. bovata in Rimingtona in mariag' cum Alicia filia sua.

[*End of* 12*th Century*]

Sciant presentes et futuri quod ego Alanus de Harnforde dedi et concessi et presenti carta mea confirmavi Huctredo in Pathorn' dimidiam carucatam terre; tres, scilicet, bovatas in Scothorp et unam in Rimingtona cum pertinenciis suis, in mariag' cum Alicia filia mea; tenendam de me et heredibus meis quantum pertinet ad eandem terram. Et sciendum quod ego et heredes mei predictam terram prefato Huctredo et heredibus suis contra omnes homines warantizabimus. Hiis testibus. Willelmo de Arches, Roberto de Humez, Alano de Hamerton, et plures alii.

Grant by Alan of Harnford to Huctred of Pathorn, as a marriage portion, of half a carucate of land, namely, three bovates in Scothorp and one bovate in Rimington.

RIMINGTON.

18. Carta Helie filii Walteri de j. acra et j. roda in Rimingtona.

[*Temp. John*]

Sciant presentes et futuri quod ego Helias filius Walteri concessi et dedi et hac presenti carta mea confirmavi Deo et beate Marie et conventui de Sallay unam acram terre et unam rodam in croftis meis in Rimingtona, scilicet, in orientali parte unius lapidis qui jacet in croftis meis versus fossatum. Tenenda et habenda in puram et perpetuam elemosinam, pro salute anime mee et heredum et antecessorum meorum, libere, quiete et pacifice in omnibus aisiamentis et libertatibus et communibus ad terram meam pertinentibus infra villam et extra. Hanc vero predictam terram ego et heredes mei Deo et beate Marie et domui *f. 5v.*   de Sallay contra omnes homines warantizabimus. Hiis testibus. Henrico de Percy, Waltero de Percy, Willelmo de Stiveton, et aliis.

Grant by Elias son of Walter, to Sallay Abbey, of one acre one rood of land in his crofts at Rimington.
For the descent of the manor of Rimington, see *Pudsay Deeds*, p. 73.

19. Carta Helie de j. cultura in Dununwra in Rimingtona.

[*Temp. John*]

Omnibus hoc scriptum visuris vel audituris Helias filius Walteri de Halton salutem.   Noverit universitas vestra me dedisse et concessisse et presenti carta mea confirmasse pro salute anime mee et omnium antecessorum et successorum meorum Deo et beate Marie et monachis de Sallay, unam culturam terre in campo de Rimington, scilicet, totam partem vij. bovatarum terre mee in Dununwra versus orientem in latitudine et inter magnam stratam et viam que tendit ad Dunum in longitudine; unam eciam acram terre et unam [rodam] in croftis meis in Rimington, scilicet, in orientali parte unius lapidis qui jacet in croftis meis versus fossatum. Hec omnia dedi in puram et perpetuam elemosinam, habenda et possidenda tam libere et tam quiete et tam pacifice sicut ulla elemosina melius possideri potest, cum omnibus aisiamentis et libertatibus et communibus ad totam terram pertinentibus infra villam et extra. Et ego et heredes mei warantizabimus et defendemus predictam donacionem contra omnes homines inperpetuum. Hiis testibus. Henrico de Percy, Waltero de Percy, Willelmo de Stiveton, et multis aliis.

Grant by Elias son of Walter of Halton, to Sallay Abbey, of seven bovates in Dununwra and one acre one [rood] in Rimington.

20. Composicio Ysaac de terra de Rimingtona. [1235-1245] Omnibus has litteras visuris vel audituris Walterus dictus abbas de Sallay et ejusdem loci conventus salutem. Noverit universitas vestra nos dedisse et concessisse et presenti carta mea confirmasse Ysaac filio Johannis et heredibus ejus unam culturam terre in campo de Rimington, scilicet, totam partem septem bovatarum que fuerunt Helie de Rimingtona in Dunumwra versus orientem in latitudine et inter magnam stratam et viam que tendit ad Dunum in longitudine; unam eciam acram terre et unam rodam in croftis predicti H. in Rimington, scilicet, in orientali parte unius lapidis qui jacet in croftis predicti H. versus fossatum. Tenenda et habenda de nobis sibi et heredibus suis quamdiu se ergo nos fideliter habebit, libere et quiete ab omni servicio et omni re ad terram pertinente. Reddendo inde nobis annuatim viij. denarios in die Annunciacionis beate Marie apud abbaciam. Nos vero hec illi et heredibus suis warantizabimus quamdiu waranti nostri nobis warantizaverunt.

Grant by Walter, abbot of Sallay, to Isaac son of John, of seven bovates in Dunumwra and one acre one rood in Rimington, as long as he serves the abbey faithfully.

21. Carta Willelmi Gylmin de redditu xij.d. conventui. [*Early Edw. I*] Omnibus sancte matris ecclesie filiis presentibus et futuris Willelmus Gylmyn de Rimington salutem. Noveritis me pro salute anime mee et patris mei et matris mee et omnium antecessorum et heredum meorum dedisse concessisse et hac presenti carta mea confirmavi Deo et monachis ecclesie sancte Marie de Sallay, redditum duodecim denariorum ad pitanciam, in puram et perpetuam elemosinam, ad festum sancti Martini in yeme annuatim persolvendum de uno tofto quod Henricus Trailerys aliquando tenuit de me in villa de Rimington; quod jacet inter toftum abbatis de Kirkestal' ex parte orientali, et toftum Ade filii Matildis ex parte occidentali. Quem quidem redditum ego et heredes mei predictis monachis ad predictum terminum persolvemus *f. 6.* inperpetuum. Et ut hec mea donacio rata et inconcussa permaneat inperpetuum huic scripto sigillum meum apposui. Hiis testibus. Domino Rogero Tempest de Braycewell, Willelmo de Roucestria, Waltero filio Philippi de Rimington, et multis aliis.

Grant of an annual rent of 12*d*. to Sallay Abbey by William Gylmin of Rimington.

[1280 *or later*]

22. Notum sit omnibus hoc scriptum audientibus quod hoc est escambium inter abbatem et conventum de Sallay ex una parte, et Alanum filium Ricardi de Boultona ex altera, videlicet, predicti abbas et conventus dederunt et concesserunt dicto Alano et heredibus suis totam terram quam habuerunt extra fossatum suum quod se extendit inter pasturam dictorum abbatis et conventus et campum de Rimingtona et sic descendit in rivulum illum qui vocatur Rimingden; tenendam et habendam dicto Alano et heredibus suis vel assignatis suis dictis abbati et conventui et eorum successoribus totam terram suam quam habuit vel habere poterit infra fossatum dictorum monachorum ex parte occidentali. Insuper et concessit eisdem totam illam terram que vocatur le Holme quam habuit ex dono Hugonis filii Willelmi Gilmin de Rimington, tenendam et habendam dictis abbati et conventui et eorum successoribus in puram et perpetuam elemosinam, liberam et quietam ab omni seculari servicio et exaccione adeo bene sicut aliam terram suam antea tenuerunt. Et sciendum quod predicti abbas [et conventus] illam quam concesserunt dicto Alano tamdiu warantizabunt quamdiu idem Alanus warantizaverit et warantizare poterit terram quam habent ab eodem in escambio. In cujus rei testimonium huic scripto cyrograffato utraque pars sigillum suum apposuit. Hiis testibus. Johanne de Boultona, Willelmo de Roucestria, Henrico de Rimingtona, et multis aliis.

Sallay Abbey grants to Alan son of Richard of Bolton, all its land beyond the dyke which lay between the monks' pasture and Rimington field, leading to Rimington brook. In return Alan gives to the abbey his land west of the dyke, also the land called the Holme.

Dodsworth MS. 92, f. 9v, says there were also present Hugh Gillemin and Walter of Westeby. It has a slight sketch of a seal, a bow and arrow.

23. Carta Johannis de Boultona de pastura de Rimington.

[*Late Edw. I*]

Omnibus hoc scriptum visuris vel audituris Johannes de Boultona eternam in Domino salutem. Noveritis me pro salute anime mee et omnium antecessorum meorum et heredum meorum dedisse et concessisse abbati et conventui de Sallay et eorum successoribus inperpetuum liberum transitum [et] exitum ad omnia cariagia facienda ubique per terram meam infra divisas de Rimingtona absque omni impedimento mei et heredum meorum. Insuper concessi eisdem abbati et monachis et eorum successoribus quod si animalia eorum vel equi a festo Omnium Sanctorum usque ad festum sancte Elene transeant vel veniant per has divisas, scilicet, a Rimingtonbrok de pastura predictorum abbatis et conventus sicut aqua se extendit superius per terram meam usque ad divisas inter Rimington et Brokdene in

pasturam vel campum de Rimingtona volo et concedo pro me et heredibus meis vel assignatis quod non inparcantur vel ledantur, sed si
necesse fuerit sine lesione recacientur. In cujus rei testimonium huic
scripto sigillum meum apposui. Hiis testibus. Eadmundo Maunsail
de Hortona, Johanne de Midop', Nic[holao] de Boultona, et aliis.

John of Bolton grants to Sallay Abbey right of way through his
lands in Rimington, and promises not to impark such of their animals as
stray on to his lands between the abbey pasture at Rimington brook and
the boundary of Rimington and Brokdene, from All Saints (November 1)
to the Feast of St. Helen (August 18). *Cf.* No. 160.

24. Confirmacio Willelmi de Roucestria de j. bovata terre
ex dono Ade de Winkel'. [April 1, 1282.] *f. 6v.*
Omnibus hoc scriptum visuris vel audituris Willelmus filius et heres
domini Johannis de Roucestria salutem in domino. Noveritis me pro
salute anime mee et omnium antecessorum meorum et heredum meorum
concessisse et hac presenti carta mea confirmasse abbati et conventui
de Sallay et eorum successoribus in puram et liberam et perpetuam
elemosinam illam bovatam terre de Rimingtona cum suis omnibus
pertinenciis quam habent de dono Ade de Wynekedeley. Ita quod
nec ego Willelmus nec heredes mei nec aliquis alius per nos de dicta
terra aliquod servicium de dictis abbate et conventu vel eorum successoribus, preter forinsecum servicium tantum, exigere vel vendicare
poterimus inperpetuum. In cujus rei testimonium presens scriptum
sigilli mei impressione roboravi. Hiis testibus. Domino Johanne Gyloth,
domino Rogero Tempest, Waltero de Rimingtona, et multis aliis.
Datum apud Sallay kal. aprilis, Anno Domini m°cc° octogesimo
secundo.

William, son and heir of Sir John of Roucester, confirms the gift of a
bovate of land in Rimington to Sallay Abbey, by Adam of Winckley;
reserving forinsec service only. Given at Sallay, April 1, 1282.

25. [*In a later hand, the ink much faded*].
Memorandum quod iste sunt terre et prata abbatis et conventus beate
Marie de Sallay notata et affirmata per sacramentum Johannis Netir
senioris tenta per eundem ad firmam in Rymyngton. In primis unum
messuagium cum gardino et uno crofto et orreum. Item unum messuagium vocatum Gyll house cum gardino et crofto. Item unam bovatam
terre in campo orientali et in campo occidentali de Rymyngton cum
communa et omnibus suis pertinenciis ad predictum Gyll house. Item
dicit quod tenet duas bovatas pertinentes domui ubi manet. Item tenet
partem de Harperoxgang.

Sallay Abbey lands in Rimington held to farm by John Netir senior:
A messuage with garden croft and barn; a messuage called Gyll House, with
a garden and croft; a bovate in the east field and the west field of Rimington,

with common of pasture due to Gyll House; two bovates belonging to the
house where he lives; and part of Harper oxgang.

GYSEBURNE.

f. 7.   **26.** Carta Matildis[1] commitisse de Warewic' de pastura de
Holm.   [1195-99]
Omnibus sancte ecclesie filiis presentibus et futuris videntibus et
audientibus has litteras Matildis filia Willelmi de Percy commitissa de
Warewic' salutem.   Sciatis me dedisse et hac mea carta confirmasse
Deo et monachis ecclesie sancte Marie de Fontibus quandam partem
foreste mee de Gyseburn', scilicet, Holm cum omnibus pertinenciis et
aisiamentis suis, et quicquid continetur in bosco et plano in omnibus
locis et in omnibus rebus infra has divisas, scilicet, sicut illud sichet
quod magis est el suh venit de Holm, et vadit per mediam illam bruze
que plus est el suh, usque dum illud idem cadit in Schirdene et inde
recta linea proscidente in transversum de versus lest; usque ad superius
capud de Akedene et inde per illam viam que venit de Lonesdale et
vadit el est de Welpestanes, usque dum venit ad illam viam que plus
est el nord et venit de Bohland scilicet el suh de Hwelpestanes et a
predicto sichet quod venit de Holm, et plus est versus le suh recta
linea el west usque ad divisam que est inter forestam de Gyseburn'
et forestam Rogeri de Laci[2]; hec omnia dedi in mea sanitate et in mea
libera et legitima potestate, Deo et sancte Marie et prenominate ecclesie
de Fontibus, simul cum corpore meo in domo eadem sepeliendo, in
puram et perpetuam elemosinam, et sicut aliqua elemosina liberius
dari potest, pro salute anime mee patris et matris mee et omnium
antecessorum et heredum meorum.   Et ego et heredes mei omnia
predicta ecclesie de Fontibus guarantabimus contra omnes sicut puram
elemosinam et liberam ab omni consuetudine et ab omni re ad terram
pertinente sine omni retinemento mei vel heredum meorum; salva
pastura quam abbacie de Sallay et monialibus de Stainfeld' et Roberto
de Beugrant homini meo et Juliane[3] camerarie mee in predicta foresta
de Giseburn' sicut carte eorum purportant quas inde habent de me.
Habebunt eciam liberum transitum introitum et exitum sibi et hominibus suis et averiis suis per terram meam ubi eis placuerit ad omnia
predicta sine omni impedimento mei vel heredum meorum.   Quando
forte acciderit quod averia eorum per evasionem sine custodia facta
predictas divisas transierint et super meum venerint, non inde
caciabuntur vel vexabuntur in cujuscumque manus predicta foresta
de Giseburn' devenerit.   Hii sunt testes.   Adam tunc abbas de Sallay,
Turgisus[4] abbas de Kirkestal, et multi alii.

[1] Matilda died 1203 and was buried at Fountains.   The Fountains
Chartulary does not appear to contain this deed.
[2] Roger de Lacy, succeeded 1193, died 1211.
[3] For Matilda's gift to Juliana, which Juliana repeated to her son, see
Percy Cartulary, pp. 61-2, 80.
[4] Turgisius, abbot of Kirkstall, *c.* 1196; occurs 1198.

Grant by Matilda, countess of Warwick, to Fountains Abbey, of Holm Pasture in Gisburn Forest, with safeguards for the pastures granted by the Percies to Sallay Abbey, the nuns of Stainfield, Robert Beugrant, and Juliana, chamberlain to the Countess.

27. Composicio de Fontibus de pastura de Holm. [1195-99] Sciant presentes et futuri quod hec est convencio inter monachos de Fontibus et monachos de Sallay, mediantibus R. de Fontibus et de Salleia abbatibus, videlicet, quod predicti monachi de Fontibus dimiserunt prefatis monachis de Sallay totam pasturam suam quam habent in Bogelanda que vocatur Holme Cnottes ex dono Matildis comitisse de Warewic, tenendam in perpetuum de ipsis ad firmam pro tribus marcis argenti annuatim reddendis apud grangiam de Kilnesai grangiario vel hospitario ejusdem loci, scilicet, xx.s. ad Pentecosten et xx.sol. ad festum sancti Martini. Hanc autem pasturam habebunt jam dicti *f. 7v.* monachi de Sallay libere quiete et honorifice sicut in carta predictorum monachorum de Fontibus quam habent de supradicta commitissa continetur. Quam cartam sepedicti monachi de Sallay ad tuicionem suam penes se habebunt. Et sciendum quod si aliquando prefati monachi de Sallai predictam pasturam quavis occasione perdiderint, ipsi firmam predictam persolvere non tenebuntur. Hii sunt testes. Ernaldus de Rievall', et Turgisius de Kirkestal, abbates, Petrus et Radulfus, monachi de Fontibus.

The pasture in Bowland called Holme Cnottes, which Matilda, countess of Warwick, gave to Fountains Abbey, is given by the monks of Fountains to Sallay Abbey at an annual rent of three marks, payable in equal portions at Whitsuntide and Martinmas. Among the witnesses are Ernaldus and Turgisius, abbots of Rievaulx and Kirkstall respectively.

Ernald, abbot of Rievaulx, occurs 1192, resigned 1199; Turgisius occurs at Kirkstall *c.* 1196, 1198 (*Fountains Chartulary*, i, 216); Ralph Haget was abbot of Fountains, 1190-1203.

28. Carta Matildis comitisse de ij. bovatis terre in Giseburn' reddit' Emme filie Hugonis. [*ante* 1200] Sciant omnes tam presentes quam futuri quod ego Matildis comitissa de Warewik, reddidi Emme filie Hugonis et Roberto sponso suo rectum suum quale debet habere in terra Hugonis patris sui, scilicet, illis duabus bovatis terre in Giseburn' quos predictus Hugo tenuit illis et heredibus suis tenendas de me et heredibus meis, liberas et quietas ab omni servicio et exaccione pertinenti. Reddendo annuatim tres solidos, xviij. d. ad festum sancti Martini et xviij. d. ad Pentecosten, et faciendo forinsecum servicium quantum pertinet illis duabus bovatis terre. His testibus. Malgero persona de Giseburn', Hugone capellano comitisse, Waltero capellano, et aliis pluribus.

Grant of two bovates in Gisburn to Emma, daughter of Hugh, and Robert her husband, by Matilda, countess of Warwick; to pay a yearly rent of three shillings and do forinsec service.

The parson of Gisburn c. 1200 was Henry (*Fountains Chartulary*, ii, 731).

29. Carta comitisse de Esebrictehahe.   [*ante* 1203]
Omnibus sancte matris ecclesie filiis presentibus et futuris Matildis comitissa de Warewic' filia Willelmi de Perci et heres salutem. Sciatis me dedisse, concessisse et presenti carta mea confirmasse, Deo et beate Marie de Sallay et monachis ibidem servientibus Deo, in liberam et perpetuam elemosinam, pasturam in foresta mea de Giseburn' ad xl. vaccas et ad xl. equas cum secto suo duorum annorum et nominatim in illa pastura versus Esebrictehe et ultra versus Keteldaisbec, sicut via vadit ad Widesworthe usque ad Slaiteburn' in Boeland, scilicet ab Akerwaldehou usque ad Brocthornes, sicut ulla elemosina liberius dari et confirmari potest. Hanc vero donacionem et confirmacionem feci eis pro salute anime mee et pro anima patris mei et matris mee et omnium antecessorum et heredum meorum. Et sciendum quod ego et heredes mei predictam elemosinam prefatis monachis warantizabimus. His testibus. Nigello de Plumtona, Waltero de Percy et Henrico fratre suo, Hugone capellano, et multis aliis.

Grant by the countess Matilda to Sallay Abbey of pasture for forty cows and forty horses in Gisburn Forest.

Christopher Towneley has preserved the text of an early tithe agreement between the abbey of Sallay and the church of St. Mary's, Gisburn. The abbey was to pay 20s. annually for the tithes of Sallay, Dudeland, Crocum and Elwinethorp, a sum that could be adjusted with the growth or decrease of monastic land in Gisburn parish.

Composicio decimarum inter ecclesiam de Salleia et ecclesiam de Gisburne.
Notum sit omnibus jam futuris quam presentibus hanc convencionem esse ratam inter ecclesiam sancte Marie de Gisburne et abbathiam de Salleia quia abbathia de Salleia annuatim persolvet pro decimis Selleia et Dudeland et Crocum et Elwinetorp ecclesie Sancte Marie de Giseburne viginti solidos, decem solidos ad Pentecosten et decem ad festum sancti Martini. Si autem ejusdem abbathie possessio in parochia ejusdem ecclesie de Giseburne creverit crescat et relictus [? reditus] ecclesie eorundem quod pertinet ad carrucatam de relicto [? reditu] statuto; si autem decreverit decrescat et reditus. Testibus, Galfrido canonico de Wartre et Radulpho sacerdote et Lidulpho sacerdote de Breirwell [? Bracewell] et magistro Ricardo de Prestune et Malgero de Colingham et Ervisio de Eboraco. (Towneley MS. 6, p. 697).

This Malger of Colingham was the son of Gladewin, who tests in 1148. The date seems to be early Henry II.

30. Carta Ricardi de Percy de Esebrictehehe. *[Early John]* Universis sancte matris ecclesie filiis presentibus et futuris Ricardus de Perci salutem. Sciatis me dedisse et concessisse et presenti carta mea confirmasse Deo et beate Marie et monachis de Sallay pro salute anime mee et omnium antecessorum et heredum meorum in liberam et puram et perpetuam elemosinam pasturam in foresta mea de Gise-burn' ad xl. vaccas et ad xl. equas cum secto suo duorum annorum et nominatim in illa pastura versus Esbrichahe per divisas Matild' comitisse de Warewic dedit eis, sicut carta ipsorum monachorum testatur quam habent de eadem comitissa, tenendam et habendam tam libere *f. 8.* et quiete quam aliqua elemosina liberius et melius potest dari. Et ego et heredes mei warantizabimus et defendemus jam dictam elemosinam prenominatis monachis versus omnes. His testibus. Henrico persona de Giseburn', Roberto persona de Gayrgrave, Alano de Wilton, et aliis pluribus.

Richard de Percy confirms the previous grant of pasturage in Ese-brictehehe, Gisburn forest.

Jan. 14, 1226. Confirmation of the vicarage of Gargrave to Robert (de Percy), which he had by the presentation of Agnes de Percy (d. 1205) and the institution of G[eoffrey] our predecessor (*c.* 1190-1207); reserving an annual pension of ten marks to Henry de Gray, the parson (d. 1272), as William Coc paid it. (*Register of Walter Gray*, Surtees 56, p. 7).

31. Carta Johannis de Plumton de vj. acris terre arabilis in foresta de Giseburn' datis Malgero Vavasori. *[post 1203]* Sciant presentes et futuri quod ego Johannes de Plumtona dedi et concessi et hac presenti carta mea confirmavi domino Malgero Vavasor pro homagio et servicio suo vj. acras terre arabilis in foresta de Giseburn' versus australem partem sub Allebarwe; illas, scilicet, quas domina Matildis comitissa quondam de Warewic dedit Juliane matri mee pro homagio et servicio suo in incrementum terre de Raheved quam eidem similiter dederat; habendas et tenendas predicto Malgero vel cui assignare voluerit, in feodo et hereditate et libere, honorifice cum omni pastura et aisiamento predicte foreste de Giseburn' tam libere et quiete sicut continetur in carta comitisse de Warewic quam inde habeo. Reddendo michi vel assignatis meis singulis annis ille et heredes sui vel assignati sui pro omni servicio et exaccione ad festum sancti Martini tantummodo x.d. argenti. Ego siquidem Johannes et heredes mei vel assignati mei predictas vj. acras terre cum pertinenciis suis prenominato Malgero vel assignatis suis inperpetuum contra omnes gentes warantizabimus. Et ut hec mea donacio rata et in-concussa permaneat, eam presentis carte munimine et sigilli mei apposicione roboravi. Hiis testibus. Johanne de Haltona, Helya de Gicleswik, Eustacio de Rellestona, Waltero de Stoc', et aliis.

Grant by John of Plumpton to Malger Vavasor of six acres of arable land in the west part of Gisburn forest, for a yearly rent of 10d.

32. Convencio domini W. de Percy de Holm in excambium pro terra de Mikelthauyt.   [1223-33]

Omnibus sancte ecclesie filiis presentibus et futuris Willelmus de Percy salutem. Noveritis me dedisse concessisse et presenti carta mea confirmasse Deo et monachis ecclesie beate Marie de Sallai in puram et perpetuam elemosinam, solutam liberam et quietam ab omni servicio et exaccione totam terram illam in foresta mea de Giseburn' ubi Hugo de Wiginkile mansit, ad claudendam quantum antiquitus clausum fuit, scilicet circiter x. acras terre; tenendam et habendam de me et heredibus meis inperpetuum in escambium pro terra illa de Mikeltwait quam idem monachi michi dederunt et carta sua confirmaverunt. Sed sciendum quod licebit michi si voluero quantum ad predictos monachos pertinet vaccariam ad opus meum proprium levare juxta illam terram quam dedi monachis predictis sive de superiore parte versus Alrebaurwe sive de inferiori versus terram monialium de Stainfeld'; ex orientali videlicet parte siketi quod venit de Alrebaurwe et vadit per terram predictam usque in Scirden. Ita tamen quod racionabilis exitus et introitus usque ad pasturam de Holm sit inter predictam terram quam dedi prefatis monachis et vaccariam quam ego potero facere si voluero. Et ego et heredes mei omnia prenominata prefatis monachis warantizabimus et defendemus contra omnes inperpetuum. Hiis testibus. Henrico de Percy fratre meo, Jordano del Estre, Olivero de Brinkil, Roberto de Plumtun, et aliis pluribus.

William de Percy gave to Sallay abbey ten acres of land in Gisburn forest in exchange for land in Micklethwait; the monks to have the right to enclose, and William to establish a vaccary without interfering with the right of way to Holm pasture. The complementary charter in the *Percy Chart.*, p. 99, shows that the exchange was made temp. abbot Stephen, 1223-1233. The land in Micklethwait consisted of about 14 acres, the gift to Sallay of Walter of Stockeld.

33. Carta Willelmi de Perci de Giseburn' et de foresta pro redditu viginti marcarum.   [c. 1242]

Sciant presentes et futuri quod ego Willelmus de Perci filius Henrici de Perci dedi et concessi et hac presenti carta mea confirmavi Deo et *f. 8v.* beate Marie et abbati et conventui de Sallay et successoribus eorum pro salute anime mee et Helene uxoris mee et omnium antecessorum et heredum meorum totum manerium meum de Giseburn' cum omnibus hominibus et serviciis eorum et cum molendino cum secta et cum omnibus aliis pertinenciis ad predictum manerium meum de Giseburn' spectantibus, cum foresta et hominibus in illa foresta manentibus et omnibus aliis pertinenciis, scilicet, in corpore manerii et in foresta existentibus, exceptis liberis hominibus et serviciis eorum et heredum eorum in predicto manerio et in foresta manentibus et salva michi et heredibus meis venacione in predicta foresta et in boscis eorum; tenenda et habenda predicto abbati et conventui et successoribus eorum in perpetuam elemosinam de me et heredibus meis libere quiete integre; reddendo inde annuatim michi et heredibus meis vel meis assignatis viginti marcas argenti infra octavas sancti Johannis baptiste apud Saundon sub pena quadraginta solidorum omni appellacione, cavillacione et impetracione remota. Et sciendum quod predictus [abbas] et conventus debent accrescere conventum suum de sex monachis presbiteris et illos imperpetuum sustinere pro salute anime mee et Helene uxoris mee et antecessorum et heredum meorum et predictus abbas et successores sui facient michi et heredibus meis talem qualem possunt facere securitatem quod predictam convencionem fideliter et sine fraude tenebunt; et dictus abbas et conventus obligaverunt michi et heredibus meis omnia tenementa sua que de feodo tenent ad se distringendos pro predicto redditu et pena, si forte ita contigerit quod predictum redditum ad predictum terminum non solverint. Ego vero Willelmus de Perci et heredes mei predictum manerium et forestam sicut superius dictum est predictis abbati et conventui contra omnes homines inperpetuum warantizabimus; et ad hujus rei securitatem ego Willelmus de Percy et abbas et conventus huic carte in modum cirografphi confecte sigilla nostra alternatim apposuimus. Hiis testibus. Stephano abbate Novi Monasterii, Wimundo de Ralei, Roberto de Brus, Jordano de Estria, et aliis.

William de Percy granted to Sallay abbey the manor of Gisburn with its men and their services; its corn mill and its suit; and Gisburn forest with the men remaining there, the freemen and their service excepted. William reserved his right of hunting in the forest. The abbey in return was to make an annual payment of twenty silver marks at Sandon, and increase its numbers by six priest monks who were to pray for the Percies. Among the witnesses was Stephen, abbot of Newminster (c. 1234-1247), late abbot of Sallay. There were also present Hugh of Lelay, Adam of Blackburn, Hugh of Halton, Robert of Ditton (*Percy Chart.*, pp. 145-6). The king confirmed Jan. 30, 1242. (*Chart. Rolls*, 1226-57, p. 265; Ribblesdale Deeds, G.I.) William de Percy died in 1245, and was buried in the abbey church at Sallay. Nov. 21, 1260, the monks had a grant of a three day fair, Dec. 7-9, and a market each Monday in the manor of Gisburn. (*Chart. Rolls*, 1257-1300, p. 32).

34. Carta Willelmi de Percy de firma foreste pacand' fratribus de Saundon. [1242-45]
Sciant universi presens scriptum visuris vel audituris quod ego Walterus abbas et conventus de Sallay concessimus domino Willelmo de Perci patrono nostro ad peticionem ejusdem ad solvendum annuatim magistro et fratribus hospitalis de Sandon xx. marcas argenti in octavis sancti Johannis baptiste apud Saundon, quas nos solvere debuimus dicto Willelmo et heredibus suis annuatim per cartam nostram quam inde nobis habet ad eundem terminum apud Sandon de manerio suo et de foresta de Giseburn' quam habemus de dono suo donec dictus W. vel heredes sui dictis magistro et fratribus de Sandon fecerint excambium in terris vel reddittibus ad valenciam viginti trium librarum argenti et

dimidie marce. Que escambia cum dictus W. et heredes sui dictis fratribus fecerint, tunc scriptum istud per quod nos debuimus dictis fratribus predictas xx. marcas annuatim solvere apud Sandon, reddemus dicto W. et heredibus suis sine contradiccione; et ipse W. vel heredes sui reddent nobis vel successoribus nostris scriptum quod concessimus nos solvere annuatim dictis fratribus de Sandon predictas xx. marcas; et nos postea dicto W. et heredibus suis predictas xx. marcas redditus reddemus sicut antea solvere debuimus per cartam nostram quam idem W. inde de nobis habet. In cujus rei testimonium parti presentis scripti quod penes dictum W. et heredes suos debet remanere pro nobis et successoribus nostris sigillum nostrum apposuimus et predictus W. Perci hujus scripti quod penes nos debet remanere pro se et heredibus suis sigillum suum apposuit. His testibus. Domino Wimundo de Ralig', Hugo de Lelay, Roberto de Brus, Ricardo de Normanvyll, ac multis aliis.

f. 9.

Walter, abbot of Sallay, pledged the abbey to pay to the master and brethren of Sandon hospital the annual rent of twenty marks for Gisburn manor and forest, until William de Percy should have given to Sandon lands or rents to the value of £23. 6s. 8d.

Omnibus...Walterus abbas de Sallay et ejusdem loci conventus ...remisisse domino Willelmo de Perci quadraginta marcas quas nobis debebat per cartam suam, unde et tenemur reddere ei eandem cartam. Tenemur eciam facere ei habere confirmacionem abbatis Cisterciensis de convencione inter nos facta de manerio de Giselburn et foresta, scilicet, quod reddemus ei annuatim vel heredibus suis viginti marcas argenti. Et tenemur acrescere conventum nostrum de sex monachis sacerdotibus imperpetuum (*Percy Chart.*, p. 27).

This rent was remitted 15 Nov., 1377, by Henry de Percy, earl of Northumberland, as the manor of Gisburn was not sufficient to support the six monks and pay the rent. The King's license only seems to have been obtained May 30, 1392. (*Cal. Patent Rolls*; Towneley MS. 6, p. 694). After reciting the grant of the manor the earl's deed continues :—

Nos igitur, predictus Henricus comes, plenarie ac veraciter informati quod predictum manerium...in modo et forma, prout prenotatur, non sufficit ad sustentacionem predictorum sex monachorum et ad solucionem redditus predictarum viginti marcarum, statumque predictorum abbatis et conventus compassionis oculo contemplantes, volentes...pro statu nostro et salute animarum progenitorum nostrorum, super premissis de remedio oportuno graciosius provideri, universitati vestre notum facimus...nos predictum Henricum comitem Northumbrie...quietum clamasse domino Johanni nunc abbati de Sallay et ejusdem loci conventui...predictum redditum viginti marcarum...salvis tamen nobis...liberis hominibus et serviciis eorum... in predicto manerio et foresta manentibus. Hiis testibus. Roberto de

Roos de Ingmanthorp, Roberto de Nevyll de Horneby et Johanne
Mauleverer militibus, Roberto de Arthyngton, Johanne del Bryg,
Edmundo de Moubray, et aliis. Data apud manerium de Spofford,
xv die Novembris, anno...Ricardi secundi...primo. (*Percy Chart.*,
pp. 373-4).

35. Composicio abbatis de Derham de foresta.   [1269]
Notum sit omnibus presens scriptum visuris vel audituris quod cum
mota esset lis in curia domini regis per breve disaisine et per breve de
racionabili estoverio percipiendo de boscis de Raheved inter abbatem
et conventum de Sallay ex una parte et abbatem et conventum de
Dirham ex altera sub hac forma conquievit, videlicet, quod fossata
levata per abbatem et conventum de Sallay in foresta de Giseburn' post
habebant dominium dicte foreste ad perpetuitatem ad nocumentum
commune pasture dictorum abbatis et conventus de Derham in eadem
foresta inperpetuum prosternentur; et quod dicti abbas et conventus
de Derham percipient racionabilia estoveria sua in dicta foresta ad
sustentacionem et reparacionem domorum suarum de Raheved,
scilicet, ad edificandum et conburendum et sepes faciendas ibidem de
boscis in dicta foresta de Giseburne contentis sine wasto et sine donacione, vendicione et omni alienacione per visum forestarii dictorum
abbatis et conventus de Sallay si venire voluerit ad admonicionem
procuratoris dictorum abbatis et conventus de Derham, si tamen
inventus fuerit apud domum suam in Raheved. Si autem inventus
non fuerit aut venire noluerit nichilominus dictus procurator capiet
necessaria in dicta foresta sicut predictum est. Et hanc composicionem
inperpetuum fideliter observandam dicti abbates de Sallay et de Derham
mutuis scriptis signa alternatim apposuerunt et sacramentis debitis
confirmaverunt. His testibus. Domino Johanne de Eston, domino
Eustachio de Rillestan, domino Henrico de Perci, et multis aliis.

The abbey of West Dereham, Norfolk, took out a writ of disseisin and
reasonable estovers against Sallay abbey, which agreed to level the mounds
raised in Gisburn forest to the injury of the common pasture. West Dereham
was to take reasonable estovers in the forest for the sustenance and repair
of its houses at Raheved, for buildings, fuel and making ditches, with or
without the oversight of the forester of Sallay abbey.
York, 9 June, 1269. Between Roger, abbot of West Dereham, by
brother Walter of Billingford his attorney, plaintiff, and Hugh, abbot of
Sallay, as to common of pasture in the forest of Gisburn, belonging to
plaintiff's freehold in Raheved (*Yorks. Fines*, 1246-72, pp. 169-70).

36. Composicio de Derham in foresta.   [Feb. 24, 1280]
Anno regni regis Edwardi filii regis Henrici octavo in die sancti Mathie
apostoli coram justiciariis Johanne de Wallibus, W. de Seham, Rogero
Loveday, Johanne de Medingham, Thoma de Sutingtona apud Ebor.
tunc itinerantibus, facta est hec concordia inter Walterum abbatem de
Westderham querentem per breve de transgressione et per breve quod

teneat ei finem factum ex una parte et Thomam abbatem de Salleia defendentem ex altera parte; videlicet, abbas de Sallay pro se et successoribus suis et ecclesia sua predicta recognovit et concessit prefato abbati de Westderham et successoribus suis et ecclesie sue predicte quod habeant et teneant inperpetuum unam porcariam ad porcos suos in Grenesetegile, longitudine xij. pedum interius et totidem in latitudine in foresta de Giseburn'; et insuper idem abbas de Sallai faciet prosternere omnes augmentaciones clausorum que facte fuerunt per ipsum vel per abbatem Hugonem predecessorem suum post finem factum inter eundem Hugonem abbatem et Rogerum abbatem de Westderham predecessorem predicti Walteri in foresta de Giseburn'. Et si contingat quod averia predicti abbatis de Westderham vel successorum suorum clausa predicti abbatis [de] Sallay in eadem foresta sine warda facta intraverint non imparcabuntur sed sine detrimento recaciabuntur; et pro recognicione concessione et concordia predictus abbas de Westderham relaxavit predicto abbati de Sallai omnia dampna que dixit se habuisse occasione discordie inter eos habite post dictum finem factum inter illos. Et ad hanc concordiam fideliter in posterum observandam predicti abbates de Salleia et de Westderham mutuis scriptis sua sigilla apposuerunt et firmiter promiserunt quod omnibus predictum finem inter predecessores factum inviolabiliter conservabunt in posterum.

f. 9v.

Concord at York Feb. 24, 1280, before the Justices in Eyre, between Walter, abbot of West Dereham, plaintiff and Thomas, abbot of Sallay, defendant; West Dereham to have a piggery twelve feet by twelve in Grenesetegile, Gisburn forest; Sallay to demolish the enclosures made by abbot Thomas or his predecessor Hugh since the agreement made between abbot Hugh of Sallay and abbot Roger of West Dereham, predecessors of abbots Thomas and Walter; Sallay not to impark stray cattle belonging to West Dereham.

37. Composicio de Stainfelde in foresta.   [Oct. 28, 1269]
Anno Domini mº. ccº.lxº.nono, ad festum apostolorum Simonis et Jude factum est hec convencio inter abbatem at conventum de Sallai ex una parte et priorissam et conventum de Stainfelde ex altera, videlicet, quod predicti abbas et conventus concesserunt pro se et suis successoribus predictis monialibus et suis successoribus quod de cetero habea[n]t porcos suos quietos de pannagio in foresta de Giseburne omni tempore excepto tempore formagii; et si ita contingat quod porci predictorum abbatis et conventus pascantur ibidem per illud tempus, volunt et concedunt quod porci predictarum monialium absque aliqua contradiccione eorundem abbatis et conventus ibidem pascantur. Ad hec volunt et concedunt quod servientes predicte priorisse residentes apud Raheved de cetero habeant viij. averia tantum absque aliqua pacacione agistamenti in predicta foresta. Ad hec volunt et concedunt quod si averia predicte priorisse inveniantur sine warda facta in clausis predictorum abbatis et conventus de quibus contencio mota fuit inter predictos abbatem et conventum et predictas moniales, videlicet, in novo prato

juxta Fildeingate usque ad aquam de Akedene in longitudine et in latitudine usque ad regiam viam et sic sursum ascendendo ad spinam que vocatur Fildingthorne et in clausis de Esbrichahe et Stodfalgile et in clausa de Holme, non inparcabuntur sed recaciantur sine detrimento dictorum animalium. Et sciendum est quod licebit de cetero abbati et conventui vel eorum successoribus alia clausa in predicta foresta facere vel eadem clausa aumentare sine assensu et voluntate predictarum priorisse et conventus. Pro ista autem prehabita convencione predicta priorissa et conventus quietum clamaverunt omnes predictas placeas inclusas predictis abbati et conventui et successoribus eorum, ita quod in eisdem clausis nullum jus vel clamium de cetero possint predicte priorissa et moniales exigere vel vendicare inperpetuum. In cujus rei testimonium huic scripto in modo cirografphi confecto partes mutuo sigilla sua apposuerunt. Hiis testibus. Domino Willelmo de Perci canonico Ebor., J. rectore ecclesie de Giseburn', Johanne de Boulton', et aliis.

Agreement made between Sallay abbey and the prioress and nuns of Stainfield Oct. 28, 1269. Stainfield was to be quit of pannage in Gisburn forest, and its bailiffs residing at Raheved to have free agistment for eight animals in the same forest. Stainfield cattle straying into the new abbey enclosures were not to be impounded, but Sallay was to be free to make new enclosures or augment old ones without hindrance or claim from Stainfield.

38. Composicio de Stainfelde in foresta. [c. 1269] Omnibus Christi fidelibus hoc scriptum visuris vel audituris Hugo dictus abbas et conventus de Sallai salutem in Domino sempiternam. Noverit universitas vestra nos dedisse, concessisse et hoc presenti scripto confirmasse Deo et sancte Andree apostolo et monialibus de Stainfelde ibidem Deo servientibus tres acras terre arabilis cum prato suo, cum tota latitudine sua secundum bundas impositas, in longitudine et latitudine versus terram nostram versus meridiem in territorio de Scyrden propinquiores terre dictarum monialium ex parte boriali que *f.* 10. se extendunt in longitudinem a bosco de Scirden usque ad regiam viam versus occidentem; ita, scilicet, quod dicte moniales predictam terram una cum prato possint includere atque eandem seminare de anno in annum et pratum predictum pro voluntate sua falcare. Similiter pro purpresturis in foresta de Gyseburne factis de quibus lis mota fuit inter nos et moniales predictas coram justiciariis apud Ebor. itinerantibus ibidem anno regni regis Henrici filii regis Johannis 1o. secundo absque aliqua contradiccione a nobis vel aliquibus de nostris; habendas et tenendas in puram et perpetuam elemosinam de nobis et successoribus nostris predictis monialibus et successoribus suis inperpetuum. Nos autem predicti abbas et conventus predictam terram predictis monialibus cum prato predicto contra omnes homines warantizabimus et a sectis curie nostre inperpetuum defendemus. In cujus rei testimonium huic scripto in modum cirografphi confecto partes mutuo sigilla sua apposuerunt. His testibus. Domino Willelmo de Perci canonico Ebor., J.

rectore ecclesie de Giseburne, J. de Boultona, W. de Rimingtona, et aliis pluribus.

Grant by Hugh, abbot of Sallay, to the nuns of Stainfield, of three acres of arable land with its meadow in Gisburn forest, with freedom to enclose, sow and reap; the litigation at York before the Justices in Eyre, 1267-8, regarding encroachments in Gisburn forest amicably composed.

4 June, 1246. Between Agnes, prioress of Stainfield, by Simon son of Robert her attorney, plaintiff, and Warin, abbot of Sallay, deforciant: as to estover in the abbot's woods of Skirden, Akeden and Grenesetegill, for building, fencing and burning, at the manor of the prioress at Raheved.

The abbot grants that the prioress and her successors may have, in the said woods, reasonable estover for building etc. at the said manor, by view of the foresters of the abbot and his successors if they wish to be present, so much as belongs to the holding of the prioress at Raheved at the date of this concord. Her bailiffs shall let the foresters know when they desire to take the estovers and, if the foresters do not wish to attend, the same may be taken without their view. Quitclaim by the prioress as to all damages occasioned by withholding permission to take the estovers.

At York, 22 April, 1246, the abbot of Sallay was summoned to answer the prioress of Stainfield, on the plea that he allow her to have reasonable estover in the woods of Skirden, Akeden and Grenesetegill, as she should have and used to have—husbote, heibote and firbote—without view of his foresters, belonging to her freehold in Raheved; of which the abbot has deprived her for two years past: and she claims 40s. damages. The abbot comes and denies force and injury: and admits that she should have reasonable estover —husbote and heibote. Later they concord; and the abbot gives 20s. for leave and the prioress ½ mark for the same (*Yorks. Fines*, 1232-46, p. 142).

[Temp. Richard I]

39. Universis Christi fidelibus has litteras visuris vel audituris Matildis comitissa de Warewic salutem. Noverit universitas vestra me concessisse et presenti carta mea confirmasse Deo et ecclesie sancte Marie et sancto Andree et monialibus de Stainfelde donacionem Juliane de Warewic' camerarie mee, scilicet, xx. acras terre arabilis in Northeind cum omnibus libertatibus et cum omnibus pertinenciis suis in bosco in plano in moris in mariscis in pratis in pasturis cum omnibus aisiamentis ad predictam terram pertinentibus, in puram et perpetuam elemosinam et quietam ab omni servicio et ab omni exaccione seculari. Et ego et heredes mei warantizabimus etc.

Matilda, countess of Warwick, confirms the gift of Juliana, her chamberlain, to the nuns of Stainfield, of twenty acres of arable land in Northeind.

Elias son of Norman gave to the church of St. Mary of Gisburn in Craven 10 acres of his fee near Kenkersic towards the west, and to the *manentes* free common of all easements that pertained to his fee of Rimington; on condition that Walter the priest, son of William of Schadewelle, and his heirs held the land from the church for 2 lbs. of incense annually. *Test.*

Adam dean of Craven, Alan of Weston, Robert brother of Malger, Richard his son, Hervey deacon, Thomas deacon, William son of Orm, Ketel son of Uchtred, Robert of Lee, William son of Baldwin, Robert Baret, William Fauvel, Fulk son of Adam, Ambrose son of Robert, Alexander son of Ketel and William and Adam his brothers. (Dodsworth 155, f. 126).

Adam son of Norman gave to St. Mary's, Gisburn, in exchange for 2 bovates in Rimington which his father Norman gave to the same church when dedicated, all the land between Kenkersic and Trhephou and between the monks' turbary and the road from Rimington to Gisburn church and between Dalpherh and Kenkersic. The priests of the church were to celebrate twelve masses for the souls of his father and mother. *Test.* Ralph the dean, William priest of Bolton, Richard clerk of Preston, Ralph the priest, Roger of Thornton, Jordan of Weston, Malger of Gisburn and Robert his brother, Walter son of Uctred, Robert son of Ralph, William son of Orm, Ketel son of Uctred and William his son, Uctred son of Aldred, Richard of Horton, Alan of Horton. (*Ibid.*, f. 126v). [*Temp. Henry II*].

[*Temp. Richard I*]
40. Omnibus sancte ecclesie filiis Matildis comitissa filia Willelmi de Perci salutem. Noverit universitas vestra me dedisse, concessisse et presenti carta mea confirmasse Deo et beate Marie sancto Andree et monialibus de Stainfeld' in Giseburn' in Craven' toftum quod est inter domum Hugonis Hest've et inter fontem; et in foresta mea de Giseburn' pasturam xxx. equarum, xxx. vaccarum cum fetibus trium annorum; et in eadem foresta unum toftum trium acrarum ad receptaculum faciendum predictarum equarum et vaccarum cum fetibus suis prenominatis. Hanc donacionem dedi concessi et hac presenti carta mea confirmavi dictis monialibus in puram et perpetuam elemosinam liberam et quietam ab omni seculari exaccione. Et ego et heredes mei warantizabimus acquietabimus etc.

Matilda, countess of Warwick, grants to the nuns of Stainfield a toft in Gisburn, between the house of Hugh Hest've and the well; pasture for thirty mares and thirty cows in Gisburn forest, with their three year olds; and a three-acre toft in the same forest for stables and shippons to house the animals.

[*Early John*]
41. Omnibus visuris vel audituris litteras has Willelmus de Perci salutem. Noverit universitas vestra me pro salute anime mee et omnium antecessorum et heredum meorum concessisse et hac mea carta confirmasse Deo et beate Marie et sancto Andree apostolo de Stainfelde et monialibus ibidem Deo servientibus ecclesiam de Giseburn' in Craven cum capellis et terris et aisiamentis et libertatibus et cum omnibus pertinenciis ad predictam ecclesiam spectantibus; et xx. acras terre quas habent ex dono quondam Juliane camerarie Matildis comitisse de Warewic et pasturam in foresta mea de Giseburn' ad xxx^ta. vaccas et xxx. equas cum fetibus trium annorum et unum toftum

trium acrarum in predicta foresta et unum toftum in Giseburn' juxta
fontem in puram et perpetuam elemosinam sicut aliqua elemosina
f. 10v. melius vel securius dari possit vel confirmari et secundum tenorem
cartarum Matildis comitisse de Warewic et Henrici de Perci patris mei
quas inde habent testantur. Ego autem et heredes mei warantizabimus
acquietabimus defendemus supradictam elemosinam contra omnes
homines inperpetuum.

Grant by William de Percy to the nuns of Stainfield, of Gisburn church
with its chapels and lands; confirmation of the gift of Juliana, formerly
chamberlain to the countess Matilda, of twenty acres of land and pasturage
for thirty cows and thirty mares; also of a three-acre toft in the forest and
a toft close to Gisburn well.

[c. 1250]
42. Omnibus sancte matris ecclesie filiis presentibus et futuris
Adam filius Walteri filii Roberti Wlsy salutem. Noveritis me pro
salute anime mee et patris mei et matris mee et omnium antecessorum
et heredum meorum dedisse concessisse et presenti carta mea confirmasse Deo et monachis ecclesie beate Marie de Sallai in puram et perpetuam elemosinam solutam liberam et quietam ab omni seculari servicio
et exaccione et omni re ad terram pertinente, duas bovatas terre in
territorio de Giseburn cum toftis et croftis et assartis et omnibus aisiamentis et pertinenciis suis infra villam de Giseburn' et extra; et cum
toto jure quod ego et antecessores mei unquam habuimus vel habere
poterimus in villa de Giseburn' illas, scilicet, quas Walterus pater meus
quondam tenuit in eadem villa de Giseburn'; tenendas et habendas
dictis monachis in perpetuam elemosinam, reddendo domino feodi
tres solidos argenti annuatim tantum, scilicet, medietatem ad Pentecosten et aliam medietatem ad festum sancti Martini pro omni servicio
dicte terre pertinenti. Et ego et heredes mei omnia prenominata cum
omnibus pertinenciis libertatibus et aisiamentis suis predictis monachis
pro predicta firma warantizabimus, acquietabimus et defendemus
contra omnes inperpetuum. His testibus. Roberto de Perci, Stephano
de Hamerton, Ricardo de Boulton, et aliis.

Grant by Adam son of Walter son of Robert Wlsy to Sallay abbey, of
two bovates in Gisburn, with the tofts, crofts, assarts and easements pertaining to them; also his rights in Gisburn as enjoyed by his father Walter;
paying for all service three shillings yearly to the lord of the fee.

[c. 1250]
43. Omnibus hoc scriptum visuris vel audituris Adam filius
Walteri filii Roberti Wlsi eternam in Domino salutem. Noveritis me
pro salute anime mee et omnium antecessorum meorum et heredum
meorum concessisse remisisse et quietum clamasse de me et heredibus
meis Deo et beate Marie et monachis de Sallai, totum jus et clamium
quod habui vel habere potui in duabus bovatis terre cum toftis et croftis

et omnibus aliis pertinenciis libertatibus et aisiamentis dicte terre
pertinentibus infra villam de Giseburn' et extra, in perpetuam elemosinam. Reddendo [domino] feodi tres solidos argenti tantum per
annum, medietatem videlicet ad Pentecosten et aliam medietatem ad
festum sancti Martini in yeme pro omni servicio et omni re dicte terre
pertinente. Ita quod nec ego Adam nec heredes mei vel aliquis per
nos aliquod jus vel clamium in predictis duabus bovatis terre cum
pertinenciis suis quas predictus Walterus pater meus quondam tenuit
in eadem villa nobis vendicare poterimus inperpetuum. In hujus rei
testimonium presens scriptum sigilli mei inpressione roboravi. Hiis
testibus. Hugone de Halton, Johanne de Boultona, Waltero filio
Philippi de Rimingtona, et multis aliis.

Quitclaim by Adam son of Walter son of Robert Wlsi, of the same two
bovates and their appurtenances. There were also present Walter son of
Robert of Gaisgill, W. Malasis, Adam of Panehal and John his son. (Dodsworth 155, f. 167).

44. Carta Ade filii Walteri de duabus [bovatis] terre in
Giseburne.   [*c.* 1250]
Omnibus hoc scriptum visuris vel audituris Adam filius Walteri filii
Roberti Wlsi salutem. Noveritis me pro salute anime mee et omnium
antecessorum et heredum meorum concessisse remisisse et quietum
clamasse de me et heredibus meis Deo et beate Marie et monachis de
Sallai totum jus et clamium quod habui vel potui habere in duabus
bovatis terre cum toftis et croftis et cum omnibus aliis pertinenciis   *f.* 11.
libertatibus et aisiamentis ad tantam terram pertinentibus infra villam
et extra. Ita quod ego nec heredes mei vel aliquis per nos aliquod jus
vel clamium in predictis duabus bovatis terre cum pertinenciis quas
predictus Walterus pater meus quondam tenuit in eadem villa nobis
vendicare poterimus imperpetuum. In hujus rei testimonium presens
scriptum sigilli mei impressione roboravi. Hiis testibus. Hugone de
Halton, Stephano de Hamertona, Ricardo de Bolton, Johanne filio
ejus, Waltero filio Philippi de Rimingtona, et multis aliis.

Grant to Sallay of two bovates of land in Gisburn by the same Adam
son of Walter son of Robert Wlsi. Add to the witnesses Walter son of
Robert of Gaisgill, Richard Malasis, William his son, Adam of Pathenale
and John his son. (Dodsworth 155, f. 167).

45. Quietum clamium Willelmi de Hunsflet de j. bovata in
Giseburn'.   [*Late Henry III*]
Omnibus hoc scriptum visuris vel audituris Willelmus de Hunsflet
salutem. Noverit universitas vestra me reddidisse concessisse et
quietum clamasse de me et heredibus meis Deo et beate Marie et
monachis de Sallai totum jus et clamium quod habui vel habere potui
in j. bovata terre cum pertinenciis et tofto et crofto que de eisdem
monachis ad firmam tenui in teritorio et in villa de Giseburn'. Ita quod

nec ego nec heredes mei nec aliquis per nos aliquod jus vel clamium
nobis in dictis bovata terre et tofto et crofto cum pertinenciis de cetero
vendicare poterimus.   In hujus rei testimonium presens scriptum
sigilli mei impressione roboravi. His testibus. Johanne de Boultona,
Ricardo et Henrico fratribus suis, Roberto de Perci, W. de Rimingtona,
et aliis.

> Quitclaim in favour of the abbey of right in one bovate of land in
> Gisburn, with toft and croft, which William of Hunsflet had held to farm
> from the monks.   Dodsworth 155, f. 128, adds to those present (Walter
> of Rymington), Richard Scot, Thomas of Malghem, Richard of Alton and
> Robert his brother.

46. Carta Willelmi de Stok' de libero transitu per terram
suam.   [*Early Edw. I*]
Omnibus hoc scriptum visuris vel audituris Alanus filius Willelmi de
Stok' salutem.   Noveritis me dedisse concessisse et presenti scripto
confirmasse abbati et conventui de Sallay et eorum successoribus
inperpetuum liberum transitum et viam competentem sine impedimento
mei vel heredum meorum super terram meam propinquiorem regie
vie super quam antiquitus solebant transire que jacet inter pontem de
Stok' et pasturam de Martona, ad carectas et quadrigas suas omni
tempore.   Ita quod nec ego nec heredes mei nec aliquis per nos nec
aliquis de tenentibus meis aliquod gravamen vel molestiam seu districcionem in tota predicta terra juxta regiam viam predictis monachis
de Sallay vel eorum servientibus seu carectis vel quadrigis faciemus
inperpetuum. In cujus rei testimonium presenti scripto sigillum meum
apposui. His testibus. Ricardo Tempest, Edmundo Maunsel, Johanne
de Hortona, Simone de Panal', et aliis.

> Alan son of William of Stok' grants right of way to Sallay abbey across
> his land near the king's highway, between Stok' bridge and Marton pasture,
> where they were wont to cross of old.

47. [*In another hand, faded*].   [1343]
A touz qe ceux lettres verront ou orront Henri de Percy saluz en Dieu.
Sachez nous avoir graunte et conge done pur nous et noz heires al
abbe et covent de Sall. qils puyssent purchaser et fraunkment avoyr
du doun et du lees Gylbert le Derhunt un mees od les apurtenaunces
en la ville de Staynford Underbergh et du doun et du lees Sire Johan
de Clyderhou chapel. et Will. Bald diz et sept acres de terre et de pree
oue lour apurtenaunces en Westby hamell de Gysburne en Craven.
A tenir et avoire a les avauntditz abbe et covent et lour successours
paysiblement a touz jours de nous et noz heires par les services dues
et acostomez quant ils auront conge de nostre seigneur le roy les avauntditz terres entrere.   En tesmoigne de quel chose nous avoms mys
f. 11*v.* nostre seale a cestes presens lettres. Done a Cattone le joesdy prochain
devaunt le feste seynt Gregore lan du regne nostre seigneur le roy

Edward tierz apres le Conqueste diz et septisme.

Henry de Percy gave Sallay abbey permission to receive a messuage in Staynford Underbergh from Gilbert le Derhunt, and seventeen acres of arable land and meadow in Westby from Sir John of Clitheroe, chaplain, and William Bald. Given at Catton the Thursday before the Feast of St. Gregory, March 12, 1343. The king's license was obtained May 10 (*Cal. Pat. Rolls*). In 1342 Walter of Paythorn gave Rich. of Clitheroe, chaplain, and William of Stainsfeld 11½ acres of land and 4 acres of meadow in Westby hamlet, Gisburn. *Test.* Sir John Tempest, knt., John Midhop, Alan of Horton, Walter Mohaud (Dodsworth 155, f. 135). The amount of land in the king's license was the same.

48. [*In a later hand*]. [1205-11]
Omnibus sancte matris ecclesie filiis presentibus et futuris Willelmus de Percy salutem in Domino. Noveritis me pro salute anime mee et omnium antecessorum et heredum meorum concessisse et presenti carta mea confirmasse abbati et conventui de Salley forestam de Gisburne cum pertinentiis suis, ita libere et quiete quod sine contradiccione mei vel heredum meorum seu aliorum quorumcumque possint eandem forestam fossis et sepibus claudere quando voluerint et eam in separali tenere sibi et successoribus suis inperpetuum per has divisas; videlicet, a cruce supra Bolton usque ad Fildyngate et sic sequendo Fyldyngate per regiam viam usque ad Fyldyngthorn et inde per grandes lapides usque ad Mergill; et sic ascendendo per siketum inter forestam de Giseburn' et forestam Rogeri de Lacy[1] subtus Herlawe usque ad Drytlowhed et inde per la slake supra Brokthornes usque ad Blakmosse et sic ascendendo per rivulum inter forestam de Gisburn' et pasturam abbatis de Kyrkstall usque ad Brakinpott; et inde usque ad Restyngstanes et sic descendendo per Slaytbank' inter dictam forestam et pasturam de Rauthmell usque ad Bradsthae et inde usque ad Meresik et per le Meresyk usque ad Blyndwell et inde inter dictam forestam et pasturam de Haltona usque ad Pykcross super Manebent et sic descendendo sicut aqua pluvialis dividit inter eandem forestam et pasturam de Pathorn usque ad supradictam crucem supra Bolton. Et ego predictus Willelmus et heredes mei predictam forestam modo et forma supradictis prefatis abbati et conventui et successoribus suis contra omnes gentes warantizabimus et defendemus inperpetuum, salvis tamen michi et heredibus meis cunctis condicionibus que in carta mea priori eisdem monachis inde facta plenarie continentur. Et ut hec mea concessio firma sit et stabilis inperpetuum hoc scriptum sigillo meo signatum dedi predictis monachis in testimonium. Hiis testibus. Hugone de Lelay, Petro de Plumpton, Willelmo le Vavasor, Roberto Beugrant, et aliis.

William de Percy, 1183?-1245, granted to Sallay abbey the forest of Gisburn within given bounds. For Gisburn forest *cf. Percy Chart.*, passim.

[1] Died 1211.

STAYNTONA.

49. Carta conventus de Seleby de Stainton.   [1154-60]

f. 12. Universis sancte matris ecclesie filiis tam presentibus quam futuris abbas Germanus totusque conventus ecclesie sancti Germani de Seleby salutem. Noverit ergo presens etas omniumque secutura posteritas nos communi consilio et consensu tocius capituli nostri concessisse ac dedisse presentique carta confirmasse B. abbati ecclesie de monte sancti Andree Salleye monachisque ibidem Deo famulantibus, Stent-unam solam et quietam ac liberam ab omnibus terrenis serviciis eidem terre pertinentibus, a nobis rate et perpetualiter cum omnibus sibi adjacentibus tenendam excepto recto danegeldo regis, solvendo annuatim quadraginta solidos, dimidium videlicet ad Pentecosten et dimidium ad festivitatem sancti Martini. Testibus subscriptis in quorum audiencia hec carta lecta et concessa fuit. Hugone episcopo Dunelmense, Johanne episcopo Insularum, Savarico abbate ecclesie sancte Marie Ebor., Clemente ejusdem ecclesie priore, Ricardo cantore, Roberto archidiacono sancti Petri cum canonicis ejusdem loci, et multis aliis.

Grant by German, abbot of Selby, to Benedict, abbot of Sallay, of Stainton for an annual rent of forty shillings, free from all secular service except danegeld. (*Cf.* Towneley 6, pp. 681-2; Dodsworth 155, f. 9). German was abbot of Selby, 1153-1160; Savaric, abbot of St. Mary's, York, died 1161. This grant of the vill or grange of Stainton is not in Stephen's confirmation of late 1154, but it appears in that of archbishop Roger shortly afterwards.

50. Finalis concordia inter Thomam abbatem de Seleby et Thomam abbatem de Sallay de Staintona.   [May 27, 1278]
Hec est finalis concordia facta in curia domini regis apud Westmonasterium in crastino Ascensionis Domini anno regni regis Edwardi filii regis Henrici sexto, coram magistro Rogero de Seyton, magistro Radulfo de Frenygham, Thoma Welond, Johanne de Levetot et Rogero de Leyc' justiciariis et aliis domini regis fidelibus tunc ibi presentibus; inter Thomam abbatem de Selebi petentem per Radulfum de Scottona positum loco suo ad lucrandum vel perdendum [et] Thomam abbatem de Sallai tenentem per Ricardum de Bouwelande positum in loco suo ad lucrandum vel perdendum de manerio de Staintona in Craven cum pertinenciis unde placitum fuit inter eos in eadem curia; scilicet, quod predictus abbas de Seleby recognovit predictum manerium cum pertinenciis, scilicet, quicquid idem abbas de Sallay et ecclesia sua de Sallay tenuerunt in eodem manerio de feodo ipsius abbatis de Selebi die quo hec concordia facta fuit esse jus abbatis de Sallay et ecclesie sue de Sallay; habendum et tenendum eidem abbati de Sallay et successoribus suis et ecclesie sue predicte de predicto abbate de Seleby et successoribus suis et ecclesia sua predicta inperpetuum. Reddendo inde per annum apud Selebi quadraginta solidos sterlingorum

ad duos terminos, scilicet, medietatem ad Pentecosten et alteram
medietatem ad festum sancti Martini in yeme pro omni servicio consuetudine et exaccione. Et pro hac recognicione fine et concordia idem
abbas de Sallay dedit predicto abbati de Seleby unum spervarium
sorum.

Final concord at Westminster May 27, 1278, before the royal justices,
between Thomas, abbot of Selby, and Thomas, abbot of Sallay, represented
by Ralph of Scotton and Richard of Bolland respectively. Selby abbey
acknowledged the right of Sallay to the manor of Stainton at an annual rent
of forty shillings (*Cf. Selby Coucher*, ii, 340).

51. Carta conventus de Seleby de Staintona.

[March 16, 1277]

Universis sancte matris ecclesie filiis presentibus et futuris Thomas
abbas Salebiensis ecclesie et ejusdem loci conventus salutem in Domino
sempiternam. Noveritis nos inspexisse cartam Germani quondam
abbatis Salebiensis predecessoris nostri in hec verba: Universis sancte
matris ecclesie filiis tam presentibus quam in posterum successuris *f. 12v.*
abbas Germanus totusque conventus ecclesie sancti Germani de Seleby
salutem. Noverit ergo presens etas omnium secutura posteritas nos
communi consilio et consensu tocius capituli nostri concessisse ac
dedisse presenti[que] carta mea confirmasse B. abbati ecclesie de monte
sancti Andree Salleie monachisque ibidem Deo famulantibus Staintonam solam et quietam ac liberam ab omnibus terrenis serviciis eidem terre
pertinentibus, a nobis rate et perpetualiter cum omnibus sibi adjacentibus tenendam excepto recto denegeldo regis, solvendo annuatim
quadraginta solidos, dimidium videlicet ad Pentecosten et dimidium
ad festum sancti Martini. Testibus subscriptis in quorum audiencia
hec carta lecta et concessa fuit. Hugone episcopo Dunelmense, Johanne
episcopo Insularum, Savarico abbate ecclesie sancte Marie Ebor.,
Clemente ejusdem ecclesie priore, Ricardo cantore, Roberto archidiacono sancti Petri cum canonicis ejusdem loci, et ceteris in carta
continentibus. Volentes igitur quod predicti abbas et conventus de
Salleya et eorum successores de nobis et successoribus nostris totum
suprascriptum manerium de Stainton cum omnibus suis pertinenciis
sine aliquo retenemento habeant et teneant in liberam et perpetuam
elemosinam solutam et quietam ab omnibus aliis serviciis nobis et
successoribus nostris imperpetuum spectantibus sepedictis abbati
et conventui de Sallay et eorum successoribus sepedictum manerium
de Stainton cum omnibus suis pertinenciis ut supradictum est de
nobis et successoribus nostris confirmamus et quieteclamamus in
perpetuum. In cujus rei testimonium presenti scripto sigillum nostrum
commune apposuimus. Datum apud Selebi vj°.x°.kal. aprilis anno
Domini m°.cc°.septuagesimo septimo.

Thomas, abbot of Selby, confirmed the grant of Stainton to Sallay
by his predecessor, German.

1282. Thomas, abbot of Sallay, and William, abbot of Selby, to hold
to a fine made in the king's court between Thomas, late abbot of Selby and
plaintiff, concerning the manor of Stainton in Craven (*Monastic Notes*,
i, 191).

[*c.* 1154]
52. Confirmacio Rogeri archiepiscopi de Sallay cum pertinenciis, Dudelant, Crocum, Ailwinthorp, j. carucata terre in Rimington,
ij. bovatis terre in Ilkelai, Akirland', Stayntona.

Robertus Dei gracia Ebor. archiepiscopus universis sancte ecclesie
filiis salutem. Ad pontificalis officii dignitatem pertinet ea que ecclesiis
a fidelibus juste collata fuisse noscuntur vel infuturum Deo auctore
conferentur auctoritate sua confirmare et ut imperpetuum stabilia per-
severent scripti sui munimine roborare. Inde eciam quod nos omnes
possessiones quas ecclesia de Saleya donacione Willelmi de Perci et
Henrici de Laci vel aliorum fidelium juste adepta est vel infuturum
justis modis adipisci, nec non et terram quam tenent de abbacia de
Salabi sicut carta capituli de Salabi testatur, eidem ecclesie confirmamus
et in perpetuum inconcussas conservari precipimus quas propriis
duximus exprimandas vocabulis: De Willelmo de Perci villam de
Sallai ubi abbacia fundata est et omnia ad ipsam villam pertinentia;
villas eciam istas, Dudelant, Crocum, Elwinthorp; de Normanno filio
Uctredi j. carucatam terre in Rimington; de Roberto filio Fulconis
dapiferi Willelmi de Perci ij. bovatas terre in Ylleclei; de Henrico de
Laci saltus qui jacent contra abbaciam; de abbacia de Selebi villam de
f. 13. Staintuna cum omnibus ad omnia supradicta pertinentibus; in terris
in aquis et silvis et planis et pascuis et pratis cum omni libertate et
absque omni seculari exaccione sicut carte Willelmi et aliorum supra-
dictorum testantur. Si quis autem hanc nostre confirmacionis paginam
sciens contra eam temere venire temptaverit, indignacionem Dei omni-
potentis et beatorum apostolorum Petri et Pauli se noverit incursurum.
Cunctis autem eidem loco sua jura servantibus sit pax Domini nostri
Jesu Christi quatinus et hic factum bone accionis percipiant et apud
districtum judicem premia eterne pacis inveniant. Hujus nostre confirmacionis testes sunt Johannes et Jordanus canonici Ebor., Willelmus
capellanus, Jeremias, Rogerus Hurel, Petrus de Carchason, Nicholaus
arch', et aliis.

Confirmation by Roger, archbishop of York, of Sallay with its appurtenances; Dudeland, Crocum, Elwinthorp, one carucate of land in Rimington,
two bovates in Ilkley, Acreland, and Stainton. The scribe wrote Robertus
by mistake in the body of the charter and Harland (p. 13) gave it the date
1396. The archbishop was Roger of Pont l'Evêque, consecrated 10 Oct.,
1154, died 22 Nov., 1181. The confirmation probably followed that of king
Stephen. The last witness has been read by Harland as Archer. Towneley
supplies the correction in his complete list:—Nicholaus archdiaconus de
Bedeford, et capitulum de Ripun. This deed hath a faire seale at the
copieing hereof. (Towneley MS. 6, pp. 700-1; Dodsworth 155, f. 9). For
Carchason Towneley reads Karcasson. *Cf. Fountains Chartulary*, i, 208; ii, 646.

Dodsworth copied the confirmation of king Stephen from an old membrane in St. Mary's Tower, York. (Dodsworth 8, f. 3; 155, f. 15).

Carta regis Stephani, (Ex vetusta membrana in turre s. Marie, Ebor.) [1154]
Stephanus rex Anglorum archiepiscopo Eboracensi et justiciariis et vicecomiti et ministris et baronibus et omnibus fidelibus suis Eborascire salutem. Sciatis me concessisse et presenti carta confirmasse Deo et ecclesie de Salleya et Benedicto abbati et monachis ibidem Deo servientibus, in perpetuam elemosinam donacionem quam Willelmus de Percy eis fecit de Sallea et Dudeland et Elwinestorp et Crocum et servicium de Steintona. Preterea confirmo eis donacionem illam quam Normannus filius Uctredi eis fecit de una carucata terre in Rimintona et illam donacionem quam Robertus dapifer ejus eis fecit in Illeclea et quam Henricus de Laci eis fecit de landis que jacent contra abbaciam suam. Quare volo et firmiter precipio quod supradicta ecclesia et monachi ibidem Deo servientes hec supradicta omnia bene et in pace et libere habeant et teneant in perpetuam elemosinam sicut Willelmus de Perci et Henricus de Laci eis illa dederunt et cartis suis confirmaverunt et libera et quieta de omni seculari servicio et exaccione. Testibus. Hugone episcopo Dunelmensi (*Hugh du Puiset,* 1153-1195) et Ricardo de Luci et Hugone de Essartis, apud Eboracum. (*Monast. Angl.* v, 515; Towneley MS. 6, pp. 697-8).

This confirmation may be dated in the summer or early autumn of 1154, when Stephen was at York on a castle-destroying expedition. *Cf. Pontefract Chartulary,* i, 99. Towneley gives another charter by which Stephen took the Sallay monks under his protection, and a further confirmation similar to that printed above.

[1154]
S. rex Anglorum archiepiscopis, episcopis, abbatibus, comitibus, justiciis, vicecomitibus, baronibus, ministris et omnibus suis et sancte Dei ecclesie fidelibus et amicis Francis et Anglicis totius Anglie salutem. Sciatis me cepisse in pacem et defensionem meam abbatem et monachos de monte sancti Andree Sallaie sicut proprios monachos et fratres meos pro anima patris et matris mee et omnium antecessorum et successorum meorum et pro statu regni mei et salute anime mee et uxoris mee et filii mei Eustachii et omnium amicorum meorum. Ideoque volo et firmiter precipio quod nullus hominum meorum eis aut rebus suis injuriam vel contumeliam sive molestiam super meum plenarium forisfactum faciat nec facere permittat; super omnes fideles mei manuteneant predictos fratres et omnes res suas et omnes homines qui in pace Dei et illorum sunt sicut me diligunt et amicitiam meam. Precipio ut predicti fratres et omnes sui habeant meam firmam pacem per totam terram meam eundo et redeundo et si quid emerint vel vendiderint sicut (? sint) quieti de omni tolneo et de omni consuetudine. (Towneley MS. 6, p. 698).

53. Quieta clamacio Benulfi de Helenfeld de terra illa de Stainton de qua controversia orta est inter ipsum et monachos de Sallay.   [c. 1176]
Omnibus sancte matris ecclesie filiis tam presentibus quam futuris Bernulphus de Helgefeld' filius Gamelli salutem. Notum sit omnibus vobis quod ego Bernulphus dedi et concessi et reddidi et quietum clamavi de me et de omnibus heredibus meis et super sanctum altare optuli Deo et sancte Marie et monachis Salleie in puram et perpetuam elemosinam terram illam de Staintona de qua controversia orta est inter me et ipsos monachos; scilicet, sicut rivulus veniens de Seleker vadit in divisam de Kunesgestona; et omnem calumpniam de ipsa terra imperpetuum relaxavi de me et heredibus meis omnibus. His testibus. Malgero persona de Giseburn' et Roberto fratre ejus, -Ricardo filio Radulfi decani, Willelmo sacrista, et aliis.

Bernulf of Hellifield released to Sallay abbey the land in Stainton, concerning which controversy had arisen between them; namely, where the brook coming from Seleker crossed the boundary of Kunesgeston.

54. Quieta clamacio Bernulfi de Stayntona.   [c. 1176]
Notum sit omnibus tam presentibus quam futuris qui has litteras legerint vel audierint quod ego Bernulphus de Helgefeld' filius Gamelli dedi concessi et reddidi et quietam clamavi de me et de omnibus heredibus meis et super altare sanctum optuli Deo et sancte Marie et monachis de Sallai, in puram et perpetuam elemosinam terram illam de Staintona de qua controversia orta est inter me et ipsos monachos; et omnem calumpniam de ipsa terra imperpetuum relaxi de me et omnibus heredibus meis. Hujus rei gracia concesserunt michi monachi et uxori mee fraternitatem domus sue et sepulturam in cimiterio suo si christiani mortui fuerimus et pro nobis facient servicium quantum pro duobus monachis sive ibi sive alibi sepulti fuerimus; quod si ad conversionem venire voluero recipient me. Hiis testibus. Ada filio Normanni, Waltero de Haltona, Willelmo de Gasegile, Roberto de Haltona, et aliis. Item concesserunt michi monachi quod si infirmitate pergravatus ad eos venero, in seculari habitu jacebo apud eos et cum convaluero redibo si voluero ad domum meam; et si infra Eboraci sciram mortuus fuero et desideravero sepeliri apud eos, si amici mei et homines mei miserint, propter me mittent et ipsi monachum cum eis, si ordinate id facere potuerint.

Bernulf of Hellifield released to Sallay abbey land in Stainton, about which dispute had arisen. In return the abbot granted the fraternity of the abbey to Bernulf and his wife, the privilege of burial in their cemetery and the same services as for deceased monks; also permission to reside in the abbey in secular habit if incapacitated by infirmity, and freedom to depart when better. If Bernulf should die in Yorkshire, the abbey to send a monk with the friends and men of the deceased, if such a course be in order.

55. Carta Willelmi de Leelai quiet' de reditu xv. solidorum. *f.* 13*v.*
[*Late Henry II*]
Universis sancte matris ecclesie filiis tam presentibus quam futuris
Willelmus filius Hugonis salutem. Sciatis quod ego Willelmus filius
Hugonis Deo et monachis sancte Marie de Salleya quietos clamavi
xv. solidos qui pertinent ad servicium de Staintona in perpetuam
et puram elemosinam liberam et quietam de me et heredibus meis pro
animabus patris et matris mee et omnium antecessorum meorum et
pro salute anime mee et uxoris mee et heredum meorum. Hanc autem
elemosinam ego et heredes mei warantizabimus predictis monachis
de Sallai. His testibus. Malgero persona de Giseburn', Simone de
Monte Alto, Ricardo de Goldesborug', et multis aliis.

Release by William of Lelay son of Hugh, to Sallay abbey, of a 15s. rent
belonging to the service of Stainton.

56. Quieta clamacio Ade Pimine de Conigstona de ij. culturis
in Staintona. [*Early Edward I*]
Omnibus hoc scriptum visuris vel audituris Adam filius Pimine de
Conygstona in Craven salutem. Noveritis me pro salute anime mee
et animabus patris et matris mee remisisse de me et heredibus meis in
puram et perpetuam elemosinam quietum clamasse abbati de Sallay
et ejusdem loci conventui et eorum successoribus totum jus et clamium
quod habeo vel habui vel habere potui in illis duabus culturis in teritorio de Staintona que vocantur Keldesbereg' et Smalesclackes, secundum omnes divisas quas dicti abbas et conventus tenuerunt die confeccionis hujus scripti cum omnibus proficuis de predictis duabus
culturis exeuntibus. Ita scilicet quod nec ego nec heredes mei nec
aliquis per nos nec nomine nostro in predictis duabus culturis nec in
aliquibus de predictis culturis exeuntibus subtus vel supra de cetero
habere jus vel clamium exigere vel vendicare poterimus imperpetuum.
In cujus rei testimonium huic scripto sigillum meum apposui. His
testibus. Domino Roberto de Stivetona, Rogero Tempest, Johanne
Gilyot, militibus, Alano de Cathertona, et multis aliis.

Release to the abbey by Adam son of Pimina of Coniston, of two arable
holdings in Stainton, called Keldesbereg' and Smalesclackes. Towneley
adds to the witnesses: Willelmo de Chestound, Henrico de Kytheley, Thoma
de Malghum, Waltero de Rymigton, Willelmo Gilmyn de eadem. (Towneley
MS. 6, p. 691).

57. Carta Willelmi primi de Staintona. [*c.* 1148]
Omnibus sancte matris ecclesie filiis tam futuris quam presentibus
Willelmus de Perci salutem et reverenciam debitam. Notum sit omnibus
has litteras legentibus vel audientibus quod ego Willelmus concessi et
dedi Staintonam cum omnibus ad eandem pertinentibus ecclesie de
monte sancti Andree et fratribus ibidem Deo servientibus, in perpetuam
et puram elemosinam et quietam et solutam ab omnibus terrenis ser-

viciis et consuetudinibus et nominatim a quindecim solidis quos annuatim solebat reddere michi tanquam capitali domino, solutam dico et
quietam de me et de omnibus heredibus meis; et hanc donacionem et
concessionem feci peticione et requisicione Willelmi, Willelmi filii
Hugonis et eorum virorum qui de me villam predictam tenebant.
Hujus donacionis et concessionis testes sunt Gillebertus filius Fulconis,
Robertus de Parc', Robertus dapifer, Gillebertus de Arches, Baldewinus, ipse Willelmus filius Hugonis, Robertus filius Picot, Nicolaus
sacerdos, Jordanus camerarius, et multi alii tam clerici quam laicy.

At the petition of those men who held Stainton from him, the first
William de Percy granted that place to Sallay abbey, quit of the annual
rent of fifteen shillings hitherto paid to him as chief lord. (*Cf.* Dodsworth
155, f. 9).

f. 14.   **58.** Confirmacio Hugonis de Lelay secundi de Sc⁰ston et
Farnlay et pluribus aliis.   [*c.* 1240]
Omnibus sancte ecclesie filiis presentibus et futuris Hugo filius Hugonis
de Lelay salutem. Noveritis me pro salute anime mee et omnium
antecessorum et heredum meorum concessisse et presenti carta mea
confirmasse Deo et monachis ecclesie sancte Marie de Sallai in puram
et perpetuam elemosinam omnes terras et pasturas cum omnibus
pertinenciis quas habent de feodo meo in Staintona et in Boultona et
in Gasegyle et in Rimingtona et in Farnlay, ut habeant et teneant omnia
prenominata bene et in pace solute libere et quiete sicut carte et con-
firmaciones Hugonis patris mei et aliorum antecessorum meorum
proportant et testantur. Hiis testibus. Hugone de Halton, Willelmo
de Lindelai, Willelmo filio Arkyl, et aliis.

Hugh son of Hugh of Lelay confirmed to Sallay abbey all the lands
and pastures, which they held of his fee in Stainton, Bolton, Gaisgill,
Rimington, and Farnley. *Cf.* Nos. 114-7. For a pedigree of the Lelays,
see *Pudsay Deeds*, p. 88.

59. Carta Willelmi de Lelay de servicio de Stainton.
                                                        [*Late Henry II*]
Omnibus has litteras visuris vel audituris W. de Lelai miles salutem
in Domino. Noverit universitas vestra me quietum clamasse Deo et
monachis sancte Marie de Sallai omne clamium et jus meum de me
et heredibus meis inperpetuum super servicio de Stainton unde versus
eos aliquociens questionem movebam et omnes terras et pasturas quas
in territorio de Boueltona habent et alibi de feodo meo sive de dono meo
seu dono filiorum meorum concedo et confirmo eis pro salute anime
mee et omnium antecessorum meorum. His testibus. Priore et toto
conventu de Kirkestal', Simone de Monte Alto, W. filio ejus, et aliis.

William of Lelay, knt., released to Sallay abbey his rights in the service
of Stainton, and the lands and pastures in Bolton and elsewhere, which

were of his fee. He and the abbey had several times been at variance on the question of the service of Stainton.

60. Carta Johannis de Conigstona de quadam placia inclusa grangie de St[a]inton. [Nov. 29, 1304]
Omnibus hoc scriptum visuris vel audituris Johannes de Conigstona civi[s] Ebor. salutem in Domino sempiternam. Noveritis me concessisse et quietum clamasse abbati et conventui de Sallay et eorum successoribus inperpetuum pro me et heredibus meis totum jus et clamium quod habui vel habere potui in quadam placia inclusa infra fossatum grangie de Staintona; ita quod nec ego nec heredes mei aliquod jus vel clamium ibi vel alibi infra terminos dicte grangie de Staintona predicto fossato incluse vendicare vel exigere poterimus inperpetuum. In cujus rei testimonium ego Johannes pro me et heredibus meis huic scripto sigillum meum apposui. Testibus. Johanne apotecario tunc magor' Ebor., Vincentio Verdenel, W. de Houseburn, ballivis Ebor., et aliis. Datum apud Ebor. in vigilia sancti Andree apostoli, anno regni regis Edwardi tricessimo tercio.

John of Coniston, citizen of York, released to Sallay abbey his rights in an enclosure within the bounds of Stainton grange. The witnesses were the mayor and two bailiffs of York.

61. Composicio de Furnes' de Winterburn. [c. 1219]
Omnibus ecclesie filiis ad quos presens scriptum pervenerit R. de Bellalanda et R. de Kirkestal' dicti abbates salutem in Domino. Noverit universitas vestra quod cum nos mandatum domini Cisterciensis recepissemus de controversia que vertebatur inter abbatem et conventum de Furnes' ex una parte et abbatem et conventum de Sallay ex altera parte super vicinitate grangiarum de Winterburn' et de Stainton, judicio vel concordia terminanda, nos partibus in presencia nostra constitutis causam ipsam amicabili composicione in hunc modum terminavimus; scilicet, quod predicta grangia de Winterburn' remanebit *f.* 14*v.* in pace absque omni questione et contradiccione predictorum abbatis et conventus de Sallai predictis abbati et conventui de Furnes' inperpetuum, non obstante vicinitate predicte grangie de Stainton. Ut autem hec composicio rata et stabilis permaneat eam sigillis nostris roboravimus et sigillis partium.

To settle a dispute between the abbeys of Furness and Sallay, arising from the closeness of their respective granges at Winterburn and Stainton, the abbot of Citeaux appointed Robert, abbot of Byland, and Ralph, abbot of Kirkstall, as arbitrators. Their decision was that Winterburn was to stand, notwithstanding the closeness of Stainton grange. *Cf. Furness Coucher*, vol. ii, pt. ii, pp. 475-6.

62. Composicio de Furnes' et Winterburn'. [1219]
Hec composicio facta est inter domum de Furneis et domum de Sallay

super vicinitate grangiarum de Winterburn' et Staintona, scilicet, quod
abbas et conventus de Salleia per hoc scriptum concesserunt monachis
de Furnes' pacificam possessionem de omnibus terris quas habent
circa grangiam suam de Winterburn, scilicet, infra divisas quas habuerunt anno gracie m⁰. ducentesimo nono decimo; ita tamen quod monachi
de Furnes de cetero non capient nec tenebunt aliquam terram vel
pasturam prope abbaciam vel grangias de Sallai infra terminos in
ordine constitutos, nisi de licencia et permissione monachorum de
Salleya.

Sallay abbey agreed that Furness abbey might keep the lands it
possessed near Winterburn grange in 1219. In future Furness was not to
acquire land near Sallay abbey or its granges within the limits ordained by
Cistercian statutes, unless Sallay gave consent. April 4-8, 1329, a further
agreement was made between the two abbeys concerning the tithes of
Winterburn (*Yorkshire Deeds*, v, 177-8).

f. 15.   MARTONA.

63. Carta Petri de Marton de Huncuthorp et pastura ad d.c.
oves.   [*End of 12th century*]
Omnibus sancte matris ecclesie filiis presentibus et futuris Petrus
filius Willelmi de Martona salutem. Sciatis me dedisse et concessisse
et hac presenti carta mea confirmasse Deo et beate Marie de Sallai et
monachis ibidem Deo servientibus in puram et perpetuam elemosinam
pro salute anime mee et omnium antecessorum et heredum meorum
totam terram illam in campo de Martona que vocatur Unkethorpe sine
aliquo retenemento cum omnibus pertinenciis et libertatibus et aisiamentis suis; his videlicet divisis, scilicet, a Wlfletebriggebert sicut
rivulus currit ad veterem pontem et a veteri ponte usque ad divisas de
Staint'; et preter hoc in territorio predicte ville de Marton pasturam ad
quadringentas oves in estate per majus centum; in hieme vero ad
sexcentas oves similiter per majus centum. Hec omnia predicti monachi
habebunt et tenebunt de me et heredibus meis ita plene et integre et
honorifice sicut aliqua elemosina liberius et honorificencius teneri et
possideri potest. Et ego et heredes mei omnia prenominata prefatis
monachis warantizabimus contra omnes homines et adquietabimus et
ad ista omnia fideliter tenenda et warentizanda in manu Alani prioris
manu mea propria affidavi. Hiis testibus. Henrico de Perci, Stephano
de Hamertona, Johanne de Haltona, et aliis.

Peter son of William of Marton granted to Sallay abbey the land called
Unkethorpe, in Marton field; pasture in Marton for 400 sheep in summer
and 600 sheep in winter, by the long hundred.

64. Carta Petri de Marton de pastura ad d.c. oves.
                                               [*End of 12th century*]
Omnibus sancte matris ecclesie filiis presentibus et futuris Petrus

filius Willelmi de Marton salutem. Sciatis me dedisse et concessisse et hac presenti carta mea confirmasse Deo et beate Marie de Salleya et monachis ibidem Deo servientibus, in puram et perpetuam elemosinam pro salute anime mee et omnium antecessorum et heredum meorum, in territorio de Martona pasturam ad quadringentas oves in estate per majus centum; in yeme vero ad sexcentas oves similiter per majus centum. Hanc donacionem predicti monachi habebunt et tenebunt de me et heredibus meis ita plene et integre et honorifice sicut aliqua elemosina liberius et honorificentius teneri et possideri potest. Et ego et heredes mei hanc predictam pasturam prefatis monachis warantizabimus contra omnes homines et adquietabimus; et ad hoc fideliter tenendum et warentizandum in manu Alani prioris manu mea propria affidavi. His testibus. Henrico de Perci, Stephano de Hamertona, Johanne de Haltona.

A similar charter dealing with the same pasturage. Alan, prior of Sallay, is mentioned in both charters. *Cf.* Nos. 130, 256, 565. Dodsworth 155, f. 127, gives as further witnesses Richard of Hellifield, Laurence of Knol, Randal of Otterburn, Roger Tempest and Elias of Bolton.

65. Carta Willelmi de Marton de via versus Stainton.
[*Temp. John*]

Omnibus has litteras visuris vel audituris Willelmus de Marton salutem. Sciatis me consilio et voluntate amicorum meorum et hominum meorum pro salute anime mee et uxoris mee et antecessorum meorum et heredum meorum concessisse et hac mea carta confirmasse Deo et beate Marie et monachis de Sallai, viam illam versus grangiam illorum de Staintona juxta St[a]inclif que via fuit in calumpnia inter me et illos. Et sciendum quod via habebit in latitudinem xx^{ti}. pedes ad quadrigas *f. 15v.* suas et cetera necessaria, quam tenebunt de me et heredibus meis predicti monachi in puram et perpetuam elemosinam solute quiete libere sine omni disturbacione. Et ego et heredes mei predictam viam prefatis monachis contra omnes homines inperpetuum warantizabimus. His testibus. Henrico de Perci, Waltero fratre ejus, Hugone de Slaiteburn',[1] Willelmo Graindorge, Johanne de Halton, et pluribus aliis.

William of Marton granted to Sallay abbey a road twenty feet wide, leading to Stainton grange near Staincliff. Towneley gives as witnesses: Henrico de Perci, Waltero fratre ejus, Hugone de Lelai et Roberto fratre ejus, Willelmo Graindorge, Johanne de Halton, Malgero Vavasour, Ricardo Vavasour, Alan de Karton [Catherton], Ada de Crideling, Ranulfo filio Walteri, Rogero de Thorneton, Radulfo fratre ejus, Willelmo Talebot et Galfrido filio ejus. This deed hath a very faire seale at the copieing hereof. (Towneley MS. 6, pp. 706, 711).

[1] This seems to be an error for *Lelai*.

66. Carta Willelmi filii Simonis de Martona de Fothirhou et via.
[*Late Henry III*]
Notum sit omnibus hoc scriptum visuris vel audituris quod ita convenit inter abbatem et conventum de Sallai et Willelmum filium Simonis de Marton, videlicet, quod idem W. concessit et quietum clamavit de se et heredibus suis dictis abbati et conventui totum jus et clamium quod habuit vel habere potuit in tota illa terra que vocatur Fotherhou; ita quod nec ipse nec heredes sui vel aliquis per eos aliquod jus vel clamium inde sibi vendicare poterunt inperpetuum. Dedit eciam concessit et hac presenti carta sua confirmavit liberum introitum exitum et transitum dictis abbati et conventui omnibus hominibus carriagiis et averiis suis fugandis per totam pasturam suam de Marton deinter abbaciam de Sallai et grangiam de Staintona et deinter abbaciam predictam et Sckipton ubique extra bladum et pratum; ita quod nec ipse W. nec heredes sui vel aliquis per eos dictam pasturam arabunt seminabunt vel includent unde dicti monachi vel successores sui impediantur a predictis aisiamentis competenter faciendis. Hec autem omnia fecit idem W. eisdem monachis pro salute anime sue et uxoris sue et animarum antecessorum et heredum suorum in puram et perpetuam elemosinam, solutam liberam et quietam ab omni servicio et exaccione et omni re ad terram pertinente. Idem vero W. et heredes sui dictam donacionem dictis monachis et successoribus suis warantizabunt adquietabunt et defendent contra omnes homines inperpetuum. In hujus rei testimonium presenti carte in modum cirograffi confecte utraque pars sigilla alternatim sua apposuit. Hiis testibus. Domino Godefrido de Alta Ripa, domino Henrico de Dayville, domino Ricardo Tempest, et aliis.

William son of Simon of Marton released to Sallay abbey his rights in Fotherhou, and granted right of way for carts and animals over his pasture at Marton, between the abbey and Stainton grange and between the abbey and Skipton.

67. Copia placiti de communa pasture inter fratrem J. de Houeden' tunc abbatem et W. de Martona.   [Sept. 22, 1310]
Anno regni regis Edwardi filii regis Edwardi quarto coram domino Johanne de l'Yle et Johanne de Doncastre tunc justiciariis assignatis domini regis apud Ebor., associato eisdem domino Henrico de Scrop tunc justiciario domini regis in banco comitatus, capta fuit hec assisa nove disseisine die martis proximo post festum sancti Mathei inter Johannem de Houeden abbatem de Sallai petentem et Willelmum de Marton et alios in brevi deforc*iantes* etc.
Assisa venit recognoscere si Willelmus de Marton, Johannes le Strang', Hugo Scot, Willelmus Neubrid, Robertus Cordewan, Willelmus Scot, Johannes filius Cecilie, et Robertus de Marton injuste etc. diss'. abbatem de Sallai de communa pasture sue in Marton post primam etc.; et unde queritur quod diss'. eum de communa pasture sue communicandi cum sexcentis ovibus per majus centum [in ducentis] acris more a

f. 16.

festo Omnium Sanctorum usque primum diem Mai et a primo die Mai usque ad idem festum Omnium Sanctorum cum quadringentis ovibus per majus centum in predictis ducentis acris more per factum speciale etc. Et Willelmus de Marton venit et alii non veniunt, scilicet, quidam Patricius de Barton respondit pro eis tanquam eorum ballivus et dicit quod ipsi nullam injuriam aut disseisinam predicto Abbati inde fecerunt et de hoc ponit se super assisam; et predictus W. de Marton dicit quod predictus abbas nuncquam fuit seisitus de predicta communa communicandi etc., ita quod potuit inde diss'. et de hoc ponit se super assisam; et predictus abbas dicit quod ipsi et predecessores sui fuerunt in seisina de predicta communa quousque predictus Willelmus de Marton et alii ipsum inde injuste etc. diss. sicut queritur; et petit quod inquiratur per assisam et predictus W. de Marton similiter.   Ideo capiatur assisa etc.   Jurati dicunt super sacramentum suum quod quidem Petrus filius Willelmi de Marton tunc dominus ville predicte dedit et concessit et per cartam suam confirmavit Deo et beate Marie de Sallay et monachis ibidem Deo servientibus predictam pasturam ad certum numerum averiorum et quod predecessores ipsius abbatis a tempore concessionis predicte seisiti fuerunt de predicta pastura et similiter iste abbas qui nunc est seisitus fuit de eadem pastura quousque predictus Willelmus de Marton et omnes alii ipsum inde injuste etc. diss'. sicut queritur.   Ideo consideratum est quod predictus abbas recuperet inde seisinam suam per visum recognitorum et similiter dampna que taxantur per eosdem ad dimidiam marcam; et predicti Willelmus de Martona et alii in misericordia etc.

John of Houeden, abbot of Sallay, took out a writ of novel disseisin against William of Marton and seven others, who were preventing him from using his rights of common pasture in Marton for 400 sheep from May 1 to Nov. 1, and for 600 sheep from Nov. 1 to May 1. The grant by Peter of Marton, then lord of the vill, was recognised by the jurors, the abbot recovered seisin and was awarded half a mark damages.

[Jan. 6, 1310-11]
68. Rex vicecomiti Ebor. salutem. Monstravit nobis abbas de Sallai quod cum ipse in curia nostra coram dilecto et fideli nostro Johanne de Insula et sociis suis, justiciariis assisas in comitatu tuo capiendas assignatis, per breve nostrum apud Ebor. recuperasse seisinam suam versus W. de Marton et Johannem filium Cecilie de Marton de communa pasture sue in Marton per recognicionem assise nove disseisine ibi inde inter eos capte, predicti Willelmus et Johannes prefatum abbatem de predicta communa pasture iterum injuste disseis' et ideo tibi precipimus quod assumptis tecum custodibus placitorum corone nostre et xij. tam militibus quam aliis liberis et legalibus hominibus de comitatu tuo, tam de illis qui in prima jurata fuerunt quam aliis, in propria persona tua accedas ad pasturam illam et per sacramentum diligentem inde facias inquisicionem; et si ipsum abbatem per predictos W. et Johannem de predicta communa pasture iterum injuste disseisitum

inveneris tunc ipsos Willelmum et Johannem capias et in prisona nostra salvo custodiri facias, ita quod a prisona illa nullo modo deliberentur sine mandato nostro speciali. Et ipsum abbatem de predicta communa pasture reseis' et dampna induplum que occasione illius reddeseisine sustinuit per sacramentum predictorum xij. taxari et de terris et catallis predictorum Willelmi et Johannis in balliva tua sine dilacione levari et eidem abbati habere facias juxta formam statuti Westmonasterii de hujus reddiseisinis provisi. Et scire facias predictis Willelmo et Johanni quod inquisicioni illi faciend' intersint si sibi viderint expedire. Teste me ipso apud Berewicum super Twed, vj. die Jan., anno regni regis quarto.

In spite of the decision of the Justices, William of Marton and John son of Cecily of Marton a second time robbed the abbey of its pasturage. Thereupon the abbot appealed to the king at Berwick on Tweed, and on Jan. 6, 1310/11, Edward II ordered the sheriff of York to proceed in person to the pasture, together with twelve men and the guardians of the pleas of the Crown, and there hold an enquiry. The twelve were to be knights and freemen and include some who served on the original jury. William and John were to be committed to prison and kept there till the king ordered their release, and their lands and goods distrained according to the Statute of Westminster.

GAIREGRAVE.

f. 16v.   **69.** Carta domini Henrici de Perci[1] secundi de advocacione quarte partis ecclesie de Gairegrave. [1275-89] Notum sit omnibus hoc scriptum visuris vel audituris quod cum placitum motum fuisset in curia domini regis coram Johanne de Metingham et sociis suis justiciariis domini regis de banco apud Ebor. inter Henricum filium Henrici de Perci petentem et abbatem de Sallai et ejusdem loci conventum[2] tenentes, de advocacione decimarum quarte partis ecclesie de Gairegrave per breve de advocacione decimarum, tandem in hunc modum conquievit; videlicet, quod dictus Henricus remisit, relaxavit et omnino de se et heredibus suis quietum clamavit predictis abbati et conventui et eorum successoribus inperpetuum totum jus et clameum quod habuit vel aliquo modo habere potuit in advocacione decimarum grossarum et minutarum quarumcumque proveniencium de omnibus terris et tenementis predictorum abbatis et conventus in Staynton unde placitum motum fuit inter nos in prefata curia; ita videlicet quod nec dictus Henricus nec heredes sui nec aliquis nomine eorum aliquid juris vel clamii in advocacione predictarum decimarum grossarum vel minutarum nec in aliis quibuscumque predicte advocacioni pertinentibus de cetero vendicare seu exigere poterunt imperpetuum. In cujus rei testimonium presenti scripto sigillum

[1] First baron Percy of Alnwick by writ, d. 1314; son of Henry de Percy, who died 1272.

[2] MS. conventus.

predicti Henrici est appensum. His testibus. Domino Hugone abbate de Forneis[1], Johanne priore de Boultona[2], dominis Petro de Lund', Willelmo Talemache, Thoma de Alta Ripa, Roberto de Stivetona, Johanne Gylyot, militibus; Raynero de Knoll, W. de Marton, et aliis.

Before the Justices at York, Henry son of Henry de Percy released to Sallay abbey his rights in the tithes of Stainton, being the tithes of the fourth part of Gargrave.

[April 2, 1313]

70. Universis sancte matris ecclesie filiis ad quos presens scriptum pervenerit abbas sancte Marie de Salleya, Cisterciensis ordinis, Ebor. diocesis et ejusdem loci conventus salutem in Domino sempiternam. Noveritis quod cum inter discretum virum dominum Adam de Osgodby rectorem ecclesie de Gayrgrave dicte diocesis nomine ecclesie sue ex parte una et nos ex parte altera, super decimis majoribus fructu[u]m terrarum et possessionum grangie nostre de Staintona site infra limites parrochie ecclesie supradicte exorta fuisset materia questionis dicto rectore decimas illas ad ecclesiam suam predictam de jure communi pertinere debere diversis racionibus pretendente nobisque immunitatem a prestacione[3] hujusmodi decimarum virtute privilegiorum apostolicorum nobis et toti ordini Cisterciensi indultorum ac eciam virtute prescriptionis canonice allegantibus et super hiis inter prefatum rectorem et nos gravis fuisset dissencio diucius agitata. Nos considerantes animarum nostrarum saluti fore perutile a litigiorum amfractibus submoveri ac ejusdem domini Ade amiciciam et benivolenciam qui nobis et monasterio nostro plurimum prodesse poterit infuturum visceraliter desiderantes unanimi concensu ut[4] cujuslibet dissencionis inter ipsum et nos occasio sopiatur, concessimus eidem domino Ade pro nobis[5] et successoribus nostris quandam annuam pensionem seu redditum viij. marcarum sterlingorum percipiendam a nobis singulis annis de manerio nostro de Tadecastre cum pertin- *f.* 17. enciis ad festum sancti Michaelis in Septembre ad totam vitam ejusdem domini Ade, obligantes nos et successores nostros monasterium predictum nostrum et omnia bona nostra ecclesiastica et mundana ad predictam pensionem seu redditum prefato domino Ade in forma predicta persolvendam; subientes nos quoad hoc jurisdiccioni cujuscumque idonei judicis ecclesiastici vel secularis. Et ego predictus Adam dictam pensionem seu redditum ob reverenciam venerabilis patris domini A. tituli sancte Prisce presbiteri cardinalis et ad ejus requisicionem accepto spontanea voluntate. In cujus rei testimonium nos prefati abbas et conventus sigillum nostrum commune alteri parti hujus scripti indentati penes dictum dominum Adam remanenti apposuimus. Et ego predictus Adam alteri parti ejusdem [penes] predictos

---

[1] Elected 1267; his successor occurs 1289.
[2] 1275-1330; probably two priors named John.
[3] MS. *prefacione.* [4] MS. *et.* [5] *pro nobis* repeated.

abbatem et conventum residenti sigillum meum apposui. Datum apud Westmonasterium secundo die Aprilis, anno Domini m⁰.ccc⁰. terciodecimo.

The dissensions between Adam of Osgodby, rector of Gargrave, and the abbey of Sallay over the greater tithes of Stainton grange, were ended at Westminster in 1313 by the mediation of A, Cardinal Priest of St. Prisca. Sallay was to make an annual payment of eight marks to the rector. Osgodby was an ecclesiastical lawyer who rose to eminence under the protection of his neighbour and probable relative, William of Hambleton. Rector of Gargrave in 1293, he acquired a number of ecclesiastical offices before his death in 1316. For an account of him see *Corbridge Register*, Surtees 138, i, 9-10; *Fasti Dunelm.*, Surtees 139, p. 97.

71. Quo die lis sopita fuit inter personam de Gairgrave et abbatem de decimis de Stainton. [April 3, 1313] Memorandum quod inter dominum Adam de Osgodby rectorem ecclesie de Gairgrave, Ebor. diocesis, partem actricem ex parte una et religiosos viros abbatem et conventum de Sallai ejusdem diocesis reos ex altera, super decimis majoribus fructuum terrarum et possessionum grangie de Stainton site infra limites parochie ecclesie supradicte lis mota fuisset et diucius agitata ac adhuc pendeat per appelacionem ipsius abbatis et conventus coram judicibus delegatis, tandem communibus amicis intervenientibus tercio die Aprilis, anno Domini m⁰. ccc⁰. terciodecimo, tam prefatus Adam quam predicti abbas et conventus concesserunt spontanea voluntate discedere a litibus supradictis et utraque pars singillatim protestata fuit se nolle per se vel alios lites prosequi memoratas. In cujus rei testimonium tam prefatus Adam quam predicti abbas et conventus huic scripto indentato alternatim sigilla sua apposuerunt. Datum London' die et anno supradictis.

On the intervention of mutual friends Osgodby and Sallay abbey agreed in London not to renew litigation over the greater tithes of Stainton. The sequence of events seems to have been as follows: 1301, May 31. Notice to Sallay to prepare for a visit from Thomas of Corbridge, Archbishop of York, on Saturday, July 1 (*Corbridge Reg.*, p. 51). Oct. 25, Cawode. Commission to the official to act in the cause between Osgodby and Furness abbey, and between Osgodby and Sallay abbey concerning tithes coming from lands and meadows within the parish of Gargrave (*Ibid.*, pp. 9-10). 1302, Mar. 18. Official not to exact from Sallay 46s. due for visitation 'et occasione cujusdam cautionis exposite pro eisdem et ut fertur commississe' (*Ibid.*, p. 72). 1303, Mar. 25. Profession of obedience by John (of Houeden), the new abbot of Sallay, in the chapel of Burton by Beverley (*Ibid.*, p. 81). 1304, Sept. 12. Adam claimed his tithes withheld from him by Sallay (*Cal. Close Rolls*).

1306, Sept. 19. Archbishop Greenfield excommunicated John of Houeden, abbot of Sallay, and the following monks: John of Eton prior, William of Stokesleye sub-prior, Robert of Kereby cellarer, Henry of Bolton sub-cellarer, John Tempest sacrist, Richard of York sub-sacrist, John of Semer master of the lay-brethren, Richard of Edesford bursar, William of Osbaldeston, William of Podesaye porter, Robert of Fountains lay-brother and hostilar, Simon of Lytton lay-brother and master of the forest, Roger of Hoton master of Tadcaster, Roger of Crathorn master of Borrowby (Greenfield Reg., f. 57v). 1306, Sept. Order to the sheriff of York to deliver from prison John abbot of Sallay, John of Heton and William of Osbaldeston his brother monks, whom the king at the denunciation of W. archbishop of York ordered to be justiced by the sheriff, upon their finding mainprise to come before the chancellor in chancery on Nov. 3. On Dec. 10 we find a memorandum of their mainpernors and learn that they have appealed to the Pope (Cal. Close Rolls). 1307/8, Feb. 20. Letter from the archbishop to his official to refrain from further action in the matter until he received fresh instructions (Greenfield Reg., Surtees, pt. i, p. 118). 1310/11, Jan. 31. John abbot of Sallay, John of Eton prior, Robert of Kerby cellarer, William of Osbaldeston, Stephen of Driffeld, Henry of Bolton, John Tempest, William of Podeshay, Adam of Gikeswik and Richard of Edesford, monks of that house, pray stay of writ pending appeal to Rome against the judgement pronounced against them in the court of York. Osgodby had purchased a writ in chancery to the sheriff of York to take the bodies of the abbot and brethren, but its execution was stayed pending the appeal. On May 1 investigators from the court said the appeal had not been properly prosecuted (Chancery Warrants, i, 340; Cal. Close Rolls, 1307-13, p. 350).

    1313, April 2-3. Settlement in London (Nos. 70-1); April 3, abbot John of Houeden acknowledged that he owed Osgodby 40 marks, cancelled on payment (Cal. Close Rolls, p. 572); Aug. 2, license after inquisition (June 30), for the alienation to Sallay by Henry de Percy of the advowson of Gargrave church, by fine of 80 marks (Cal. Pat. Rolls; Monastic Notes, ii, 36). 1314, Mar. 20. John of Houeden, abbot of Sallay, absolved from excommunication in the chapel of Burton by Beverley (Greenfield Reg., f. 76v).

72. Prima carta domini H. de Perci de advocacione ecclesie de Gairgrave. (*In margin :* Iste Henricus de Perci fuit filius Henrici de Perci et Alianore filie comitis Warannie.) [Sept. 8, 1313] Omnibus sancte matris ecclesie filiis presentibus et futuris Henricus filius et heres domini Henrici de Perci salutem in Domino. Noveritis nos paupertatem et causam paupertatis abbacie nostre de Sallay in Craven de fundacione antecessorum nostrorum considerasse eidemque abbacie in aliquo subsidio ut honeste sustentari possit misericorditer providere cupientes, in honore Dei et beate Marie virginis et pro salute animarum patris et matris nostrorum quorum corpora ibidem sepel-iuntur et pro salute anime nostre et Alianore sponse nostre et omnium heredum nostrorum dedisse et concessisse et hac presenti carta nostra confirmasse Deo et beate Marie et abbati et monachis nostris de Sallai ibidem Deo servientibus advocacionem ecclesie sancti Andree de Gairgrave in Craven cum omnibus pertinenciis integritatibus et

omnibus pensionibus a quibuscumque religiosis seu secularibus qualitercumque debitis, cum omnibus juribus suis et libertatibus, capellis et capellanar' una cum omnibus et omnimodis proficuis que
f. 17v. ad dictam advocacionem accidunt vel aliquo modo accidere poterunt inperpetuum. Et bene liceat dicto abbati et successoribus suis dictam ecclesiam de Gayregrave cum omnibus juribus suis [et] pertinentiis supradictis capellis et capellanar' in proprios usus adquirere et possidere quandocumque poterunt vel sibi viderint expedire sine contradiccione nostri vel heredum nostrorum; tenendas et habendas de domino rege et heredibus suis predictam advocacionem ecclesie de Gayregrave in Craven sibi et successoribus suis cum omnibus pertinenciis integritatibus et omnibus pensionibus a quibuscumque religiosis seu secularibus qualitercumque debitis, cum omnibus juribus suis et pertinenciis supradictis capellis et capellanar' una cum omnibus et omnimodis proficuis que ad dictam advocacionem accidunt vel aliquo modo accidere poterunt per servicia inde debita et consueta inperpetuum. Et nos Henricus et heredes nostri predictis abbati et monachis nostris eorumque successoribus predictam advocacionem ecclesie de Gayregrave cum omnibus pertinenciis integritatibus et omnibus pensionibus a quibuscumque religiosis seu secularibus qualitercumque debitis cum omnibus juribus suis et libertatibus, capellis et capellanar' una cum omnibus et omnimodis proficuis que ad dictam advocacionem accidunt vel aliquo modo accidere poterunt et in omnibus ut predictum est contra omnes mortales warantizabimus imperpetuum. In cujus rei testimonium huic carte sigillum nostrum apposuimus. Hiis testibus. Domino Thoma comite Lancastrie, domino Humfrido comite Hereford', domino Edmundo comite Arundele, domino Roberto de Clifford', domino Johanne de Boteturte, domino Johanne de Haselaratona, et multis aliis. Datum apud Lequenfeld in festo Nativitatis beate Marie virginis, anno regni regis Edwardi filii regis Edwardi septimo.

Henry son of Henry de Percy considering the poverty of Sallay abbey, where his parents were buried, granted to the monks the advowson of the church of St. Andrew, Gargrave, with all its chapels. An inquisition was held at Skipton June 30, 1313 (*Monastic Notes*, ii, 36); the royal license was accorded Aug. 2, by fine of 80 marks (*Cal. Pat. Rolls*); inspeximus and confirmation Oct. 21, by fine of £10 (*ibid.*).

f. 18. **73.** [*A copy of the preceding charter*].   [Sept. 8, 1313]

[Sept. 29, 1313]
74. Omnibus sancte matris ecclesie filiis presentibus et futuris Henricus filius et heres Henrici de Perci salutem in Domino. Noveritis nos pro salute animarum patris et matris nostre et pro salute anime nostre et Alienore sponse nostre et omnium heredum nostrorum concessisse advocacionem ecclesie sancti Andree de Gayrgrave in Craven cum omnibus pertinenciis integritatibus et omnibus pensionibus a quibuscumque religiosis seu secularibus qualitercumque debitis, cum

omnibus juribus suis et libertatibus, capellis et capellanar' una cum
omnibus et omnimodis proficuis que ad dictam advocacionem accidunt
vel aliquo modo accidere poterunt inperpetuum esse jus abbatis et
conventus de Sallay et ea sibi et successoribus suis inperpetuum
remittimus et quieta clamavimus quiete de nobis et heredibus
nostris inperpetuum; tenendam et habendam in liberam puram et
perpetuam elemosinam sine aliquo retenemento nichil inde nobis vel
heredibus nostris faciendo vel reddendo nisi salutaria suffragia oracion-
um. Datum apud Laycestriam in festo sancti Michaelis archangeli
anno regni regis Edwardi filii regis Edwardi septimo.   *f. 18v.*

The grant of Gargrave church to Sallay was subject to one condition.
The advowson was to be held by rendering the salutary suffrages of prayers
for Henry de Percy, Eleanor his wife, and their heirs.

[28 Sept., 1314]
75. Omnibus Christi fidelibus ad quos presens scriptum
indentatum pervenerit frater Johannes abbas de Sallai et ejusdem loci
conventus salutem in Domino. Noveritis nos intimo cordis affectu
condonasse et devoto animo relaxasse anime pie memorie domini
Henrici de Percy quondam advocati nostri, ad instanciam domine
Alianore de Percy advocate nostre et quondam sponse dicti domini
Henrici, omnimodas querelas acciones vexaciones injustas et extorsiones,
si quas dictus dominus Henricus instigante humani generis inimico
nobis in vita sua fecit aut fieri precepit quoquo modo, ac eciam ipsum
dominum Henricum et animam ejus coram Deo inpresenti absolvimus
et ad omnes oraciones nostras ac omnia alia beneficia nostra et tocius
ordinis animam dicti domini nostri ad[1] dictam dilectam advocatam
nostram dominam Alianoram, Henricum et Willelmum, dicti Henrici
de Percy et Alianore predicte filios, recipimus et participes facimus
inperpetuum. Et nos Alianora de Percy in pura et legitima viduitate
nostra pro salute anime dicti Henrici de Percy quondam sponsi nostri
et pro salute anime nostre et liberorum nostrorum et pro dictis beneficiis per predictos abbatem et conventum anime dicti domini nostri
nobis et liberis nostris concessis remittimus et quietum clamamus
predictis abbati et conventui de Sallai totum jus et clamium quod
habuimus racione dotis seu quovis alio modo [ad] advocacionem ecclesie
de Gairegrave quam habent ex dono et concessione dicti domini Henrici
de Perci sponsi nostri vel in aliquibus pertinenciis ejusdem ecclesie;
ita quod nec nos Alianora nec aliquis per nos seu nomine nostro in
predicta advocacione vel in aliquibus pertinenciis ejusdem aliquid
juris vel clamii exigere vel vendicare poterimus infuturum sed per
presens scriptum ab omni accione imperpetuum simus exclusi. In
cujus rei testimonium nos abbas et conventus predicti parti hujus
scripti indentati penes predictam dominam Alianoram de Perci
advocatam nostram remanenti sigillum nostrum commune appos-

[1] et.

uimus et nos Alianora de Perci alteri parti scripti hujus penes abbatem
et conventum predictos residenti sigillum nostrum apposuimus. Hiis
testibus. Domino Alexandro de Cave, domino Galfrido de Hoton,
militibus, et multis aliis. Datum apud Lekenfeild' die dominica in
vigilia beati Michaelis archangeli, anno Domini m⁰.ccc⁰.....decimo

> At the instance of Eleanor de Percy, John, abbot of Sallay, agreed to
> condone all the quarrels, actions, unjust vexations and extortions, if any,
> committed against the brethren by her late husband, Henry de Percy; to
> admit to their prayers and to the benefits of the whole Cistercian Order
> Henry and Eleanor and their two sons, Henry and William. In return
> Eleanor released whatever rights she possessed in the advowson of Gargrave
> church by reason of her dowry or otherwise.
> Eleanor was the daughter of John FitzAlan, Earl of Arundel. At an
> Inquisition after the death of Henry de Percy, held at Alnwick, Oct. 19,
> 1314, Henry the son was aged thirteen years and nine months (Inq. p.m.,
> 8 Edw. II, No. 65).

[17 Mar., 1321-2]

f. 19. **76.** In Dei nomine amen. Willelmus permissione divina Ebor.
archiepiscopus Anglie primas dilectis in Christo filiis abbati et conventui monasterii de Sallay ordinis Cisterciensis nostre diocesis salutem
graciam et benediccionem. Literas sanctissimi patris et domini nostri
domini Johannis divina providencia pape vicesimi secundi ex parte
vestra nobis presentatas recepimus sub infrascripto tenore. Johannes
episcopus servus servorum Dei venerabili archiepiscopo Ebor. salutem
et apostolicam benediccionem. Sacre religionis honestas sub qua
dilecti filii abbas et conventus monasterii de Sallai Cisterciensis ordinis
tue diocesis domino famulantur exposcit ut eos illa gracia favorabiliter
prosequamur que ipsorum fore asseritur necessitatibus oportuna.
Ex[h]ibita siquidem nobis carissimi in Christo filii nostri Edwardi
Anglie regis illustris petitio continebat quod monasterium ipsum ex
variis contingentibus et infortuitis ad tantam est paupertatem deductum¹
quod solitus ibi monachorum [numerus]² esse ac consueta hospitalita-
tis et misericordie opera peregrinis advenis et hospitibus illuc con-
fluentibus de cetero excerceri non possunt nisi eorum necessitatibus
succurratur. Quare [dictus rex]³ humiliter supplicavit ut dictorum
abbatis et conventus necessitatibus providere et propterea parochealem
ecclesiam sancti Andree de Gairegrave dicti diocesis in qua dicti abbas
et conventus ex donacione Henrici de Percy militis tunc patroni dicte
ecclesie se asserunt jus patronatus habere, pro dictis necessitatibus
relevandis eis in proprios usus concedere de benignitate apostolica
dignaremur. Nos igitur ejusdem regis in hac parte votis annuere
ipsorumque abbatis et conventus necessitatibus providere volentes,
fraternitati tue per apostolica scripta committimus et mandamus
quatinus si est ita dictam ecclesiam cujus [redditus]⁴ olim ante guerram

¹ Vatican Register 70, f. 542: *reductum*; No. 675: *inductum*
² MS. omits. ³ MS. omits. ⁴ MS. omits.

Scotorum[1] quinquaginta nunc vero propter dictam guerram triginta marcarum[2] sterlingorum secundum taxacionem decime valorem annuum ut asseritur non excedunt, abbati et conventui memoratis[3] in dictos usus auctoritate nostra concedere ac deputare procures; inducens per te vel alium seu alios, cedente vel decedente rectore ipsius ecclesie qui nunc est, dictos abbatem et conventum vel procuratorem ipsorum eorum nomine in corporalem possessionem ejusdem ecclesie jurium et pertinenciarum ipsius et defendens inductos eisque faciens de ipsius ecclesie fructibus redditibus proventibus juribus et obvencionibus universis integre responderi. Non obstante si aliqui super provisionibus sibi faciendis de hujusmodi ecclesiis in dicta diocesi speciales vel de beneficiis ecclesiasticis in illis partibus generales apostolice [sedis][4] vel legatorum ejus literas impetrarint[5], eciam si per eas ad inhibicionem reservacionem et decretum vel alias quomodolibet sit processum, quibus quo ad assecucionem[6] huiusmodi ecclesiarum et beneficiorum aliorum nullum volumus prejudicium generari. Seu si tibi vel aliquibus aliis communiter vel divisim ab eadem sit sede indultum quod ad recepcionem vel provisionem alicujus minime teneantur et ad id compelli seu quod interdici suspendi vel excommunicari[7] non possint quodque de hujusmodi ecclesiis aliisque beneficiis ecclesiasticis *f. 19v.* ad eorum collacionem seu quamcumque aliam disposicionem conjunctim vel separatim spectantibus nulli valeat provideri per literas apostolicas non facientes plenam et expressam ac de verbo ad verbum de indulto hujusmodi mencionem et qualibet alia dicte sedis indulgencia generali vel speciali cujuscumque [tenoris][8] existat, per quam presentibus non expressam vel totaliter non insertam earum effectus[9] impediri valeat quomodolibet vel differri et de qua cujusque toto tenore habenda sit in nostris literis mencio specialis. Proviso [quod][10] in eadem ecclesia per perpetuum vicarium ad presentacionem dictorum abbatis et conventus a te instituendum in ea in divinis facias obsequiis deserviri, cui quidem vicario de ipsius fructibus redditibus et proventibus congrua porcio reservetur ex qua commode valeat sustentari ac incumbencia sibi onera supportare. Contradictores per censuram ecclesiasticam appellacione postposita compescendo. Datum apud[11] Avinion', vj. Idus Junii, pontificatus nostri anno quarto.

Quarum literarum commissionis et mandati apostolici de quibus in eisdem literis sit mencio auctoritate, magistro Ada de Gyremynne rectore ecclesie de Gairegrave specialiter et nominatim et aliis omnibus in genere quorum intererat si qui fuerant peremptorie citatis, ad proponendum quicquid canonicum haberent aut proponere vellent quare dictam ecclesiam vobis prefatis abbati et conventui in usus vestros proprios concedere et deputare minime deberemus ac nullo comparente nec quicquam canonicum quare dictam ecclesiam vobis abbati et conventui memoratis auctoritate apostolica ut mandatur in usus vestros

---

[1] MS. *Scoptorum.* [2] MS. *marcas.* [3] MS. *memeratis.* [4] MS. omits.
[5] MS. *impetrarunt.* [6] MS. *assecacionem.* [7] MS. *excommunicare.*
[8] MS. omits. [9] MS. *affectus.* [10] MS. omits. [11] Vat. Reg. and No. 675 omit.

proprios concedere ac deputare minime deberemus proponente, servato eciam per nos processu qui in hoc casu requirebatur productisque testibus ex parte vestra ad probandum veritatem contentorum in suggestione vestra per nos receptis juratis et examinatis et eorum dictis seu attestacionibus in scripturam redactis, dicto eciam rectore ex habundanti ad dicendum in dictos testes et eorum dicta et subsequenter ad proponenda omnia in facto consistencia si quis vellet in premissis peremptorie vocato et nullo modo comparente nec quicquam aliqualiter proponente, ac juris ordine quatenus juxta canonica instituta et formam literarum predictarum secundum qualitatem premissorum requirebatur in omni conservato. Quia invenimus contenta in dicta suggestione sufficienter probata et vera esse, dictam ecclesiam de Gairegrave cujus redditus olim ante guerram Scotorum quinquaginta marcharum sterlingorum secundum taxacionem decime valorem annuum non excedunt, vobis abbati et conventui memoratis in dictos usus proprios prefata auctoritate apostolica concedimus et eciam deputamus, decernentes vos abbatem et conventum predictos vel procuratorem vestrum vestro nomine, cedente vel decedente prefato rectore qui nunc est, inducendos

f. 20.   seu inducendum fore per vos, alium seu alios in corporalem possessionem ejusdem ecclesie jurium et pertinenciarum ipsius et cum sic inducti fueritis vos sic defendendos, nec non et in eventum decessus dicti rectoris seu cessionis ejusdem et memorate induccionis ut predicitur faciende, vobis de ipsius ecclesie fructibus, redditibus, proventibus, juribus et obvencionibus universis responderi deberi, duobus toftis in villa de Gayregrave ad ipsam ecclesiam pertinentibus quorum alterum illud videlicet quod rector ejusdem antiquitus consuerat inhabitare, vos abbas et conventus predicti domibus competentibus teneamini ad opus futuri vicarii et ejus successorum congrue, videlicet una aula duabus cameris, una coquina, uno pistrino et bracino et uno stabulo. Item una cultura terre que vocatur Prestholme cum prato, cum omnibus oneribus eidem adjacentibus et uno tofto cum una bovata terre in Neuton, decimis molendinorum, feni, lini, canabi, agnorum et edorum tocius parochie et decimis pullanorum, albi, vitulorum, porcellorum, aucarum, gallinarum, ovorum, tribus oblacionibus festivalibus per annum, mortuariis vivis et mortuis, oblacionibus mortuorum, decimis quadragesimalibus, purificacionibus mulierum cum candelis in festo Purificacionis beate Marie virginis, sponsalibus, oblacionibus ac reconciliacionibus eorundem, decimis apum cum melle, oblacionibus cum pane benedicto, denariis carucarum et decima curtilagiorum tocius parochie ac omnibus et singulis decimis aliis cum obvencionibus et proventibus quibuscumque ad altaragium dicte ecclesie qualitercumque spectantibus exceptis, que omnia excepta ad sustentacionem perpetui vicarii in eandem ecclesiam ad presentacionem vestram per nos instituendi, in eadem in divinis obsequiis perpetuo servituri juxta tenorem dictarum literarum ipsi vicario per nos assignanda de ejusdem ecclesie fructibus, redditibus, proventibusque, ad ipsius vicarii perpetui sustentacionem ac incumbencia sibi onera supportanda nomine porcionis congrue de concensu vestro ad hec expresse adhibito reservamus. Quas quidem porciones prout superius exprimuntur vicario ipsius ecclesie qui pro tempore fuerit assignamus et ex nunc prout melius permittit premissorum qualitas ordinamus et eciam deputamus; qui quidem vicarius de toftis et terra predictis, ne[c] de lana bidentium suorum seu de aliis rebus suis quibuscumque decimas vobis solvere minime tene[a]tur. Volumus eciam et ordinamus quod vos abbas et conventus cancellum dicte ecclesie quociens opus fuerit de novo construatis et cooperiatis et reficiatis vestris sumptibus competenter. Reliqua vero onera omnia ordinaria et exordinaria dicte ecclesie qualitercumque incumbencia vos abbas et conventus et vicarius qui pro tempore fuerit agnoscatis pro rata videlicet porcionum salvo tamen nobis jure dictam porcionem si et quandocumque nimis diminuta fuerit aut exilis, juxta juris exigenciam et prefati sanctissimi patris intencionem summarie de plano absque strepitu et figura judicii aumentandi de fructibus, redditibus et proventibus ecclesie de Gaire- *f. 20v.* grave predicte, omnibus nostris jure ac jurisdiccione ordinaria lege diocesana ac ecclesie nostre Ebor. dignitate inperpetuum tam in vos abbatem et conventum ut rectores predicte ecclesie et in ipsam ecclesiam cum suis pertinenciis quibuscumque quam in vicarium perpetuum ejusdem ecclesie et ipsius quoscumque ministros necnon et omnibus aliis nobis et successoribus nostris et ecclesie nostre inperpetuum de jure et consuetudine competentibus in omnibus et per omnia semper salvis, quibus per presentes non intendimus aliqualiter derogare nec prejudicare tacite nec expresse, jure archid' salvo eciam in premissis. In cujus rei testimonium sigillum nostrum presentibus est appensum. Datum Ebor. xvj. kal. Aprilis, anno gracie m⁰. trecentessimo vicesimo primo et pontificatus nostri quinto.

On Mar. 17, 1321/2, William, archbishop of York, after inquisition granted to the monks of Sallay the church of Gargrave and fixed a suitable portion for the vicar, Adam of Gyremynne. *Cf.* Melton Register, f. 168v. The letter of Pope John XXII., which is rehearsed by the archbishop, has been checked from Vatican Register 70, f. 542 and No. 675 of this Chartulary. It is dated June 8, 1320 (*Cf. Cal. Papal Letters*, ii, 203). For the letter of Thomas, earl of Lancs., to the Pope, see Towneley MS. 6, p. 677, 'from the coucher book of Mr. Walmesley of Coldcoates'; Whitaker, *Craven*, p. 60. For Edward II's letter to the Pope, see Dodsworth 159, f. 93 (whence Towneley MS. 6, p. 676); 9, f. 215; *Monast. Angl.*, v, 516; Harland, *Sallay*, 19-21. Dodsworth 159, f. 91, is taken from a coucher of Whalley penes Ralph Assheton, Baronet, Nov. 19, 1629. This seems to be Brit. Mus. Add. MS. 10, 374, the Liber Loci Benedicti de Whalley, promised for publication by the Chetham Society.

Sallay abbey presented to Gargrave Mar. 13, 1327/8 (Melton Register, f. 168); 29 Sept., 1344 (Zouch Reg., f. 6); 27 Edw. III (Thoresby Reg., f. 123). Since Mar. 25, 1317, by lapse of commendation it had been granted to Sir Robert of Cliderhou and was taxed at 50 marks (*Yorks. Record Ser.* 51, p. 139).

Blank. *f. 21.*

f. 21v.　　　　　　　　　HORTONA.

77. Carta Ricardi de Hortona de una bovata terre in eadem
villa.　　　　　　　　　　　　　　　　　　　　　　　　[*c.* 1240-50]
Omnibus sancte ecclesie filiis presentibus et futuris Ricardus filius
Alexandri capellani de Preston salutem. Noveritis me pro salute
anime mee et omnium antecessorum meorum et heredum meorum
dedisse, concessisse et presenti carta mea confirmasse Deo et monachis
ecclesie beate Marie de Sallai unam bovatam terre in territorio de
Hortona cum medietate tofti et crofti et gardini una cum corpore meo
ibidem sepeliendo; illam scilicet quam emi de Sibilla filia Thome
clerici de Horton; tenendam et habendam de me et heredibus meis in
perpetuam elemosinam, solutam liberam et quietam ab omni servicio
et exaccione cum omnibus pertinenciis, faciendo tantummodo forinsecum servicium quantum pertinet ad unam bovatam terre in eadem
villa. Et ego et heredes mei predictam terram cum omnibus pertinenciis prefatis monachis warantizabimus et defendemus contra omnes
homines. inperpetuum. In hujus rei testimonium presenti scripto
sigillum meum apposui. Hiis testibus. Domino Ricardo Tempest,
domino Elya de Gigeleswik, Roberto de Percy, et multorum aliorum.

> Grant to Sallay abbey by Richard of Horton of one bovate of land in
> Horton, with half of a toft, croft and garden; to be subject to forinsec service
> only. His body was to be buried in the abbey.

78. Carta Margarete de Hortona de una bovata terre.
　　　　　　　　　　　　　　　　　　　　　　　　　[*post* 1250]
Omnibus sancte ecclesie filiis presentibus et futuris Margareta filia
Thome clerici de Hortona eternam in Domino salutem. Noveritis me
pro salute anime mee et omnium antecessorum et heredum meorum
dedisse, concessisse et hac presenti carta mea confirmasse Deo et monachis ecclesie beate Marie de Sallai unam bovatam terre in territorio
de Horton cum omnibus pertinenciis, libertatibus et aisiamentis, cum
medietate tofti et crofti et gardini ad predictam terram pertinente in
eadem villa; tenenda et habenda sibi et successoribus suis de me et
heredibus meis in puram et perpetuam elemosinam, solutam liberam
et quietam ab omni servicio et exaccione et omni re ad terram pertinente.
Dedi eciam et concessi et hac presenti carta mea confirmavi eisdem
monachis unam bovatam terre in predicta villa cum omnibus pertinenciis; illam, scilicet, quam dicti monachi habent ex dono Ricardi
quondam mariti mei incartulatam. Ego vero Margareta et heredes
mei omnia prenominata cum omnibus pertinenciis prefatis monachis
contra omnes inperpetuum warantizabimus ac defendemus. His testibus. Domino Simone de Marton, domino Elya de Gygleswik, domino
Ricardo Tempest, et multis aliis.

> Grant by Margaret of Horton to Sallay abbey of a bovate of land in
> Horton, and confirmation of the bovate that Richard, her late husband,
> gave to the monks.

SWYNDEN.   *f. 22.*

79. Carta Isabellis de Humaz de j. tofto et crofto et vj. acris in Swinden.   [*Early Henry III*]
Omnibus ad quos presens scriptum pervenerit Isabella de Humaz salutem. Noveritis me dedisse, concessisse et hac presenti carta mea confirmasse Deo et beate Marie et monachis de Sallay in puram et perpetuam elemosinam homagium et servicium Alani filii Alnardi de Swynden, de uno thofto et crofto et sex acris terre in eadem villa cum pertinenciis suis. Et ego et heredes mei warantizabimus dictis monachis predictum servicium contra omnes imperpetuum. His testibus. Willelmo de Mideltona, Godefrido de Alta Ripa, Henrico de Percy, et multis aliis.

Isabella of Humaz granted to Sallay abbey the homage and service of Alan son of Alnard of Swynden, from one toft and croft and six acres of land in Swinden, parish of Gisburn.

80. Carta Elizabethe de Humaz de uno tofto et de Henrico filio Utting nativo suo in Swynden.   [*Early Henry III*]
Omnibus hanc cartam visuris vel audituris Elizabetha filia Roberti de Humaz salutem. Noveritis me pro salute anime mee et omnium antecessorum et heredum meorum dedisse, concessisse et hac presenti carta mea confirmasse Deo et beate Marie et monachis de Sallai in Craven, in puram et perpetuam elemosinam, solutam liberam et quietam unum toftum cum pertinenciis in villa de Swinden, illud scilicet quod Astinus quondam tenuit. Preterea dedi et concessi predictis monachis Henricum filium Utting nativum meum cum tota sequela sua et omnibus catellis suis imperpetuum, ita quod nec ego nec heredes mei nec aliquis per nos jus vel clamium versus predictum Henricum vel sequelam suam movere poterimus imperpetuum. Et ego et heredes mei omnia predicta dictis monachis warantizabimus et defendemus inperpetuum. Hiis testibus. Godefrido de Alta Ripa, Henrico de Percy, Symone de Martona, Johanne de Estona, et aliis.

Grant by Elizabeth, daughter of Robert of Humaz, to Sallay abbey of a toft in Swinden; and of Henry son of Utting, her nativus, with all his issue and chattels.

William Pollard granted to the monks of Sallay together with his body for burial a toft in Swinden that William son of Maynard once held; paying yearly to Gilbert of Brakinberg 8s. 8d. (*Percy Chart.*, p. 104). Lease for an agreed term by W., abbot of Sallay, to William de Percy of all the land of Swinden in Craven, which the abbey had at farm from Gilbert of Brakinberg and Isabella his wife, namely, 3 carucates with their men bond and free and their services; the land in Swinden which the abbey had on lease from William of Mandeville and Marjorie of Vesci his wife; and a toft which the monks had from William Pollard. Witnesses: Sir Roger Mauduit, Sir Robert Abbervile, Sir Robert of Brus chamberlain, Robert of Dicton, Richard

Kalle, Geoffrey Dagon (*Ibid.*, p. 144; Dodsworth 74, f. 5, where the abbot is given as William; 8, f. 20).

f. 22v.

PANHALE.

81. Carta Habrahe filii Laurencii de una roda in Estpanhal.

[*Henry III–Edward I*]

Sciant presentes et futuri quod ego Habraham filius Laurencii de Panal dedi, concessi et hac presenti carta mea confirmavi abbati et conventui de Sallay in puram et perpetuam elemosinam unam rodam terre in villa et territorio de est Panal, illam videlicet que jacet super Funhelberh inter Estpanal cum omnibus libertatibus et aisiamentis et omnibus pertinenciis; tenendam et habendam dictis abbati et conventui de me et heredibus meis libere, quiete, pacifice, honorifice et integre cum omnibus libertatibus et aisiamentis ad tantam terram infra villam et extra pertinentibus. Ego vero Habraham et heredes mei predictam terram predictis abbati et conventui sicut ulla elemosina liberius potest warantizari contra omnes homines acquietabimus et defendemus imperpetuum. In cujus rei testimonium presenti scripto sigillum meum apposui. Hiis testibus. Roberto de Percy, Waltero de Monte Alto, Roberto de Halton, et multis aliis.

Grant to Sallay abbey by Abraham son of Laurence of Painley, of a rood in East Painley, Gisburn.

82. Carta Hely de Panhale de iiij. acris terre et ij. toftis.

[*Temp. John*]

Omnibus sancte ecclesie filiis presentibus et futuris Helias de Panhale filius Baldewini de Bramhope salutem. Sciatis me consilio et voluntate heredum meorum et amicorum dedisse et presenti carta mea confirmasse in puram et perpetuam elemosinam Deo et beate Marie et monachis de Sallai ibidem Deo servientibus pro salute anime mee et omnium antecessorum et heredum meorum quatuor acras terre et dimidium in territorio de Panhale, scilicet, unum toftum continentem unam rodam et quinque rodas in campo juxta Skitemangile cum prato adjacente et alium toftum continentem dimidiam acram juxta toftum Ricardi Wartheman versus north et ibidem dejuxta duas acras terre et dimidium versus west, propinquiores toftis predicte ville et pratum in fine de Langelandes usque Stokebec, cum communis et libertatibus et aisiamentis omnibus ad tantum tenementum pertinentibus intra predictam villam de Panhale et extra; tenenda et habenda de me et heredibus meis libere et quiete ab omni seculari servicio et exaccione. Et ego et heredes mei manutenebimus et warantizabimus prefatam elemosinam predictis monachis contra omnes homines. Et ut libencius hoc facerem prefati monachi dederunt michi iiij^{or}. marcas argenti et iiij^{or}. solidos et viij. denarios caritative in inicio hujus donacionis. Hiis testibus. Henrico de Percy, R. persona de Thor[n]ton, H. de Braiwell, et multis aliis.

Grant to Sallay by Elias of Painley son of Baldwin of Bramhop, of four and a half acres and two tofts in Painley, in return for a sum of 58 shillings. Add to the witnesses Malger Vavasor, Hugh of Baikun, R. Vavasor, William son of Robert, John of Halton (Dodsworth 155, f. 166v).

83. Carta Elye de Halton de ij. bovatis terre in Panhal.

[Temp. John]

Omnibus sancte ecclesie filiis presentibus et futuris Helias filius Johannis de Halton salutem. Noveritis me pro salute anime mee et omnium antecessorum et heredum meorum dedisse, concessisse et presenti carta mea confirmasse Deo et monachis ecclesie beate Marie de Sallay in puram et perpetuam elemosinam duas bovatas terre in teritorio de Panhale, integre et plenarie cum omnibus pertinenciis, libertatibus et aisiamentis suis infra villam et extra, solutas et quietas ab omni servicio *f. 23.* et omni re ad terram pertinente; illas, scilicet, quas Walterus filius Huctredi tenuit in eadem villa; tenendas et habendas de me et heredibus meis ita libere et quiete sicut ulla elemosina liberius aut quietius dari aut teneri potest. Et ego et heredes mei predictam terram cum pertinenciis prenominatis monachis warantizabimus, adquietabimus et defendemus versus omnes imperpetuum. Hiis testibus. Johanne de Halton, Hugone et Johanne filiis ejus, Ricardo filio Elie de Boultona, et aliis.

Grant to Sallay abbey of two bovates in Painley, by Elias son of John of Halton. Dodsworth 155, f. 167 gives as further witnesses Gregory of Boseden, Elias his brother, Richard Malebisse, Simon of Bramton, Elias Tempersnap, William Bibbi.

84. Carta Walteri de Stockeld de ij. bovatis terre in Panhale.

[Temp. John]

Omnibus sancte ecclesie filiis presentibus et futuris Walterus filius Nigelli de Stockeld' salutem. Noveritis me pro salute anime mee et omnium antecessorum et heredum meorum concessisse et presenti carta mea confirmasse Deo et ecclesie beate Marie et monachis de Sallay in puram et perpetuam elemosinam, solutam liberam et quietam ab omni servicio et exaccione, duas bovatas terre in territorio de Panhale cum toto tofto illo in quo Walterus filius Huctredi mansit, ita plenarie sicut idem Walterus illud tenuit die quo obiit et cum omnibus aliis pertinenciis, libertatibus et aisiamentis in easdem bovatas pertinentibus infra villam et extra; illas duas bovatas que jacent propinquiores soli in illa dimidia carucata terre quam ego dedi Helie filio Johannis de Haltona in eadem villa, quas bovatas cum pertinenciis idem Helias ex assensu meo dicte domui de Sallai dedit in puram et perpetuam elemosinam. Hiis testibus. Johanne de Halton, Hugone et Johanne filiis ejus, Helia de Gykelleswic', et pluribus aliis.

Walter son of Nigel of Stockeld confirmed the preceding grant. Add to the witnesses Robert of Setel clerk, Richard son of Elias of Bolton, Gregory of Boseden, Elias his brother (Dodsworth 155, f. 166v).

85. Confirmacio Simonis de Panhal de ij. bovatis terre in est Panhal ex dono Helie filii Johannis de Haltona. [*Late Henry III*] Omnibus hoc scriptum visuris vel audituris Simon de Panhale filius et heres Elie de Panhale eternam in Domino salutem. Noveritis me pro salute anime mee et omnium heredum meorum et antecessorum concessisse et presenti [carta] mea confirmasse et omnino de me et heredibus vel assignatis meis inperpetuum quietum clamasse abbati et conventui de Sallay et eorum successoribus duas bovatas terre quas habent in puram et perpetuam elemosinam ex dono Elie filii Johannis de Haltona in eadem villa; tenendas et habendas de me et heredibus meis vel assignatis meis in puram et perpetuam elemosinam, plenarie et integre cum omnibus pertinenciis, libertatibus et aisiamentis suis infra villam et extra pertinentibus, solutam et quietam ab omni servicio et omni re ad terram pertinente, tam de scutagio quam de omnibus aliis serviciis, tam libere et quiete sicut ulla elemosina liberius aut quietius dari aut teneri potest. Et sciendum quod ego attornavi illas duas bovetas terre quas teneo in villa de Panhale ad waranciam et defensionem et ad acquietandum forinsecum servicium illarum duarum bovatarum quas idem monachi de me tenent in villa de Panhale, quia volo ut illas duas bovatas terre teneant in liberam puram et perpetuam elemosinam ab omni servicio seculari et re ad terram pertinente. Et ego Simon et heredes vel assignati mei predictas duas bovatas terre cum pertinenciis

f. 23v. suis dictis monachis et eorum successoribus warantizabimus, acquietabimus et contra omnes homines inperpetuum defendemus. Hiis testibus. Domino Rogero Tempest milite, Willelmo de Roucest,' Waltero de Rimingtona, et aliis multis.

Simon of Painley confirmed the same two bovates in Painley, quit of scutage and all secular service; and guaranteed the forinsec service which these bovates owed.

[1278-9]
86. Omnibus hoc scriptum visuris vel audituris Simon filius Elie de Panhal eternam in Domino salutem. Noveritis me pro salute anime mee et pro animabus patris mei et matris mee et heredum eorum et pro participacione omnium bonorum que fient in domo de Salley et in ordine ejusdem religionis imperpetuum, concessisse abbati et conventui predicte domus quod quociens animalia sua de aula de Giseburn' transierint aquam de Stokebec inter me et ipsos ad pasturam meam de Panhal quod sine dampno et lesione et sine imparcacione per me vel per heredes meos vel assignatos recaciabuntur quocienscumque super pasturam meam inventa fuerint. Istam autem elemosinam ego et heredes mei vel mei assignati racione participacionis omnium bonorum que fient in eadem domo et in ordine ejusdem religionis predictis abbati et conventui manutenebimus et sustinebimus inperpetuum. In cujus rei testimonium huic scripto sigillum meum apposui. Hiis testibus. Domino Rogero Tempest, Johanne de Boultona, Waltero de Rimingtona, et aliis.

Simon son of Elias of Painley agreed not to impark any animals belonging to Sallay abbey, that should happen to stray across Stokebec on to his
pasture at Painley. The monks in return promised him a place in their
prayers and in those of the Cistercian Order. Add to the witnesses Alan
of Horton, William Gylmyn of Rimington, Richard of Bolton. Given
at Sallay, 7 Edw. I. (Dodsworth 155, f. 166).

87. Carta Johannis de Hil in Giseburn' et Matildis sponse sue
de tota terra sua juxta Brig'bank in Wespanhal. [*Late Henry III*]
Omnibus hoc scriptum visuris vel audituris Johannes del Hille de
Giseburn et Matildis sponsa sua eternam in Domino salutem. Noverit
universitas vestra nos dedisse et hac presenti carta mea confirmasse Deo
et beate Marie et monachis de Sallay totam terram nostram cum prato
adjacente juxta Brigkebank in teritorio de Wespanhal sine aliquo
retenemento cum omnibus pertinenciis et aisiamentis infra villam et
extra; tenendam et habendam eisdem monachis et eorum successoribus
de nobis et heredibus nostris in puram et perpetuam elemosinam,
solutam liberam et quietam ab omni servicio et exaccione et omni re
ad terram pertinente. Nos vero et heredes nostri predictam terram et
pratum cum omnibus pertinenciis suis predictis monachis inperpetuum
warantizabimus, acquietabimus et defendemus. In hujus rei testimonium presenti scripto sigilla nostra apposuimus. Hiis testibus. Johanne
de Boulton, Alano de Horton, et multis aliis.

Grant to Sallay by John del Hille of Gisburn and Matilda his wife, of all
their land and meadow near Brigkebank, in West Painley. A similar
charter in Dodsworth 155, f. 167, is witnessed by Walter son of Philip of
Rymyngton, Walter de Monte Alto, Elias of Panhale, Peter son of Herbert
of Horton.

88. Confirmacio Matildis sponse Johannis del Hille de terra
in Estpanhal. [*post* 1270]
Universis Christi fidelibus hoc presens scriptum visuris vel audituris
Matildis uxor Johannis de Hille eternam in Domino salutem. Noverit
universitas vestra me in libera potestate et viduitate mea dedisse, concessisse et hoc presenti scripto meo confirmasse ac quietum clamasse
abbati et conventui de Sallai totum jus et clamium quod habui vel
habere potui in tota terra cum suis pertinenciis tam de hereditate quam
de nomine dotis quam michi contingebat habere sicut continetur in *f.* 24.
carta quam habuerunt de dono Johannis del Hille quondam viri in
villa de Estpanhal, sibi et successoribus suis de me et heredibus meis
inperpetuum; ita quod nec ego Matildis nec heredes mei nec aliquis
alius jure nostro aliquod jus vel clamium in predicta terra cum suis
pertinenciis de cetero exigere vel calumpniare poterimus. Pro hac
autem donacione et quieta clamacione dedit michi predictus abbas
quinque solidos in magna necessitate mea et hoc graciose. In hujus
rei testimonium huic presenti scripto sigillum meum apposui. Hiis
testibus. Roberto de Percy de Neusum, Waltero de Monte Alto,
Waltero de Rimingtona, et aliis.

Matilda, widow of John del Hille, confirmed the preceding grant and received from the abbey an ex gratia payment of five shillings.

[*End of 13th century*]

89. Omnibus hoc scriptum visuris vel audituris Adam filius Alani de Horton salutem in Domino. Noveritis me pro salute anime et heredum et antecessorum meorum concessisse, quietum clamasse et hoc presenti scripto meo confirmasse abbati et conventui de Sallay unum toftum et duas bovatas terre cum suis pertinenciis in Panhal que habent ex dono Elie filii Johannis de Haltona in feodo meo; tenenda et habenda dictis abbati et conventui et eorum successoribus libere et quiete in puram et perpetuam elemosinam ab omni servicio seculari vel demanda, ita quod ego dictus Adam nec heredes mei seu aliquis nomine nostro aliquod servicium seculare de predictis abbate et conventu vel eorum successoribus de predictis tenementis de cetero exigere, vendicare vel habere seu pro aliquo servicio vel exaccione distringere poterimus imperpetuum. In hujus rei testimonium huic scripto cirograffato sigilla partium alternatim sunt apposita. Hiis testibus. Johanne de Boltona, Edmundo Maunsail' de Horton, Johanne de Middeop', et aliis multis.

Grant by Adam son of Alan of Horton to Sallay abbey, of a toft and two bovates of land in Painley, which the monks had as the gift of Elias son of John of Halton.

90. Carta Thome filii Willelmi de Westbi de terra in Panhal ex dono Agnetis filie Henrici hominis abbatis.   [*ante* 1264] Sciant presentes et futuri quod ego Agnes filia Henrici hominis abbatis de Sallay et monachorum ibidem Deo serviencium dedi et concessi et hac presenti carta mea confirmavi in mea propria viduitate et legitima potestate Thome filio Willelmi de Westbi pro homagio et servicio suo totam [terram] meam in Panhal cum tofto et prato dicte terre pertinentibus et cum omnibus pertinenciis suis; illam, videlicet, terram quam tenui de abbate de Sallai et conventu illius loci; tenendam et habendam dicto Thome et heredibus suis vel assignatis suis de me et heredibus meis in feodo et hereditate, libere et quiete, pacifice et honorifice, in omnibus aisiamentis et libertatibus et liberis communibus dicte terre pertinentibus infra villam de Panhal et extra. Reddendo inde annuatim sex denarios michi et heredibus meis pro omni servicio et exaccione et demanda, scilicet, in die sancti Martini. Ego vero Agnes et heredes mei totam nominatam terram cum tofto et prato et cum omnibus pertinenciis suis prescripto Thome et heredibus suis vel assignatis contra omnes homines warantizabimus imperpetuum. Pro hac autem concessione et donacione dedit michi dictus Thomas quandam summam pecunie in meo negocio. Hiis testibus. Elia de Oterburne, Ricardo de Middop', Alano de Horton, et aliis.

f. 24v.

Grant by Agnes daughter of Henry, the abbot of Sallay's man, to Thomas son of William of Westby, of the land in Painley with its appurtenant toft and meadow, which she held of the abbot; Thomas to pay an annual rent of 6d. and do homage and service for the land, in addition to paying Agnes a certain sum when the transfer took place. In a deed dated 1264 Thomas son of William of Westby released to the abbey his rights in the above land which he formerly held to farm from Agnes (Dodsworth 155, f. 164v).

91. Carta Agnetis de quieta clamacione terre quam pater suus tenuit de domo de Sallay in teritorio et in villa de Est Panhale. [*c.* 1264] Omnibus hoc scriptum visuris vel audituris Agnes filia Henrici quondam hominis abbatis et monachorum de Sallay eternam in Domino salutem. Noverit universitas vestra me in viduitate mea et legitima potestate dedisse, relaxasse et presenti carta mea confirmasse Deo et beate Marie de Sallay et monachis ibidem Deo servientibus totam terram meam in Westpanhal cum tofto et prato sine ullo retenemento cum omnibus pertinenciis, libertatibus, aisiamentis infra villam et extra; videlicet, illam terram quam pater meus quondam tenuit de predicta domo de Sallay in hereditate et feodo; tenendam et habendam sibi et successoribus suis de me et heredibus meis in puram et perpetuam elemosinam, solutam liberam et quietam ab omni servicio et omni re ad terram pertinente. Ego vero Agnes et heredes mei totam predictam terram cum tofto et prato et omnibus aliis pertinenciis, libertatibus et aisiamentis dictis monachis de Sallai et eorum successoribus contra omnes homines inperpetuum warantizabimus, acquietabimus et defendemus. In hujus rei testimonio presens scriptum sigilli mei inpressione roboravi. Hiis testibus. Elia de Chonl [Cnol], Elia de Oterborn', Ricardo de Haltona, et multis aliis.

Release to the abbey by Agnes widow, daughter of Henry formerly the abbot of Sallay's man, of the land in West Painley which her father held of the abbey.

92. Carta Juliane filie Henrici de quieta clamacione terre quam pater suus tenuit de Sallai in teritorio et in villa de Westpanhal. [*c.* 1264] Omnibus hoc scriptum visuris vel audituris Juliana filia Henrici quondam hominis abbatis et monachorum de Sallay eternam in Domino salutem. Noverit universitas vestra me in viduitate et in mea legitima potestate dedisse, relaxasse et presenti carta mea confirmasse Deo et beate Marie de Sallay et monachis ibidem Deo servientibus totam terram meam in Westpanhal cum tofto sine ullo retinemento cum omnibus pertinentiis, libertatibus et aisiamentis infra villam et extra; videlicet, illam terram quam pater meus quondam tenuit de predicta domo de Sallai in feodo et hereditate; tenendam et habendam sibi et successoribus de me et heredibus meis in puram et perpetuam elemosinam, solutam liberam et quietam ab omni servicio et exaccione et omni re ad terram pertinente. Ego vero Juliana et heredes mei totam predictam terram cum tofto et omnibus aliis pertinenciis, libertatibus et aisiamentis dictis monachis de Sallai et eorum successoribus contra omnes homines imperpetuum warantizabimus, acquietabimus et defendemus. In hujus rei testimonio presens scriptum sigilli mei impressione roboravi. Hiis testibus. Elia de Chonl, Ricardo de Haltona, Roberto de Perci, Johanne de Boltona, et aliis.

Similar release by Juliana, daughter of Henry the abbot's man, of the land in West Painley. Elias of Otterburn, who held from Juliana, also released. *Test.* Elias of Chnol, Richard of Halton, Robert his brother, Robert de Percy, Walter of Rimington, Richard of Mydley, Alan of Horton, Elias of Painley. (Dodsworth 155, f. 164).

ELWENTHORP.

f. 25.   **93.** Carta Radulfi de Louthorp de Sprohescroft et Ackeschales.   [*Early Henry II*]
Omnibus has litteras videntibus et audientibus Radulfus de Louthorp salutem. Sciatis me consilio et voluntate amicorum meorum dedisse et presenti carta confirmasse Deo et monachis de Sallay, Sprohescroft et Ackeschales in puram et perpetuam elemosinam, eisdem divisis quibus eam tenuerunt quando mecum concordaverunt de predicta terra. Et ego et heredes mei manutenebimus et warantizabimus predictam terram prefatis monachis et predicte domui contra omnes calumpnias et calumpniatores imperpetuum. Hiis testibus. Thoma filio Jolein et Willelmo filio ejus, Petro filio Grent et Everardo et Waltero filiis ejus, et aliis.

Grant by Ralph of Louthorp to Sallay abbey of Sprohescroft and Ackeschales. There were also present Robert Vavasor and Malger his brother, Malger clerk of Gisburn, Ketel of Westby and his sons Alexander and Adam, Robert le Wales, William of Otley, William of Marton, Ralph of Preston, Jordan son of Ervesius. (Dodsworth 155, f. 169). Ketel of Westby gave to William his son a bovate in Westby. *Test.* William of Marton, Randle of Eston, W. Greindorge, John of Halton, Elias his brother, Walter son of William of Gaisgill, Elias of Painley, Herbert of Horton, Adam of Newsom, Baldwin of Pathorn. Alexander son of the same Ketel confirmed. (*Ibid.*, ff. 136v-7).

On Dec. 18, 1172, Gilbert abbot of Sallay received an important confirmation from Pope Alexander III.

[18 Dec., 1172]
Alexander episcopus servus servorum Dei dilectis filiis Gilberto abbati monasterii sancte Marie de Sallay ejusque fratribus tam presentibus quam futuris regularem vitam professis inperpetuum. Religiosam vitam eligentibus apostolicum convenit adesse presidium ne forte cujuslibet temeritatis incursus aut eos a proposito revocet vel

robur quod absit sacre religionis infringat. Eapropter dilecti in Domino
filii vestris justis postulacionibus clementer annuimus et prefatum
monasterium beate Dei genitricis semper virginis Marie in quo divino
estis obsequio mancipati, sub beati Petri et nostra protectione suscip-
imus et presentis scripti privilegio communimus; inprimis siquidem
statuentes ut ordo monasticus qui secundum Domini et beati Benedicti
regulam et institutionem Cisterciensium fratrum in eodem monasterio
institutus esse dinoscitur perpetuis ibidem temporibus inviolabiliter
observetur. Preterea quascunque possessiones quecunque bona idem
monasterium in presentiarum juste et canonice possidet aut in futurum
concessione pontificum, largicione regum vel principum, oblacione
fidelium seu aliis justis modis prestante Domino poterit adipisci, firma
vobis vestrisque successoribus et illibata permaneant, in quibus hec
propriis duximus exprimenda vocabulis; locum ipsum in quo prefata
abbathia sita est cum omnibus pertinentiis, grangiam de Sallay cum tota
terra de Crocum et Dudland per suas divisas plenarias ex dono Willelmi
de Percy et grangiam de Elfwinestrop per suas plenarias divisas ex dono
ejusdem Willelmi de Percy, terram que vocatur Sprexcroft et Accascales
cum omnibus pertinentiis suis ex dono Widonis de Hermax [Humez],
grangiam de Berhebi cum omnibus pertinentiis suis ex dono Willelmi
Hallasire; grangiam de Stainton quam tenetis a monachis de Selesbi
cum omnibus pertinentiis suis sicut in autentico scripto exinde facto
noscitur contineri, duas bovatas terre cum duabus sartis in Illeclay
ex dono Roberti dapiferi, saltus quosdam ex altera parte fluminis
Rible contra abbathiam ex dono Henrici de Lacy sicut in carta ejus
inde facta continetur, grangiam de Sunderland ex dono Helsi filii Hugonis
sicut in carta ejusdem Hugonis (?) continetur. Liceat quoque clericos vel
laicos a seculo fugientes liberos et absolutos ad conversionem vestram
recipere et in vestro monasterio absque contradictione aliqua retinere.
Prohibemus insuper ut ulli fratrum vestrorum post factam in loco
vestro professionem fas sit de eodem loco discedere; discedentem vero
absque communium literarum caucione nullus audeat retinere.
Paci quoque et tranquillitati vestre paterna solicitudine providere
volentes, auctoritate apostolica prohibemus ut infra clausuras locorum
seu grangiarum vestrarum nullus violentiam vel rapinam sive furtum
committere seu ignem apponere aut hominem capere vel interficere
audeat. Sane laborum vestrorum quas propriis manibus aut sumptibus
colitis sive de incrementis vestrorum animalium nullus omnino a vobis
decimas exigere presumat. Decernimus ergo ut nulli omnino hominum
liceat prefatum monasterium temere perturbare aut ejus possessiones
auferre vel ablatas retinere, minuere seu quibuslibet vexacionibus
fatigare sed omnia integra conserventur eorum pro quorum gubernacione
et sustentacione concessa sunt usibus omnimodis profutura, salva sedis
apostolice auctoritate. Si qua igitur in futurum ecclesiastica secularisve
persona hanc nostre constitucionis paginam sciens, contra eam temere
venire temptaverit, secundo terciove commonita nisi reatum suum
digna satisfactione correxerit, potestatis honorisque sui dignitate careat
reamque se divino judicio existere de perpetrata iniquitate cognoscat

et a sacratissimo corpore ac sanguine Dei et Domini redemptoris nostri Jesu Christi aliena fiat atque in extremo examine districte ultioni subjaceat. Cunctis autem eidem loco sua jura servantibus sit pax Domini nostri Jesu Christi, quatinus et hic fructum bone actionis percipiant et apud districtum judicem premia eterne pacis inveniant. Amen. Datum Tusculani per manum Girardi sancte Romane ecclesie subdiaconi et notarii 15 Kal. Jan., indictione 6, Incarnacionis Dominice anno 1172, pontificatus vero domini Alexandri pape 3 anno 14. (Towneley MS. 6, pp. 701-3; an eight-line abstract in Dodsworth 155, f. 16).

f. 25v.   **94.** Quieta clamacio Normanni de Hortona de Elwinthorpe.
[*Temp. John*]
Omnibus sancte matris ecclesie filiis presentibus et futuris Normannus de Horthona filius Orm russi salutem. Sciatis me consilio et voluntate heredum meorum et amicorum hac presenti carta mea quietum clamasse abbati et monachis de Salleia totum jus et clamium quod habui in Elwinthorpe grangia sua, de me et heredibus meis imperpetuum, pro salute anime mee et heredum meorum et pro pecunia quam predicti monachi michi dederunt pro hac quieta clamacione; et sciendum quod recipient me ad sepulturam si christiano mor[t]e obiero. Hiis testibus. Henrico de Percy persona de Gyseburne, Waltero de Percy fratre ejus, Willelmo de Martona, et multis aliis.

Release to Sallay abbey by Norman of Horton son of Orm le Rus, of Elwinthorp grange, near Gisburn. In return he received from the monks a sum of money and a promise of burial at the abbey, should he die a Christian death. Others present were John of Halton, Walter of Painley, Roger Tempest, Roger of Thornton, William of Marton, parsons; Elias of Bolton *serviens regis*, Alexander of Westby, William and Adam his brothers sons of Ketel. (Dodsworth 155, f. 166).

95. Confirmacio Widonis de Humez de Sprohescroft et Akeschall.   [*Early Henry II*]
Omnibus sancte matris ecclesie filiis tam presentibus quam futuris Wydo de Humez salutem. Notum sit universitati vestre me concessisse et dedisse et presenti carta mea confirmasse Deo et ecclesie sancte Marie de Sallay terram quandam que vocatur Acceschales et Sprohgescroft que jacet inter Elwinesthorpe et Pathorn, pro salute anime mee et patris mee et omnium parentum meorum, liberam [et quietam] ab omni terreno servicio in puram et perpetuam elemosinam. Hiis testibus. Gladewino sacerdote de Collingeham, Ada filio Normanni, Ada filio Orm, et aliis.

Guy of Humez confirmed the grant of Acceschales and Sprohgescroft, which lie between Elwinthorp and Paythorn. Others present were Edward of Swinden and Hugh Delmennil. Seal of Guy of Humez a falcon volant regardant. (Dodsworth 155, f. 176).

96. Confirmacio Roberti de Humez de Sprohescroft et
Acceschales.   *[Late Henry II]*
Omnibus sancte matris ecclesie filiis presentibus et futuris Robertus
de Humez salutem. Sciatis me concessisse et presenti carta mea confirmasse Deo et beate Marie de Sallai et monachis ibidem Deo servientibus, in puram et perpetuam elemosinam Accheschales et Sprogescroft
cum omnibus pertinenciis suis sicut ea Wido de Humaz pater meus
prefate abbacie dedit, concessit et carta sua confirmavit. Preterea
quicquid racionabiliter in villa de Pathorn de liberis hominibus meis
eorum donacione vel vendicione adquirere poterunt similiter concedo
et presenti [carta] mea confirmo et ego et heredes mei ratum habebimus
et contra omnes homines acquietabimus. Quare volo ut predicta omnia
cum omnibus pertinenciis et aisiamentis ad liberam elemosinam
pertinentibus habeant et teneant libere et quiete sicut ulla elemosina
liberius dari et possideri potest. Hiis testibus. Roberto et Malgero
Wavasor, Willelmo de Stivetona, Johanne de Haltona, et multis aliis.

> Robert son of Guy of Humez confirmed his father's gift to Sallay of
> Acceschales and Sprogescroft, and whatever lands the abbey might reasonably
> acquire by gift or purchase from his freemen in Paythorn.

97. Carta Rogeri de Panhal de terra de Pathorn. *[Temp. John]* *f.* 26.
Sciant omnes tam presentes quam futuri quod ego Rogerus de Panhale
dedi et concessi et hac presenti carta mea confirmavi Ade filio Ade de
Winkeleie totam terram meam in villa de Pathorn sine omni retenemento,
ex orientali parte domus predicti Ade quam Walterus et Radulphus
quondam tenuerunt; tenendam et habendam sibi et heredibus suis de
me et heredibus meis in feodo et hereditate, libere et quiete et pacifice
in omnibus aisiamentis et libertatibus et communibus ad predictam
terram pertinentibus infra villam et extra. Reddendo inde annuatim
ipse et heredes sui michi et heredibus meis unum denarium ad Pentecosten pro omni servicio et exaccione. Et ego et heredes mei warantizabimus predictam terram prenominato Ade et heredibus suis contra
omnes homines. Hiis testibus. Willelmo de Stivetona, Petro Gyllot,
W. de Ebbeden', et aliis.

> Roger of Painley granted to Adam son of Adam of Winckley all his land
> in Paythorn for a penny rent at Whitsuntide.

98. Carta Ricardi le Wayt et Marioth uxoris ejus de una
bovata in Pathorn.   *[post* 29 July, 1240]
Omnibus sancte ecclesie filiis presentibus et futuris Ricardus le Wayt
de Flasceby et Mariota uxor ejus filia Rogeri de Martona salutem.
Noveritis nos dedisse, concessisse et hac carta nostra confirmasse et
quietum clamasse pro nobis et heredibus nostris inperpetuum unam
bovatam terre et tres percatas et unum toftum in villa et in territorio
de Pathorn cum omnibus suis pertinenciis Deo et Marie et monachis
de Sallay, in liberam et perpetuam elemosinam solutam et quietam;

illam scilicet terram quam adquisivimus per breve de morte antecessoris apud Ebor. coram Roberto de Lexington, Radulfo de Sulei, Willelmo de Culeswrd', Johanne de Nevyl, Simone de Hale, Roberto de la Haie, Warner de Engan', tunc justiciariis domini regis, videlicet die dominica proxima post festum sancti Jacobi apostoli in anno graci m⁰.cc⁰. quadragesimo; tenendum et habendum dictis monachis de nobis et heredibus nostris cum omnibus pertinenciis suis, libertatibus et aisiamentis, in bosco in plano in pratis et pasturis, in moris et mariscis et turbariis, in viis et semitis et introitibus et exitibus et omnibus aliis liberis communibus ad predictam villam pertinentibus infra villam et extra ubicumque et quocumque loco fuerit, libere solute et quiete ab omni seculari servicio et exaccione et omni re ad terram [pertinente]. Reddendo annuatim capitali domino quatuor denarios et obolum ad duos terminos tantum et faciendo forinsecum servicium quantum pertinet ad tantam terram in predicta villa. Et nos et heredes nostri omnia prenominata dictis monachis warantizabimus et defendemus contra omnes inperpetuum; et sciendum quod hanc cartam inrotulari fecimus coram predictis justiciariis et aliis domini regis fidelibus ibidem tunc presentibus. Hiis testibus. Symone de Martona, Elya de Hwit[c]herch, W. Pollard, et aliis.

Richard le Wayt of Flasceby and Marioth his wife, daughter of Roger of Marton, granted to Sallay a bovate, three perches and a toft in Paythorn, held by them since 1240. There were also present (Elias of Hwitechirche *tunc ballivo*), Hugh of Flasceby, Richard of Marton, William of Hartlington, Walter le Vavasor, Philip of Rymington, William le Rus of Rymington, Thomas of Buckden. Two seals of Richard and Marioth. (Dodsworth 155, f. 169v).

99. Carta Henrici de Pathorn de iij. acris prati in Pathorn et de via in Bakes (*sic*).   [29 May, 1257]

f. 26v. Hoc cirographum testatur quod Henricus de Pathorn filius et heres Roberti de Pathorn dedit, concessit et presenti carta sua confirmavit Deo et beate Marie et monachis de Sallai tres acras prati in teritorio de Pathorn super Sprocrofgilebanc versus occidentem; illas, videlicet, que jacent ex utraque parte prati Henrici filii Lecke, scilicet, totam partem quinque bovatarum ex parte occidentali et totam partem quatuor bovatarum ex altera parte versus orientem, quas homines sui de Pathorn tenuerunt ad bovatas suas pertinentes; tenendas et habendas de se et heredibus suis sibi et successoribus suis vel assignatis in puram et perpetuam elemosinam, solutam liberam et quietam ab omni servicio et exaccione et omni re ad terram pertinente. Pro hac autem donacione et concessione predicti monachi relaxaverunt et quietum clamaverunt predicto Henrico et heredibus suis totum jus et clamium quod habuerunt vel habere potuerunt in omnibus per[t]iculis terrarum et pratorum quas Robertus pater suus cepit in vita sua de communa de Pathorn, salvis dictis monachis, hominibus et cariagiis suis libero introitu et exitu et transitu in illo loco qui dicitur Rakys, sicut actenus uti consuerunt. Ad majorem vero hujus rei securitatem utraque pars alterutri parti omnia prenominata imperpetuum warantizabit et presenti carte in modum cirografphi confecto sigillum suum alternatim apposuit. Actum anno gracie [m⁰.]cc⁰.l.septimo in crastino Pentecostes. Hiis testibus. Domino Elya de Chonl, domino Ricardo fratre ejus, domino Radulfo de Mittona, et aliis.

Henry son and heir of Robert of Paythorn granted to Sallay three acres of meadow in Paythorn, on Sprocrofgilebanc towards the west. The monks released their rights in the lands which Robert had taken from Paythorn common, but reserved their rights in Rakys.

100. Carta Ade de Sunderlant de terra de Pathorn.

[*c.* 1240-50]

Omnibus sancte matris ecclesie presentibus et futuris Adam filius Ade de Winkelay salutem. Noveritis me pro salute anime mee et omnium antecessorum meorum et heredum meorum dedisse, concessisse et presenti carta mea confirmasse Deo et ecclesie beate Marie et monachis de Sallay totam terram meam in Pathorn' sine omni retenemento, quam habui dono Rogeri de Paneale ex orientali parte domus mee, cum toftis et omnibus communibus et pertinenciis, libertatibus et aisiamentis ad tantam terram in eadem villa pertinentibus; tenendam et habendam de me et heredibus meis in perpetuam elemosinam, liberam solutam et quietam ab omni servicio et exaccione, reddendo inde annuatim dicto Rogero et heredibus suis unum denarium ad Pentecosten. Et ego et heredes mei predictam terram cum pertinenciis prefatis monachis warentizabimus et defendemus contra omnes inperpetuum. His testibus. Johanne de Haltona, Hugone filio ejus, Helia de Gigeleswik, et aliis.

Adam son of Adam of Winckley granted to Sallay the land in Paythorn, which he had from Roger of Painley (No. 97). Margin: Require aliam cartam in casa de Sunderland.

Blank. *f. 27r. v.*

BOULTON.

Dodsworth gives an important account of the transfer of lands in Bolton in Bolland. *Cf.* also *Pudsay Deeds*, pp. 66-72.

Stipes. Everardus; de Everardo processit Hugo; de Hugone processerunt Willelmus et Hessella puella; de Willelmo processerunt Robertus et Hugo de Lelay; qui quidem Hugo feoffavit Eliam filiam Uctredi de pluribus terris in Bolton et postquam dictus Elias iter suum arripuit versus terram sanctam[1], dictus Hugo feofeffavit Ricardum

---

[1] *c.* 1227 (*Pudsay Deeds*, p. 2).

de Bolton filium dicte Elie de medietate totius ville de Bolton cum pertinentiis. De quo Hugone processit junior Hugo de Lelay qui donum patris sui et donum Roberti avunculi sui confirmavit dicto Ricardo filio Elie et postea dedit medietatem dicte ville et homagium dicti Ricardi fratribus Templi[1]; de dicto Hugone processit Adam de Lelay dictus Crateman et sciendum est quod Willelmus filius Hugonis dedit Hessellam sororem suam Roberto filio Leolphi in maritagio cum tota villa de Bolton; tenendam per tale servicium quod ubicumque vidisset eum ascendentem vel descendentem st^{u}em (sic) ejus manu teneret; et quia postea dictum servicium facere noluit, dictus Willelmus movebat sectam versus Robertum virum Heselle coram W. Vavasor tunc justiciario Anglie de dicta villa de Bolton et recuperavit eam et dedit medietatem dicte ville dicto W. Vavasor pro auxilio suo et dictus W. Vavasor dedit partem suam Roberto et Malgero filiis suis, videlicet, Malgero quartem partem dicte ville et Roberto vero aliam quartam partem et advocacionem et donacionem medietatis ecclesie. De dicto Roberto processit J. le Vavasor qui dedit advocacionem et donacionem predictam Ricardo filio Elie de Bolton. Malgerus le Vavasor dedit partem suam abbati et conventui de Salley[2]. Robertus vero le Vavasor dedit partem suam Theobaldo Wauter et Matildi le Caunt filie sue in maritagio; defuncto autem Theobaldo Wauter eadem Matildis nupta fuit Fulconi filio Warini[3]; mortuo Fulcone dicta Matildis in sua viduitate dedit suam quartam partem dicte ville Rogero de Byrkin avunculo suo; dictus Rogerus feofeffavit Jordanum de Byngelay rectorem ecclesie de Gyseburn, qui quidem Jordanus feofeffavit Matildem filiam suam; que quidem Matildis nupta fuit Ricardo de Goldesburge; que quidem Matildis post mortem dicti Ricardi fornicata fuit cum quodam Willelmo de Rysshton dicto de Thabley nepote suo, de quo habuit filios et filias, videlicet Thomam, Johannem et Agnetem; que quidem Matildis dedit Thome filio suo totam terram suam predictam in Bolton preter Ulnetwayte quam dedit Agneti filie sue et predictus Thomas feofeffavit Johannem filium Ricardi de Bolton de quibusdam terris in Bolton et postea dedit idem Thomas totum residuum Ricardo de Goldesburg fratri suo; qui quidem Ricardus feofeffavit Ricardum filium suum et ipse Ricardus feofeffavit inde abbatem et conventum de Salley[4]. (Dodsworth 92, f. 5).

[1189]

f. 28.   **101.** Universis sancte matris ecclesie filiis presentibus et futuris Robertus Vavasor salutem. Sciatis me concessisse et presenti carta mea confirmasse et super sanctum altare manu mea obtulisse Deo et beate Marie de Sallay et monachis ibidem Deo servientibus, in liberam et puram et perpetuam elemosinam omnes donaciones quas pater meus Willelmus Vavassor eidem ecclesie beate Marie de Sallay donavit, scilicet, medietatem de Hil cum dimidio prato plene

---

[1] *Cf. Percy Chart.*, p. 83, 478; Dodsworth 92, f. 8; *Pudsay Deeds*, pp. 113-4.
[2] Nos. 110-3.   [3] *Cf.* Nos. 187-9.   [4] *Cf.* Nos. 153-8.

et integre sicut in carta ejus continetur, salvo forinseco servicio
racionabili quod michi facient monachi et heredibus meis. Confirmavi......ecclesiam de Thirnescoh cum omnibus pertinentiis
suis et quicquid in eadem villa habuit pater meus cum hominibus
et catallis eorum, salva monachis de Rupe elemosina quam eis
caritatis intuitu dedit et incartulavit; preterea in lapidicina de Heselwold accipiant monachi de Sallai omnia necessaria sua inperpetuum.
Preterea concessi et confirmavi eis Bocland ad vaccariam faciendam
et sic in directum sursum usque ad Amthorhegge et sic usque ad
summitatem Crossegile et sic usque ad superiorem partem de Foxegile et sic usque ad Feldinggate et sic usque Akedeneheuese sicut
campus et nemus dividit et sic usque ad Cravenegate et usque Grenesetegile et inde sursum versus est usque Stodfaldgile et sic usque
Welpstanes; et abbas et conventus concesserunt ut homines de
Boultona ad propria averia sua tantum ibi communem pasturam
habeant. Concessi et confirmavi predictis monachis de Sallai ut in
bosco de Boultona a Pakedenbroc usque ad Haiam omnia necessaria
sua capiant ad materiem et focale et infra Haiam mortuum boscum
jacens. Hec autem omnia concessi et confirmavi prenominate ecclesie
de Sallai sicut carta patris mei et matris mee et omnium antecessorum
et heredum meorum, ita pure et libere et perpetue sicut ulla elemosina liberius concedi et confirmari potest cum omnibus libertatibus in viis et semitis, in pratis et pascuis, in bosco et plano, in
aquis et molendinis et in omnibus aliis libertatibus ad liberam elemosinam pertinentibus, salvo racionabili regio servicio quantum
racionabiliter ad unumquodque pertinet tenementum et hec omnia
ego et heredes contra omnes homines warantizabimus. Hiis testibus.
Gaufrido abbate Novi Monasterii, Nicholao decano de Tadecastre,
Thoma persona de Hedingham, Roberto persona de Hackew[ord] (?),
et aliis.

Robert son of William Vavasor confirmed his father's gifts to Sallay
(cf. No. 623); half of Hillum, Thurnscoe church, stone from Heselwold quarry,
Bocland to make a vaccary, and wood rights. The deed is partially erased
and there is a short marginal note which is difficult to decipher. These gifts
were confirmed by Richard I Oct. 23, 1189.

102. Carta Willelmi Vavasur de Halderhes et de aliis terris
in Boultona. [Late Henry II]
Sciant omnes sancte matris ecclesie filii tam presentes quam futuri
quod ego Willelmus Vavasor dedi et hac presenti carta mea confirmavi Ricardo Vavasor pro homagio suo et servicio terram que
fuit Osberno fabro et Willelmo filio Thurstani in Boultona in Bouhelant, scilicet inter has divisas, id est, a vado Birebec sub Witheker   f. 28v.
propinquiori Witheker versus orientem et sicut Birebec descendit
ad fossatum Willelmi filii Thurstani et sicut fossatum contra vallem
vadit usque in Roofthesic et sic per Roofthesic contra vallem usque
ad Withekersic et a predicto vado de Birebec sub Witheker inter

boscum et planum contra vallem in Withekersic et sic contra vallem
usque quo Withekersic cadit in Birebec. Dedi eciam ei quatuor
acras terre in Stoupome que ad me pertinent et aliam quandam
terram que dicitur Aldhergis per has divisas, scilicet, a capite occidentali Raathe usque ad Leume Welle, de Leume Welle versus
occidentem contra montem usque ad Balrun et de Balrun usque in
Withengreve et de Withengreve sicut gileth vadit in Olendene et
de Olendene contra vallem usque ad predictum capud de Raaghe.
Has predictas terras in campo de Boltona dedi et hac presenti mea
confirmavi antedicto Ricardo et heredibus suis tenendas de me et
heredibus meis liberas et quietas in bosco, in plano, in pratis et
pascuis, in viis et semitis et in exitibus et in omnibus aisiamentis que
ad terram pertinent et solutas ab omni terreno servicio, excepto
quod ipse et heredes illius dabunt michi et heredibus meis annuatim
xij. denarios, scilicet, sex ad Pentecosten et sex ad festum sancti
Martini. Has predictas terras ego et heredes mei warantizabimus illi
et heredibus ejus contra omnes homines. Dedi eciam illi et hominibus
suis communem pasturam de prefata Boultona. His testibus.
Malgero Wavasor, Johanne de Uverum, Willelmo constabulario,
Petro de Martona, Willelmo filio ejus, Baldewino de Bramhope, et
multis aliis.

Grant by William Vavasor to Richard Vavasor of lands in Bolton in
Bolland. *Pudsay Deeds*, pp. 66-72, gives a useful account of this manor,
based on the Sallay Chartulary and the deeds themselves.

103. Carta Ricardi Wavassor de terra quam tenuit de Malgero
Wavasor in Boultona. [*Temp. Richard I*]
Omnibus sancte ecclesie filiis presentibus et futuris Ricardus
Wavasor salutem. Sciatis me dedisse et concessisse et presenti
carta confirmasse Deo et monachis beate Marie de Sallai pro salute
anime mee et heredum meorum et Willelmi Vavasoris domini et
fratris mei et heredum suorum totam terram meam de Boultona
quam tenui de Malgero Vavasore, in liberam et puram elemosinam
perpetuam cum omnibus aisiamentis et libertatibus et pertinenciis
suis infra villam [et] extra sine aliquo retinemento de me aut heredibus
meis; tenendam et habendam sicut eam unquam melius et plenius
tenui, solutam liberam et quietam ab omni seculari servicio et omni
re ad terram pertinente. Sciendum est eciam quod predictis monachis reddidi et donavi cum memetipso in capitulo ipsorum cartam
domini Willelmi Vavasoris quam inde habui. Et ego et heredes mei
predictam elemosinam predictis monachis warantizabimus et defendemus in omnibus et contra omnes. Hiis testibus. Henrico de Perci,
Stephano de Hamertona, Radulfo de Mittun', Willelmo filio Roberti
de Boultona, Willelmo de Martona, Hailsio filio Hugonis, et aliis.

Richard Vavasor, brother of William Vavasor, granted to Sallay abbey
all the land in Bolton which he held from Malger Vavasor, and together

with himself surrendered in Chapter the charter that William Vavasor gave him.

104. Carta Ricardi Vavasor de terra quam tenuit in Boultona de H. de Bayldona. [*Temp. Richard I*]

Omnibus sancte ecclesie filiis presentibus et futuris Ricardus Vavasor salutem. Sciatis me dedisse et concessisse et presenti carta *f. 29.* confirmasse Deo et monachis beate Marie de Sallai pro salute anime mee et heredum meorum totam terram meam de Boultona quam tenui de Hugone de Baildona, in liberam et puram et perpetuam elemosinam cum omnibus aisiamentis et libertatibus et pertinenciis suis infra villam et extra villam sine aliquo retinemento de me et heredibus meis; tenendam et habendam sicut eam uncquam melius et plenius tenui, solutam liberam et quietam ab omni seculari servicio et omni re ad terram pertinente, solvendo Hugoni de Baildun et heredibus suis annuatim xviij. denarios tantum; medietatem, scilicet, ad Pentecosten et medietatem ad festum sancti Martini. Et ego et heredes mei predictam elemosinam predictis monachis warantizabimus et defendemus in omnibus et contra omnes. Hiis testibus. Henrico de Perci, Stephano de Hamertona, Hailsio filio Hugonis, Jordano de Claiton, Alano de Bens, Johanne de Altona, et aliis.

Grant by Richard Vavasor to Sallay of all the land in Bolton, which he held of Hugh of Baildon, subject to a rent of 18d. to Hugh.

105. Confirmacio Hugonis Vavasor de donis patris sui.
[*Temp. Richard I*]

Omnibus sancte matris ecclesie filiis presentibus et futuris Hugo Vavasor salutem. Sciatis me concessisse et hac presenti carta confirmasse Deo et monachis sancte Marie de Sallei totam terram quam Ricardus Vavasor pater meus in puram et perpetuam elemosinam eis dedit in villa de Boultona cum omnibus pertinenciis et aisiamentis infra villam et extra; solutam liberam et quietam ab omni servicio et omni re ad terram pertinente et de me et de heredibus meis imperpetuum. Et ego et heredes mei warantizabimus totam terram predictam cum pertinenciis suis contra omnes homines. Hiis testibus. Henrico de Perci de Gyseburne, Laurencio persona de Gygleswik, Willelmo de Hebbeseden', W. de Arches, W. de Malhom', et multis aliis.

Hugh Vavasor confirmed the gift of lands in Bolton, which Richard his father made to Sallay.

106. Confirmacio Malgeri Vavasor de terra Ricardi Vavasor in Boultona. [*Temp. Richard I*]

Omnibus sancte ecclesie filiis presentibus et futuris Malgerus Vavasor salutem. Sciatis me concessisse et hac presenti carta confirmasse Deo et monachis sancte Marie de Sallai totam terram quam Ricardus

Vavasor patruus meus in puram et perpetuam elemosinam eis dedit
in villa de Boultona, cum omnibus pertinenciis et aisiamentis infra
villam et extra; solutam liberam et quietam ab omni servicio et omni
re ad terram pertinente et de me et heredibus meis imperpetuum.
Hiis testibus. Henrico de Perci, Willelmo de Stivetona, Willelmo
de Malhom, Stephano de Hamertona, Johanne de Haltona, et aliis
pluribus.

Malger Vavasor confirmed the grants of land in Bolton from his uncle,
Richard Vavasor.

107. Carta Roberti Vavasor de xxiiij^{or} acris inter Calvergil
et Wikingil.   [*Late Henry II*]
Sciant presentes et futuri quod ego Robertus Vavasor dedi et concessi
et hac presenti carta mea confirmavi Johanni clerico de Blakaburne
propter homagium suum et servicium quod fecit michi viginti quatuor
acras terre in Boultune in Bouhelant tam in pratis faciendis quam in
terra arabili jacentes in uno tenemento inter Kalvegil et Wikinggile,
incipientes ad dumos qui sunt supra Birbec et extendentes se versus
altam moram in north; et preterea dedi ei totam terram que fuit
Roberti Koil que est inter terram Ricardi Vavasoris et Wikiggile;
tenendas de me et meis heredibus sibi et illi quem voluerit de suis
facere heredem suum, in feodo et hereditate libere et quiete, pacifice
honorifice plenarie et integre; annuatim reddendo michi et heredibus meis unam libram piperis ad festum sancti Martini pro omni
servicio et pro omni querela et vexacione et demanda que de terra
possunt exigi et ad terram pertinent exigenda.   Volo itaque et
concedo quod predictus Johannes et heredes sui habeant liberam
communionem in omnibus aisiamentis sicut in bosco et plano predicte ville de Boultone pertinentibus cum communi pastura et cum
liberis et racionabilibus introitibus et exitibus, sibi et suis heredibus
et suis hominibus ubique infra divisas predicte Boultone, salvis
michi cervo et bissa infra Haiam meam. Concedo insuper et do et hac
presenti mea confirmo quod predictus Johannes et heredes sui non
respondeant de ullo placito nec querela nec loquela nec super ulla
demanda alibi michi et meis heredibus quam in villa de Boultona.
Preterea concedo et do illi et heredibus suis et hominibus suis quod
si voluerint molare bladum suum ad molendinum de Boultona
predicta quod molent ad vicesimum vas, sin autem libere molent
alibi ubicumque voluerint. Volo itaque quod omnes homines sciant
quod ego et heredes mei has terras totas et hec omnia predicta sicut
hec presens carta mea testatur et confirmat predicto Johanni et
heredibus suis contra omnes homines et feminas warantizabimus.
Et ut hec omnia supradicta et contenta in hac carta mea presenti
rata sint et stabilia de me et meis heredibus predicto Johanni et
heredibus suis imperpetuum, ego ea sigilli mei apposicione et testimonio confirmavi. Hiis testibus. Maugero Vavasor, Ricardo Vavasor,
Hugone filio ejus, Willelmo filio Roberti, et aliis.

f. 29v.

Grant by Robert Vavasor to John clerk of Blackburn for his homage and
service, of 24 acres between Kalvegill and Wicongill and pasture rights;
rent 1 lb. of pepper. John could have his corn ground at Bolton mill, paying
one measure in twenty, or take it where he wished.

108. Confirmacio Malgeri Vavasor de terra et pastura in
Boultona. [*c.* 1189]
Omnibus sancte matris ecclesie filiis presentibus et futuris Malgerus
Vavasor salutem. Sciatis me concessisse et hac presenti carta confirmasse Deo et beate Marie de Sallai et monachis ibidem Deo servientibus boscum et pasturam de Boultona per omnes divisas sicut
carta patris mei inde facta testatur, libere et quiete et solute de me et
heredibus meis. Hiis testibus. Roberto Vavasor, Ricardo Vavasor,
Willelmo Roberti filio, et multis aliis.

Malger Vavasor confirmed to Sallay abbey the wood and pasture of
Bolton, given to the monks by his father.

109. Carta Malgeri Vavasor de tofto Willelmi filii Thurstani
in Boulton. [*Late Henry II*]
Omnibus sancte matris ecclesie filiis Malgerus Vavasor salutem.
Notum sit omnibus tam presentibus quam futuris quod ego Malgerus
Vavasor dedi et concessi et hac presenti carta mea confirmavi Rogero
filio Everrardi unum toftum in Boultona, scilicet, quod fuit Willelmo
filio Thurstani quod jacet a monasterio versus austrum cum iiij^{or}
acris terre proximis predicto tofto que jacet juxta Edricgile versus *f. 30.*
orientem; libere et quiete et honorifice in feodo et hereditate, cum
omnibus libertatibus que ad predictam villam pertinent in bosco
et plano et pasturis, in viis, in aquis et molendinis illi et heredibus
suis tenendas de me et heredibus meis; reddendo annuatim unam
libram cumini in vigilia natalis Domini, reddendam dico in predicta
villa de Boltona michi vel preposito meo pro omni servicio et consuetudine que ad predictam terram pertinent. Hiis testibus. Willelmo
filio Roberti tunc ballivo de Westriding, Roberto filio suo, Willelmo
filio Everandi, Thoma filio Suani, et aliis.

Grant by Malger Vavasor to Roger son of Everard, of one toft in Bolton
and four acres near Edricgill, for a pound of cumin annually on Christmas
Eve.

110. Carta Malgeri Vavasor de Boultona iij. [1204-9]
Omnibus sancte ecclesie filiis presentibus et futuris Malgerus Vavasor
salutem. Noverit universitas vestra me dedisse et concessisse et hac
presenti carta confirmasse Deo et monachis sancte Marie de Sallay
pro salute anime mee et patris mei et matris mee et omnium antecessorum et heredum ac successorum meorum, in puram et perpetuam elemosinam totam terram meam de Boltona et totam terram
de Malasise cum hominibus et omnibus pertinenciis et libertatibus

in villa et extra villam et in omnibus aliis aisiamentis ad predictam terram pertinentibus, cum mea eciam parte molendini in eadem villa habenda et inperpetuum possidenda, tam plene libere et quiete sicut ulla elemosina liberius plenius et quietius haberi et teneri potest, sicut eam unquam melius et plenius tenui et sine omni retenemento. Et ego et heredes mei warantizabimus et defendemus jam dictam elemosinam contra omnes calumpnias et calumpniatores. Hiis testibus. Roberto Walensi tunc vicecomite Ebor.[1], Nigello de Plumtona, Alano de Kathertona, Hugone de Leleia, Henrico de Percy, et aliis.

Grant by Malger Vavasor to Sallay of all his land in Bolton and Malasis, with the men, liberties and appurtenances of the vill and his share of Bolton mill.

111. Carta Malgeri Vavasor de tota iiij. parte de villa de Boultona cum molendino. [1204-9]
Omnibus sancte ecclesie filiis presentibus et futuris Malgerus Vavasor salutem. Noveritis me pro salute anime mee et omnium antecessorum et heredum meorum dedisse, concessisse et presenti carta mea confirmasse Deo et monachis ecclesie sancte Marie de Sallai in puram et perpetuam elemosinam, solutam liberam et quietam ab omni servicio et exaccione et omni re ad terram pertinente, totam terram meam de Boultona et totam terram de Malesise cum firmis et homagiis et serviciis hominum libere tenencium et omnibus hominibus meis consuetudinariis in eadem villa manentibus cum sequela eorum et cum omnibus pertinenciis, libertatibus et aisiamentis infra villam et extra tam in bosco quam in plano et in omnibus aliis locis ad predictas terras pertinentibus, cum quarta parte molendini in eadem villa, cum quarta parte Haie ejusdem ville, scilicet, quicquid habui in predictis locis sine aliquo retenemento. Et sciendum est quod ego
f. 30*v.* attornavi alias terras meas et quicquid tenui alibi de feodo de Heselwode, scilicet de Roberto fratre meo Vavasore ad adquietandum forinsecum servicium quod facere soleo de tribus bovatis terre in Boultona, qui[a] volo ut quicquid habui in Bolton libera sit et pura elemosina et quieta ab omni servicio et exaccione. Et ego et heredes mei omnia prenominata prefatis monachis warantizabimus adquietabimus et defendemus contra omnes homines inperpetuum sicut ulla elemosina liberius et plenius warentizari potest. Hiis testibus. Roberto Walensi tunc vicecomite Ebor., Nigello de Plumtona, Alano de Cathertona, Hugone de Leley, et aliis.

Grant by Malger Vavasor to Sallay of all his land in Bolton and Malasis, with the farms, homages and services of the free tenants, the customary tenants and their issue, the fourth part of the mill and the fourth part of the Haia. Malger attorned other land in Heselwood to acquit the forinsec service from three bovates in Bolton.

[1] 1204-9.

112. Carta Malgeri Vavasor de tota iiij. parte de Bolton et
Haia. [1204-9]
Omnibus sancte ecclesie filiis presentibus et futuris Malgerus
Vavasor salutem. Noveritis me pro salute anime mee et omnium
antecessorum et heredum meorum dedisse, concessisse et presenti
carta mea confirmasse Deo et monachis ecclesie Sancte Marie de
Sal[l]ai in puram et perpetuam elemosinam, solutam liberam et
quietam ab omni servicio et exaccione et omni re ad terram pertinente
totam terram meam de Boultona et totam terram de Malesyse, cum
firmis et homagiis et serviciis hominum libere tenencium et omnibus
hominibus meis consuetudinariis in eadem villa manentibus cum
sequela eorum et cum omnibus pertinenciis, libertatibus et aisiamentis
infra villam et extra, tam in bosco quam in plano et in omnibus
aliis locis ad predictas terras pertinentibus, cum mea eciam parte
molendini in eadem villa, scilicet, quicquid habui in predictis locis
sine aliquo retinemento. Et sciendum quod ego attornavi terram
meam de Ascwith et quicquid teneo de eodem feodo de Perci ad
adquietandum forinsecum servicium quod facere soleo de tribus
bovatis terre in Boultona, quia volo ut quicquid habui in Boultona
libera sit in pura elemosina et quieta ab omni servicio et exaccione.
Et ego et heredes mei omnia prenominata prefatis monachis warantizabimus, adquietabimus et defendemus contra omnes homines
inperpetuum sicut ulla elemosina liberius et plenius warantizari
potest. Hiis testibus. Roberto Walensi tunc vicecomite Ebor.,
Nigello de Plumtona, Alano de Cathertona, Hugone de Lelay, et
aliis.

Grant by Malger Vavasor to Sallay abbey of all his land in Bolton and
Malasis, and his share in Bolton mill.

113. Carta Malgeri Vavasor de iiij. parte de villa de Boultona
pro v. marcis solvendis pro Hunsflete. [1204-9]
Omnibus sancte ecclesie filiis presentibus et futuris Malgerus Vavasor
salutem. Sciatis me dedisse et concessisse et presenti carta mea
confirmasse abbati et monachis beate Marie de Sallai totam terram
meam de Boultona et totam terram de Malesise cum omnibus libertatibus et pertinenciis suis in villa et extra villam sicut illam unquam
melius et plenius tenui absque omni servicio et retenemento, in
escambium v. marcarum argenti quas eis annuatim debui pro molendino de Hunsflete et unius [acre] terre que jacet in curte sua de
Ascwithe inter ductum qui ibi currit et campum meum. Et ego et
heredes mei predictis monachis predictam terram warantizabimus et
defendemus contra omnes. Hiis testibus. Roberto Walensi tunc _f._ 31.
vicecomite Ebor., Nigello de Plumtona, Alano de Catherton, et aliis.

Malger Vavasor was released from an annual rent of five marks for
Hunslet mill in exchange for his lands in Bolton and Malasis.

114. Carta Roberti de Lelai de xiij. acris super Ravenes et sartis heremite et pastura. [*Temp. Richard I*]
Universis sancte matris ecclesie filiis presentibus et futuris Robertus de Leeleia salutem. Sciatis me dedisse, concessisse et presenti carta mea confirmasse Deo et beate Marie de Sallay et monachis ibidem Deo servientibus in liberam puram et perpetuam elemosinam xiij. acras terre de nemore et mora que est inter Fulden et Ravenesberth et super Ravenesberth et de sartis heremite et pasturam ad x. vaccas cum secto suo unius anni, cum ingressibus et egressibus libere elemosine pertinentibus; et sciendum quod ego et heredes mei predictam elemosinam prefatis monachis warantizabimus. Hiis testibus. Willelmo constabulario, Jordano et Helia servientibus regis, Hugone clerico de Boulton, Waltero de Wadingtona, et aliis pluribus.

Grant by Robert of Lelay to Sallay abbey of thirteen acres of land from the wood and moor between Fooden and Ravenesberth, and pasture for ten cows.

115. Confirmacio Hugonis de Lelai de St°istona (*sic*) et Farnlay et Bolton et Stainton et Rimington et Gasegile.
[*Early John*]
Omnibus sancte ecclesie filiis presentibus et futuris Hugo de Leley salutem. Noveritis [me] pro salute anime mee et omnium antecessorum et heredum meorum concessisse et presenti carta mea confirmasse Deo et monachis ecclesie sancte Marie de Sallai terram illam quam aliquando tenui de eis inter Weston' et Ascwith ut inde faciant libere quicquid eis placuerit. Confirmavi eciam eis in puram et perpetuam elemosinam unam bovatam terre cum pertinenciis in Rimingtona quam habent ex dono Christiane de Pathorne, ita quod ego et heredes mei dictam bovatam terre adquietabimus versus omnes in perpetuum. Confirmavi eciam eisdem monachis duas bovatas terre in Farnlay quas habent ex dono Roberti fratris mei et omnes terras et pasturas quas habent in teritorio de feodo meo et eciam in teritorio de Gasegile et in teritorio de Stainton sicut confirmacio Willelmi patris mei et carte donatorum quas inde habent testantur, hoc addito quod ego et heredes tenemur warantizare dictis monachis de Sallai omnes terras et possessiones quas habent in villa et in teritorio de Boultona ex dono Roberti de Lelei fratris mei, quia idem Robertus michi et heredibus meis dedit in excambium totam terram suam et quicquid habuit in villa et in teritorio de Boultona; et ideo ego recepi super me et super heredes meos waranciam donorum suorum. Hiis testibus. Olivero de Brinckil, Willelmo de Hebbedene, Willelmo Vavasore, Philippo de Rimingtona, et aliis.

Hugh of Lelay granted to Sallay the land he held of the monks between Weston and Askwith and confirmed the grant of a bovate in Rimington, two bovates in Farnlay, and land in Gaisgill, Stainton and Bolton. Christian of Paythorn (d. *post* 1208) was Hugh's wife. His father William died 1203 or 4.

116. Confirmacio W. de Lelai de j. tofto et decem acris super Wikingilbanc et iij. acris super Ravenes et xiij^{clm} super Ravenesberh et pastura xx. vaccarum. [*Temp. Richard I*]

Omnibus sancte ecclesie filiis presentibus et futuris Willelmus filius *f.* 31*v.* Hugonis de Lelay salutem. Sciatis me concessisse et hac presenti carta mea confirmasse Deo et beate Marie de Sallai et monachis ibidem Deo servientibus donaciones quas Robertus filius meus eis dedit, scilicet, unum toftum in villa de Boulton super Wikicgibanc ex orientali parte et ibidem x. acras terre et super Ravenisberh tres acras terre cum bosco qui in ipsa est et pasturam in communa ville de Boultona sufficientem ad xx. vaccas ad sequelam earum duorum annorum, cum aisiamentis et libertatibus ad tantum tenementum pertinentibus in villa de Boultona et extra. Confirmavi eciam jam dictis monachis in puram et perpetuam elemosinam xiij^{clm}. acras terre de nemore et mora que est inter Fuldene et Ravenisberth et de [sartis] heremite et pasturam ad x. vaccas cum sequela unius anni cum ingressibus et egressibus libere elemosine pertinentibus. Hec omnia predicta concessi et confirmavi Deo et beate Marie et jam dictis monachis pro salute anime mee et omnium heredum et antecessorum meorum, tenenda et habenda libere quiete et pacifice sicut carte quas inde habent testantur. Hiis testibus. Malgero persona de Gyseburne, Willelmo filio Roberti, Ricardo Vavasore, et multis aliis.

William son of Hugh of Lelay confirmed the gifts of his son Robert to Sallay, Nos. 114, 117.

117. Carta Roberti de Lelai de tofto et x. acris super Wiking' et iij. acris super Raven. et pastura xx. vaccarum. [*Temp. Richard I*]

Universis sancte matris [ecclesie] filiis presentibus et futuris Robertus filius Willelmi de Lelaia salutem. Sciatis me dedisse concessisse et hac presenti carta mea confirmasse Deo et beate Marie de Sallai et monachis ibidem servientibus, ad opus ecclesie et edificiorum suorum, unum toftum in villa de Boultona, scilicet, super Wikingilebanc ex orientali parte et ibidem decem acras terre et super Ravenesberh tres acras terre cum bosco qui in ipsa est et pasturam in communa ville de Boultona sufficientem ad viginti vaccas et ad sectam earum duorum annorum, cum aisiamentis et libertatibus ad terras prenominatas pertinentibus et ad tantum terre in villa de Boultona et extra; tenenda de me et heredibus meis libere, quiete et pacifice, reddendo inde annuatim michi et heredibus meis duos solidos, scilicet, duodecim denarios ad Pentecosten et duodecim denarios ad festum sancti Martini pro omni servicio ad predictas terras pertinente pro omni seculari exaccione. Hanc vero donacionem feci prefate domui de Sallai et monachis Deo ibidem servientibus pro salute anime mee et patris mei et matris mee et omnium antecessorum et heredum meorum. Et ego et heredes mei warantizabimus prenominatis monachis predictas terras contra omnes calumpniatores et calumpnias inperpetuum cum omnibus aisiamentis et libertatibus predictis. His testibus. W. de Martona, Johanne de Haltona, Elya fratre ejus, et multis aliis.

Towards the upkeep (*opus*) of the church and other parts of the abbey, Robert of Lelay gave a toft and ten acres on Wicongill Bank, three acres on Ravenesberh, and sufficient pasture for twenty cows on the common pasture of Bolton; annual rent 2s.

f. 32. **118.** Carta Willelmi de Belasis de tofto et vj. acris Hugonis carpentarii. [*Temp. Richard I*]
Universis sancte matris ecclesie filiis presentibus et futuris Willelmus filius Roberti salutem. Sciatis me dedisse, concessisse et presenti carta mea confirmasse Deo et beate Marie de Sallai et monachis ibidem Deo servientibus Hugonem carpentarium et totam sequelam suam et omnia catalla sua absque omni retinemento et reclamo mei et heredum meorum imperpetuum cum tota terra quam de me tenuit, scilicet, septem acris in Belasis sicut perambulata et per cruces divisa et cum toto illo tofto in quo nunc sedet ex utraque parte vie et quodam dominico tofto inter domum predicti Hugonis et viam sicut per cruces distinguitur, in liberam et perpetuam et puram elemosinam, monachis annuatim michi et heredibus meis pro eadem terra duos solidos solventibus, dimidium ad Pentecosten et dimidium ad festum sancti Martini pro omni servicio et re ad terram pertinente. Et ego et heredes mei predictas vj. acras cum predictis toftis cum omnibus communibus aisiamentis de Belasis et libertatibus et libere elemosine pertinentibus prephatis monachis warantizabimus quamdiu terram de Belasis nobis ipsis warantizare poterimus. His testibus. Roberto Vavasore et Malgero fratre ejus, Ricardo Vavasore, Stephano de Hamerton, et aliis.

Grant by William son of Robert to Sallay of Hugh the carpenter and all his issue and chattels, with the seven acres Hugh held of William in Belasis, and the toft where Hugh resided, on each side of the highway, and a demesne toft between Hugh's house and the highway, marked by crosses; annual rent 2s.

f. 32*v.* **119.** Carta Ricardi de Malasis de x. acris in Boulton et tres [super] Foxgil. [*Temp. Richard I*]
Omnibus sancte matris filiis presentibus et futuris Ricardus filius Willelmi filii Roberti de Boultona salutem. Sciatis me dedisse et concessisse et hac presenti carta mea confirmasse Deo et beate Marie et monachis de Sallai ibidem Deo servientibus xiij^{clm} acras terre, scilicet, decem in Malasis cum toftis et iij. acras in Boultona super Foxegil sicut carta Willelmi patris mei inde facta proportat et testatur, cum omnibus pertinenciis et aisiamentis et libertatibus in bosco et plano, in pratis et pascuis, in viis et semitis, in puram et perpetuam elemosinam sicut aliqua elemosina liberius potest dari. Hec omnia

prefata dedi et confirmavi predictis monachis pro salute anime mee et heredum et parentum et amicorum meorum et ego et heredes mei contra omnes homines warantizabimus. Hiis testibus. Malgero Vavasor, Ricardo Vavasor, Willelmo de Marton, et multis aliis.

Confirmation by Richard son of William son of Robert of Bolton to Sallay abbey of ten acres in Malasis and three acres on Foxgill in Bolton.

120. Confirmacio Malgeri Vavasor de x. acris de dono Willelmi constabil. [*Temp. Richard I*]
Omnibus sancte matris ecclesie filiis presentibus et futuris Malgerus Vavasor salutem. Sciatis me concessisse et hac presenti carta mea confirmasse Deo et beate Marie et monachis de Sallai ibidem Deo servientibus terram quam Willelmus filius Roberti eis dedit et incartulavit, scilicet, decem acras terre in Malasis cum toftis sicut carta Willelmi predicti proportat et testatur, cum omnibus libertatibus et aisiamentis et pertinenciis eidem terre pertinentibus in bosco et plano, in pratis et pascuis, in viis et semitis, in puram et perpetuam elemosinam liberas et quietas ab omni servicio et exaccione ad terram pertinente, exceptis duobus solidis quos michi et heredibus meis predicti monachi annuatim persolvent pro sex acris que quondam fuerunt Hugonis carpentarii. Hec autem omnia prefata predictis monachis confirmavi pro salute anime mee et heredum meorum et parentum et amicorum meorum, et ego et heredes mei contra omnes homines warantizabimus. His testibus. Roberto Vavasore, Ricardo Vavasor, Henrico de Perci, et aliis.

Malger Vavasor confirmed the gifts of William son of Robert to Sallay, namely, ten acres of land in Malasis with tofts; rent two shillings.

121. Carta Willelmi filii Roberti de tota terra de Belasis. [*Temp. Richard I*]
Omnibus literas has videntibus vel audientibus Willelmus filius Roberti salutem. Sciatis me consilio et voluntate amicorum meorum presenti carta mea confirmasse et quietam clamasse imperpetuum de me et heredibus meis Malgero Vavasor et heredibus suis totam terram meam de Belasis libere et quiete et plenarie excepta terra monachorum de Sallai quam ibidem tenent, scilicet, in bosco in plano et pratis, in pascuis in viis in semitis et in omnibus aisiamentis predicte terre pertinentibus; et sciendum quod predictus Malgerus dedit michi et heredibus meis in escambium pro illa terra x. acras terre in Bolton per partes et quinque marcas argenti quas ego recepi quando ei terram tradidi. Et ego et heredes mei reddemus pretaxato Malgero et heredibus suis pro predicto escambio annuatim unam libram piperis ad Pentecosten et aliam ad festum sancti Martini; et sciendum quod predictus Malgerus et heredes sui capient firmam duorum solidorum a monachis de Sallay pro predicta terra in Belasis. His testibus. Roberto Vavasor, Hugone de Leley, Willelmo de Marton, Ranulfo de Eston, et multis aliis,

f. 33.

William son of Robert granted to Malger Vavasor all his land in Belasis
except what the Sallay monks held there. In exchange Malger gave William
ten acres of land in Bolton and five marks.

122. Carta Willelmi filii Roberti de ij. acris juxta Pakeden.
[1189]
Omnibus sancte matris [ecclesie] filiis tam presentibus quam futuris
Willelmus filius Roberti salutem. Notum sit omnibus vobis me concessisse et dedisse voluntate et concessione domini mei Willelmi Vavasor et
hac presenti carta mea confirmasse Deo et sancte Marie et abbacie de
Sallay duas acras terre mee in puram et perpetuam elemosinam, in
territorio de Boulton inter locum qui dicitur Mixine et alium qui
dicitur Pakedene, liberas et quietas ab terreno servicio et exaccione.
Testibus hiis, scilicet, conventu ipsius domus, Samuele sacerdote,
Willelmo clerico de Adele, Johanne clerico de Blakeburne, et aliis.

William son of Robert with the consent of his lord, William Vavasor,
granted to Sallay abbey two acres in Bolton, between Mixine and Pakeden.
Pudsay Deeds, p. 92, misreads the witnesses. This gift was confirmed by
Richard I Oct. 23, 1189.

123. Carta Willelmi de Belasis de vj. acris inter rivulum et
Pakeden.   [*Late Henry II*]
Sciant presentes et futuri quod ego Willelmus filius Roberti de Belasis
dedi, concessi et hac presenti carta mea confirmavi Hugoni carpentario
et heredibus suis vj. acras terre in Belasis inter rivum de Pakeden et
inter rivum de Spehtesden ubi ego voluero et totum illum toftum in
quo nunc sedet cum omnibus communibus aisiamentis predicte ville
de Belasis; tenendas de me et heredibus meis pro homagio et servicio
suo et pro averia sua, scilicet, xiiij. solidis quos dedit michi pro recognicione, reddendo annuatim michi et heredibus meis ipse et heredes
sui pro omni re que ad me pertinet iij. solidos, xviij. denarios ad
Pentecosten et xviij. ad festum sancti Martini. His testibus. Willelmo
filio Walthevi, Rogero serviente regis, Johanne de Haltona, et aliis.

William son of Robert of Belasis granted to Hugh the carpenter six
acres of land in Belasis in return for his homage and service, 13s. and a
rent of 3s.

124. Carta Willelmi Vavasor de Belasis et [de] x. acris versus
Boulton.   [*Late Henry II*]
Sciant tam presentes quam futuri quod ego Willelmus Vavasor dedi et
concessi et presenti mea confirmavi Willelmo filio Roberti et heredibus
suis totam villam de Belasis cum omnibus pertinenciis et libertatibus
suis per istas divisas, scilicet, a capite fossati sicut Dedelic[1] descendit in
Pakedenebroc et sicut Pakedenbroc descendit in Ribbel desubtus;

---

[1] ? Redesic. *Cf*. No. 127.

item a capite ejusdem fossati sicut mariscus vadit usque ad Morhweit sicut quedam semita descendit usque in Holedene et sicut Holeden descendit in Ribel. Preterea dedi ei in acrementum x. acras propinquiores terre sue versus Boulton, scilicet, totum novum sartum et circa novum sartum usque dum perficiantur x. acre[1]; tenendum de me et heredibus meis sibi et heredibus suis in feodo et hereditate libere et quiete, honorifice et integre et plenarie cum omnibus libertatibus et aisiamentis suis in bosco in plano in aquis in viis in semitis et in *f.* 33*v.* omnibus aliis rebus que pertinent ad predictam villam, intra predictas divisas et communem pasturam de villa de Boultona extra defensas meas et haias meas. Reddendo annuatim michi vel heredibus meis 3es solidos pro omni servicio quod michi vel heredibus meis inde pertinet et pro omni re ad terram pertinente, scilicet, xviij. denarios ad festum apostolorum Petri et Pauli et xviij. denarios ad festum sancti Martini. Hiis testibus. Ricardo Vavasor, Malgero Vavasor, Alano Yadon, Thoma de Hoterburn, Hugone Vavasor, et aliis multis.

William Vavasor granted to William son of Robert all the land of Belasis and ten acres on the Bolton side of his lands.

125. Carta Willelmi Vavasor de debito regis et judeorum pro *f.* 34. Malgero patre suo. [1219] Omnibus has literas visuris vel audituris Willelmus Vavasor salutem. Noverit universitas vestra me recepisse super me et me respondere pro omnibus debitis quibus obligate fuerint terre patris mei Malgeri Vavasoris pro se vel pro me anno Incarnacionis Domini millesimo cc°. nonodecimo tam versus dominum regem quam versus christianos et judeos universos maxime autem pro debitis que contingebant molendina de Hunesflet et terram de Halton et alias terras quas monachi de Sallai habent de dono patris mei; et ut hoc libencius facerem dederunt michi predicti monachi in succursum prenominate obligacionis viginti marcas argenti et unum palefridum et unam carucatam bovum et ut ego hoc fideliter et sine omni fraude facerem fidem meam interposui. His testibus. Simone de Halle tunc vicecomite Ebor., Roberto de Perci, Roberto Vavasore avunculo meo, Henrico de Percy, et aliis.

William Vavasor assumed responsibility for the debts on the lands of his father Malger in 1219, especially such as affected Hunslet mills, the land of Halton and other lands the Sallay monks held of his father's gift. Towards meeting these obligations the monks gave William twenty marks, a palfrey and a team of oxen.

126. Carta Ricardi de j. tofto in Boultona. [*Temp. John*] Omnibus sancte ecclesie filiis presentibus et futuris Ricardus filius Rogeri filii Everardi salutem. Notum sit omnibus vobis quod ego Ricardus filius Rogeri dedi et concessi et hac presenti carta mea con-

---

[1] 'until the 10 acres are completed.' *Pudsay Deeds*, p. 93, mis-translates 'become profitable.'

firmavi Deo et beate Marie de Sallai et monachis ibidem Deo servientibus unum toftum in villa de Bolton quod fuit quondam Willelmi filii
Turstani quod jacet a monasterio versus austrum cum quatuor acris
terre proximis predicto tofto que jacent juxta Hedricgile versus orientem;
tenenda et habenda in puram et perpetuam elemosinam, solutam
liberam et quietam ab omni seculari servicio et exaccione et ab omni re
ad terram pertinente cum omnibus libertatibus que ad predictam villam
de Bolton pertinent in bosco et plano, in viis et semitis, in pasturis
et pratis et in omnibus aliis aisiamentis. Et sciendum quod ego et
heredes mei omnia prenominata prefatis monachis contra omnes
homines et omnes calumpnias warantizabimus et defendemus et ad
omnia ista tenenda et servanda fidem meam affidavi. His testibus.
Henrico de Percy, Waltero de Percy, Johanne de Haltona, et aliis.

Richard son of Roger son of Everard granted to Sallay abbey a toft
and 4 acres in Bolton.

127. Carta Willelmi filii Roberti de xiij. acris in Malasis.
[*Temp. Richard I*]

Omnibus sancte matris ecclesie filiis presentibus et futuris Willelmus
filius Roberti de Boultona salutem. Sciatis me dedisse et concessisse
et hac presenti carta mea confirmasse Deo et beate Marie de Sallai et
monachis ibidem Deo servientibus, cum meipso xiij^{olm} acras terre infra
divisas de Boulton, scilicet, sex acras terre in Malasis que fuerunt
Hugoni carpentario cum toto illo tofto in quo sedebat prefatus Hugo
ex utraque parte vie et quodam dominico tofto inter domum predicti
Hugonis et viam sicut per cruces distinguitur, scilicet, quinque acras et
dimidiam subtus viam versus aquam et dimidiam acram supra viam inter
fossatum et Redesic et ibidem duas acras et duas acras cum pratello

f. 34v. subtus viam usque ad dominium[1]; et tres acras in Boulton juxta Foxegile que incipiunt ad lapides versus ecclesiam et se extendunt versus
aquilonem et juxta eundem Foxegile, in puram et perpetuam elemosinam
cum omnibus pertinenciis et aisiamentis et libertatibus cum communi
predicte ville in bosco et plano, in pratis et pascuis, in viis et semitis ad
tantum tenementum pertinentibus, liberas et quietas ab omni servicio
et exaccione ad terram pertinente exceptis duobus solidis annuatim
reddendis Malgero Vavasori et heredibus ejus pro terra illa que fuit
quondam Hugonis carpentarii. Hec omnia predicta dedi prefatis
monachis pro salute anime et heredum et amicorum meorum, et ego
et heredes mei contra omnes homines adquietabimus [et] warantizabimus. His testibus. Roberto Vavasore, M. Vavasore fratre ejus,
Ricardo Vavasor, Henrico de Percy, et multis aliis.

William son of Robert of Bolton granted to the monks of Sallay himself
and 13 acres in Bolton, Malasis and Foxgill.

1 *Pudsay Deeds*, p. 93, misreads as 'dumos.'

128. Carta Elie de Boultona de x. acris et uno tofto super Wikig' et tribus acris super Ravenesberh et pastura ad xx. vaccas.

[*post* 1209]

Omnibus sancte ecclesie filiis presentibus et futuris Elias filius Huctredi de Boulton salutem. Sciatis me dedisse, concessisse et presenti carta confirmasse Deo et monachis beate Marie de Sallai x. acras terre in Wikingil versus orientem et unum toftum super Wikingilebanc et tres acras super Ravenhilbanc cum bosco qui in ipso est et pasturam in communa ville de Bolton sufficientem ad xx^ti vaccas et ad sectam earum duorum annorum, cum omnibus aisiamentis et libertatibus ad predictas terras pertinentibus; et preterea concessi eis et confirmavi Lenedicrof et Riecroft eisdem divisis et libertatibus quibus Ricardus Vavasor eas unquam melius et plenius tenuit. Hec omnia predicta dedi prefatis monachis tenenda et habenda, soluta libera et quieta ab omni seculari exaccione et servicio et omni re ad terram pertinente cum omnibus pertinenciis, libertatibus, aisiamentis in omnibus locis infra villam et extra, tenenda de me et heredibus meis pro tribus solidis et dimidio, reddendo michi et heredibus meis annuatim medietatem ad Pentecosten et medietatem ad festum sancti Martini. Et sciendum quod ego et heredes mei omnia prefata predictis monachis warantizabimus et defendemus contra omnes homines et ad omnia prenominata fideliter tenenda fidem meam affidavi in manu R[adulfi][1] abbatis de Kirstal. His testibus. W. de Stivetona, Olivero de Brinc', W. Maupalais, Hugone de Calton, Alano de Cathertona, et multis aliis.

Elias son of Huctred of Bolton granted to the abbey 13 acres, a toft, and pasture for 20 cows. *Cf.* No. 190. For the Boltons see *Pudsay Deeds*, pp. 1-16. Elias was a king's sergeant and died on his way to the sixth Crusade, *ante* Dec., 1227.

129. Carta Willelmi (*sic*) de Boulton de jure suo inter Ungerhil et Witheker. [*Temp. John*]

Omnibus visuris vel audituris hoc scriptum Helias filius Hucdredi de Boulton salutem. Noveritis me pro salute anime et omnium antecessorum et heredum meorum dedisse concessisse et quietum clamasse quicquid juris habui inter Hungerhil et fossatum monachorum apud Witheker, salva via que vadit ad Swinolforde; tenendum et habendum *f.* 35. in liberam et puram et perpetuam elemosinam, solutum et quietum ab omni seculari servicio et exaccione. Et ego et heredes mei hanc quietam clamacionem prefatis monachis warantizabimus versus omnes. Hiis testibus. H. persona[2] de Giseburn', Willelmo capellano de Kildewic, Gilberto de Norton[3], et multis aliis.

Elias son of Huctred of Bolton quitclaimed his rights between Hungrill and the monks' ditch at Witheker, except the road that led to Swinolford.

[1] Ralph of Newcastle, abbot of Kirkstall, 1209-30.
[2] *Pudsay Deeds* p. 1, misreads as 'Percy.'
[3] i.e., Gilbert of Notton, steward. *Pudsay Deeds* misreads as 'Horton.'

130. Carta Helie de Boultona de vij. acris in Bugriding.

[*Early John*]

Omnibus has literas visuris vel audituris Helias filius Hucdredi de Boultona salutem. Noverit universitas vestra me dedisse et hac presenti carta mea confirmasse Deo et ecclesie sancte Marie de Sallai vij. acras terre in Bugriding cum communa ville de Boulton et omnibus libertatibus et aisiamentis ad tantum tenementum pertinentibus de proprio et libero tenemento meo preter omnes illas terras quas ante habuerunt de me et aliis patronis illius tenementi quod emi de Hugone de Lelei; tenendas et habendas imperpetuum de me et heredibus meis, liberas et solutas ab omni terreno servicio; xij^{olm} denarios tantummodo michi et heredibus meis annuatim reddendo, medietatem ad Pentecosten et medietatem ad festum sancti Martini et quicquid minus ibi repertum fuerit quam vij. acre illud perficiam ubi eis propinquius et utilius de meo libero tenemento inveniri poterit. Hec autem omnia firmiter et fideliter servanda manu mea affidavi coram abbate de Sallay et multis aliis in manu domini Alani ejusdem loci prioris. Et ego et heredes mei manutenebimus, warentizabimus sub eadem fidelitate et defendemus predictas vij. acras terre contra omnes homines. His testibus. Henrico de Perci, Waltero fratre ejus, Willelmo de Martin[1], Rogero Tempest, et aliis multis.

Elias son of Huctred of Bolton granted to Sallay 7 acres in Bugriding, with common of the vill of Bolton, paying 12d. yearly. This he swore to observe in the presence of the abbot, with his hand in that of Alan the prior.

131. Carta Elie de Boulton de j. tofto in Stoupum et j. acra juxta sartum suum et pastura iiij. vaccarum.

[*Temp. John*]

Universis sancte matris ecclesie filiis presentibus et futuris Helias de Boultona serviens regis salutem. Sciatis me consilio et voluntate Roberti de Leeleia domini mei et uxoris mee et amicorum meorum dedisse concessisse et hac presenti carta mea confirmasse Deo et beate Marie de Sallai et monachis ibidem Deo servientibus, pro salute anime mee et omnium antecessorum meorum, uxoris mee et heredum meorum unum toftum in villa de Boultona scilicet in Stoupum, quod contineat in se dimidiam acram terre, hoc est inter Wetelandes et domum meam; et unam acram terre in campo de Boulton, scilicet, in inferiori parte sarti mei, hoc est inter Ribbel et sartum Willelmi Francais et communem pasturam ad iiij^{or} vaccas cum secto suo duorum annorum et ad alia averia quantum racionabiliter ad tantum tenementum in predicta villa de Boltona pertinet et omnia communia aisiamenta prenominate ville adjacentia, in liberam puram et perpetuam elemosinam sicut ulla elemosina liberius dari, concedi et confirmari potest; et sciendum quod ego et heredes mei prefatis monachis prenominatam donacionem contra omnes homines warantizabimus. His testibus. Henrico persona[2] de Giseburne, Umfrido capellano suo, Herveio sacerdote, Alano sacerdote, et multis aliis.

f. 35v.

---

[1] Marton.　[2] *Pudsay Deeds*, p. 88, misreads as 'Percy.'

Elias of Bolton, king's sergeant, granted to Sallay abbey a half-acre toft in Stoupum (Stouplane), between Wetelandes and his house; an acre in Bolton field near the Ribble; and pasturage for 4 cows and their two-yearling calves.

132. Confirmacio Elie de via de Perci et Haia [de] Boulton.
[1212]
Omnibus has literas visuris vel audituris Elias de Boulton salutem. Noverit universitas vestra me concessisse et quietum clamasse de me et heredibus meis abbati de Sallai et conventui ejusdem loci totum jus meum et clamium quod habui inter viam de Perci et Haiam de Boltona quantum pertinet ad quartam partem ville quam tenent de feodo Malgeri Vavasoris. Preterea remisi omnes querelas de nova dissaisina quas habui in predicta villa de Boulton versus predictum abbatem et conventum ad assisas apud Ebor. anno Incarnacionis Domini m⁰.cc⁰. xij. Hiis testibus. Henrico de Rimigton, H. de Redeman, Malgero Vavasore, Hugone de Halton, H. de Calton, et aliis pluribus.

Elias of Bolton renounced his claims in the land between Percyway and the Haia of Bolton, and abandoned the pleas of novel disseisin against the abbey at York Assizes, 1212. Percyway was probably the road between the abbey and Holden. *Pudsay Deeds*, p. 2(d), misreads the date as 1214.

133. Confirmacio Elie de Boulton de via de Perci secunda.
[1212]
Omnibus has literas visuris vel audituris Helias filius Hucdredi de Bolton salutem. Noverit universitas vestra me concessisse et quietum clamasse de me et heredibus meis abbati de Sallai et conventui ejusdem loci totum jus meum et clamium quod habui inter viam de Perci et Haiam de Bolton quantum pertinet ad quartam partem ville quam tenent de feodo Malgeri Vavasoris. Preterea remisi omnes querelas de nova dissai[si]na quas habui in predicta villa de Boulton versus predictum abbatem et conventum ad assisas apud Ebor. anno Incarnacionis Domini m⁰.cc⁰.xij. Pro hac concessione et quieta clamacione dederunt michi monachi vij. marcas argenti. Hiis testibus. H. de Redeman, Malgero Vavasore, H. de Haltona, et aliis.

A similar confirmation by Elias of Bolton to the monks, in return for seven silver marks.

134. Carta J. de Boulton filii Hoc' de dimidia acra terre in Boultona et j. selleione. [*Late Henry III*]
Omnibus sancte matris ecclesie filiis presentibus et futuris Johannes filius Helie de Boultona salutem. Noverit universitas vestra me pro salute anime mee et omnium antecessorum meorum et heredum meorum dedisse, concessisse et hac presenti carta mea confirmasse Deo et monachis de Sallai unam dimidiam acram terre in territorio de Boulton que jacet in loco qui vocatur Turnercroft et unam sallionem terre in

Holdenwra cum omnibus pertinenciis, libertatibus et aisiamentis dicte terre pertinentibus infra villam et extra; tenendas et habendas dictis monachis et eorum successoribus de me et heredibus meis in puram et perpetuam elemosinam, solutam liberam et quietam ab omni servicio et exaccione et omni re ad terram pertinente. Ego vero Johannes et heredes mei omnia prenominata cum pertinenciis predictis monachis

f. 36. contra omnes imperpetuum warantizabimus, adquietabimus et defendemus. In hujus rei [testimonium] presenti scripto sigillum meum apposui. Hiis testibus. Domino W. persona de Boulton, Stephano de Hamerton, J. de Boulton, et aliis.

John son of Elias (Heck) of Bolton granted to Sallay half an acre in Turnercroft, Bolton, and a selion in Holdenwra. For the grantor *cf. Pudsay Deeds,* p. 135.

Of an earlier period is a grant by Stephen son of Stephen of Hamerton, of two *nativi.*

[*Temp. John*]
Omnibus sancte ecclesie filiis presentibus et futuris Stephanus filius Stephani de Hamerton salutem. Noveritis me pro salute anime mee et omnium antecessorum et heredum meorum dedisse et quietum clamasse Deo et monachis ecclesie sancte Marie de Sallai Adam Ruthand et Symonem fratrem ejus cum tota sequela eorum et cum omnibus catallis suis, ita quod nec ego vel heredes mei aliquod jus vel clamium in predictis hominibus vel catallis suis nobis poterimus vendicare. In cujus rei testimonium dictis monachis cartam meam sigillo meo munitam tradidi. Hiis testibus. Rogero de Birkin, Roberto de Munketona, Johanne de Touetona, Ricardo clerico de Boulton, Ada de Rymingtona, et aliis. (Dodsworth 92, f. 2).

135. Composicio H. de Boulton de Tirdehwait (*sic*) et aliis.
[*c. John*]
Hec est convencio facta inter abbatem et conventum de Sallai ex una parte et Heliam de Boultona et Ricardum filium ex altera, scilicet, quod dicti abbas et conventus dederunt et concesserunt et presenti carta confirmaverunt prefatis H. et R. filio ejus et heredibus eorum duas acras terre quod vocatur sartum Gaufridi et totam Thacthwait sicut antiquitus inclusum fuit haia; tenendas et habendas imperpetuum in escambium pro duabus acris terre super Tunge et una acra et dimidia roda in Bugeridingrave et una acra et dimidia in Withegrave et in Oxegan[ge]dales juxta Fulden et una acra prati inter Knuctesbutthes et Fulden, quas idem H. et R. filius ejus dederunt et concesserunt prefatis monachis tenendas et habendas imperpetuum, libere et quiete ab omni seculari servicio et exaccione; et ut hec convencio et hoc escambium ratum et firmum sit imperpetuum, abbas predictus pro se et conventu suo hanc convencionem firmiter tenere promisit et prenominati H. et R. filius ejus eandem convencionem firmiter et fideliter tenere pro se et pro heredibus suis affidaverunt et utraque pars sigilla sua huic scripto in

testimonium apposuerunt. His testibus. Helia Tempersnip, W. de Bramdon, Johanne de Lonesdale, et aliis.

Exchange of land between the abbey and Elias of Bolton and Richard his son. Other witnesses were Simon of Maisinggile, Thomas Doget, Adam of Acrelandes, Ralph of Mikelthwait, Richard Russell (*Pudsay Deeds*, pp. 104, 388).

136. Carta Ade de Blakeburn' de quinque acris Roberti Kohil in Boulton. [1225-40]
Omnibus sancte ecclesie filiis presentibus et futuris Adam filius Henrici de Blakeburn salutem. Noveritis me dedisse, concessisse et presenti carta mea confirmasse Deo et monachis ecclesie sancte Marie de Sallai quinque acras terre cum pertinenciis in territorio de Boulton super Wigingile, illas scilicet quas Robertus Koil quondam tenuit et que fuerunt Johannis de Blakeburn; tenendas et habendas libere et quiete et integre pro illis tribus solidis quos predicti monachi recipere debebant de terra de Gasegile [et de servicio Helie filii Willelmi et de servicio Roberti filii Radulfi de Gasegile], qui tres solidi quieti remanebunt imperpetuum michi Ade de Blakeburn' et heredibus meis ad tenendum de domo de Sallai. Et ego Adam et heredes mei dictas quinque acras cum pertinenciis dictis monachis warantizabimus contra omnes homines in puram et perpetuam elemosinam, solutam liberam et quietam ab omni servicio et exaccione. Hiis testibus. Henrico de Blakeburn', Ricardo de Boultona, Johanne de Halton, et multis aliis.

Adam son of Henry of Blackburn granted to Sallay abbey five acres of land on Wicongill, Bolton. Dodsworth 155, f. 176v, adds as witnesses Hugh son of John of Halton, Adam of Remington, Philip of Remington, Adam of Keligton, Richard of Malesis. The text is completed from Dodsworth.

137. Carta Willelmi de Bramton de terra sua in Haldherghes et confirmacio de donis patris sui. [*Late Henry III*]
Omnibus sancte matris ecclesie filiis presentibus et futuris Willelmus filius Simonis de Bramton salutem. Noveritis me pro salute anime mee et omnium antecessorum et heredum meorum dedisse, concessisse et presenti carta mea confirmasse Deo et beate Marie et monachis de Sallai totam terram meam quam habui in territorio de Boulton, scilicet in campo de Aldherghes cum edificiis et omnibus aliis que habere potui *f.* 36*v.* cum omnibus pertinenciis, libertatibus et aisiamentis ad terram pertinentibus infra villam et extra; tenendam et habendam dictis monachis et successoribus suis de me et heredibus meis in puram et perpetuam elemosinam, solutam liberam et quietam ab omni servicio et exaccione et omni re ad terram pertinente. Concessi eciam et confirmavi eisdem monachis omnes terras cum omnibus pertinenciis quas habent ex dono S. patris mei. Ego vero Willelmus et heredes mei omnia prenominata predictis monachis contra omnes homines imperpetuum warantizabimus

adquietabimus et defendemus. In hujus rei testimonium hanc cartam
sigilli apposicione roboravi. Hiis testibus. Domino Simone de Marton,
domino Eustachio de Rillestona, domino Ricardo Tempest, et multis
aliis.

William son of Simon of Bramton granted to Sallay all his land
in the field of Alderghes, Bolton, with the buildings thereon; and confirmed the gifts of Simon his father.

138. Carta Simonis de Branton de terra et prato juxta Hun-
kerhyl.   [*post* 1235]
Omnibus sancte matris ecclesie filiis presentibus et futuris Simon
filius Willelmi de Brantona salutem. Noveritis me dedisse, concessisse
et quietum clamasse de me et heredibus meis imperpetuum et hac
presenti carta mea confirmasse Deo et monachis ecclesie sancte Marie
de Sallai totam terram meam juxta grangiam suam de Hungerhill cum
prato et cum omnibus edificiis et omnibus aliis pertinenciis suis in puram
et perpetuam elemosinam sine aliquo retenemento, pro salute anime mee
et omnium antecessorum meorum; ita quod nec ego nec heredes mei
nec aliquis per nos clamium vel calumpniam versus predictos monachos
inde movebimus imperpetuum. Ego vero et heredes mei omnia prenominata predictis monachis warantizabimus contra omnes imperpetuum. In hujus rei testimonium [huic] scripto apposui sigillum meum.
Hiis testibus. Heustachio de Rillestona, Roberto de Perci, Ada de
Neubi, R. de Boultona, et aliis.

Simon of Bramton granted to Sallay all his land near their grange of
Hungrill, with meadow and all buildings.

f. 37.   *Blank.*

f. 37v.   **139.** Carta J. filii Hec de duabus acris et dimidia in Boulton
quas habuit de dono patris sui.   [*Early Edward I*]
Omnibus hoc scriptum visuris vel audituris Johannes filius Heck
Tempersnip salutem. Noveritis me dedisse, concessisse et hac presenti
carta mea confirmasse abbati et conventui de Sallai duas acras terre
et dimidiam acram in campo de Boulton quas habui de dono patris mei,
videlicet tres perticatas jacentes in Bouh et unam perticatam in Bat-
wauriding et unam dimidiam rodam sub Wiberishou et totam terram
quam habui ad Milnesic et dimidiam perticatam ad Bernesforde et
dimidiam perticatam in Awardecroft et dimidiam perticatam sub
pomario persone de Boultona et tres perticatas in Godefraridig et unam
perticatam juxta Holden in Crokedepihil et quicquid in predictis locis
magis habui vel habere potui sine ullo retenemento; tenendas et habendas
predictis abbati et conventui inperpetuum in puram et perpetuam
elemosinam, solutam liberam et quietam ab omni exaccione et omni
re ad terram pertinente. Ego vero predictus Johannes et heredes mei
predictam terram cum omnibus libertatibus et aisiamentis predicte

terre pertinentibus predictis abbati et conventui contra omnes homines warantizabimus, adquietabimus et defendemus. In hujus rei testimonium presenti scripto sigillum meum apposui. His testibus. Johanne filio Ricardi de Boltona, Johanne filio Hugonis de Halton, et aliis.

John son of Hec granted to Sallay abbey 2¼ acres in Bolton field. John son of Richard of Bolton occurs 18 June, 1280, with Thomas abbot of Sallay, Sir Roger Tempest, Sir John Gyllott, Walter of Rimington, Hugh of Rimington clerk, Alan of Horton, Edmund Maunsel of Horton, Adam chaplain (*Pudsay Deeds*, p. 150).

140. Carta Johannis Hec de terra sua ex utraque parte Birebec in Stouplum. [*ante* 1280]
Omnibus hoc scriptum visuris vel audituris Johannes filius Elie Tempersnaype de Boultona salutem. Noverit universitas vestra me pro salute anime mee et omnium antecessorum meorum et heredum meorum concessisse et presenti carta mea confirmasse Deo et ecclesie beate Marie de Sallay et monachis ibidem Deo servientibus, in puram et perpetuam elemosinam, solutam liberam et quietam ab omni servicio et omni re ad terram pertinente, totam terram meam et pratum ex utraque parte de Birebec in villa de Bolton, videlicet in Stouplum; tenendam et habendam de me et heredibus meis predictis abbati et conventui et eorum successoribus in puram et perpetuam elemosinam, solutam liberam et quietam cum omnibus suis pertinenciis et aisiamentis ad tantam terram pertinentibus infra villam de Bolton et extra. Et ego Johannes et heredes mei predictam terram cum prato, sicut prescriptum est et specificatum, dictis abbati et conventui et eorum successoribus cum omnibus suis pertinenciis sicut puram et perpetuam elemosinam contra omnes homines et feminas warantizabimus, acquietabimus et inperpetuum defendemus. In cujus rei testimonium presenti scripto sigillum meum apposui. Hiis testibus. Domino Rogero Tempest, Johanne de Boltona, W. de Roucest', W. de Rimingtona, et aliis.

John son of Elias Tempersnaype of Bolton granted to Sallay abbey all his land and meadow in Stouplum on each side of Birebec in Bolton.

141. Carta Johannis filii Hec de j. fal et j. roda et dimidia et confirmacio de donis suis et antecessorum suorum. [*ante* 1280]
Sciant presentes et futuri quod ego Johannes filius Heck Tempersnayp de Boultona dedi, concessi et hac presenti carta mea confirmavi *f. 38.* abbati et conventui de Sallai unam fal terre in orto Willelmi filii Sthurstani et unam rodam et dimidiam terre in Grimscalriding et unam rodam terre in Burchum cum omnibus pertinenciis et libertatibus; tenendas et habendas dictis abbati et conventui de me et heredibus meis libere quiete pacifice et integre in puram et perpetuam elemosinam liberam et solutam cum omnibus libertatibus et aisiamentis ad tantam terram

pertinentibus infra villam de Boultona et extra. Concedo eciam dictis monachis et presenti scripto meo confirmo omnes donaciones et omnes cartas et scripta que dicti monachi de me et meis habent antecessoribus. Hec omnia ego Johannes et heredes mei prefatis monachis contra omnes homines et feminas warantizabimus, acquietabimus et defendemus imperpetuum. In cujus rei testimonium presenti scripto sigillum meum apposui. His testibus. Domino Willelmo de Haldfelde[1], Johanne de Bolton, Ricardo fratre ejus, et multis aliis.

John son of Heck Tempersnayp of Bolton granted to Sallay one fall of land in the garden of William son of Thurstan, a rood and a half in Grimscalriding, and one rood in Burchum; and confirmed his own gifts and those of his ancestors.

142. Carta quam abbas et conventus concesserunt Johanni filio Hec de j. acra terre et dimidia et iiij[or] fal' in campo de Boulton.

[Early Edward I]

Omnibus hoc scriptum visuris vel audituris abbas et conventus de Sallai salutem. Noveritis nos dedisse, concessisse et hac presenti nostra confirmasse Johanni filio Heck Tempersnayp de Boulton pro homagio et servicio suo unam acram terre et dimidiam et quatuor fal. in campo de Boulton, illam scilicet quam Willelmus filius Thurstan de nobis tenuit ad firmam; tenendas et habendas sibi et heredibus suis de nobis et successoribus nostris per illas divisas sicut predictus Willelmus illam terram tenuit, libere et quiete; redendo inde annuatim ille et heredes sui nobis et successoribus nostris unum denarium in die Pentecostes pro omni servicio et omni re ad nos pertinente. Et sciendum quod predictus Johannes promisit pro se et pro heredibus suis quod si ita contingat quod predictam terram vendere aut dimittere alicui voluerit, nobis vel successoribus nostris pre omnibus aliis predictam terram dimittet minus de quarto denario quam aliquis alius pro predicta terra dare voluerit, si predictam habere voluerimus. Nos vero et successores nostri predictam terram cum omnibus libertatibus et aisiamentis predicte terre pertinentibus predictis Johanni et heredibus suis contra omnes homines warantizabimus. In hujus rei testimonium presenti scripto sigillum nostrum apposuimus. His testibus. Johanne filio Ricardi de Boltona, J. filio H. de Halton, Roberto fratre ejus, et multis aliis.

Sallay abbey granted to John son of Heck Tempersnayp of Bolton 1½ acres and 4 falls in Bolton field. Should he wish to sell or release the land, the abbey was to have first right of purchase at three-fourths the price others were prepared to give.

143. Quieta clamacio J. filii Hec de omnibus querelis factis vel

[1] For William of Haldfeld or Aldefeld, parson of Bolton, see *Pudsay Deeds*, p. 71.

faciendis demissis et omnes querelas et placita infra divisas de Boulton defensur'.   [*c*. 1294]
Omnibus hoc scriptum visuris vel audituris Johannes filius Tempersnayp de Boulton in Bouland eternam in Domino salutem. Noverit universitas vestra me relaxasse et quietam clamasse domum de Sallai de omnibus querelis quas ab hujus mundi inicio habui vel habere potui, usque ad finem vite mee versus dictam domum pro purpresturis vel clausuris factis vel faciendis in villa et teritorio de Boltona. Concedo eciam pro me et pro heredibus meis quod nec ego nec aliquis heres meus contra predictam domum de Sallai aliquod placitum vel querelam que dicte domui ad damnum cedere vel gravamen modo poterit aliquo movebimus inperpetuum, nisi sit pro aliqua violenta et quod *f.* 38*v.* absit manifesta liberi tenementi mei dissai[si]na quam dicti monachi fecerunt vel fieri preceperint. Promitto eciam bona fide et presenti scripto me obligo quod quandocumque et quocienscumque predicti monachi voluerint et necesse habuerint versus qualescumque participes vel inferiores vel superiores suos super re aliqua infra divisas de Boulton facta placitum vel querelam moveri in cujuscumque curia sine brevi vel cum brevi voluerint, ego Johannes nomine meo dicta placita et querelas ad custus dictorum monachorum sustinere, defendere et prosequi sine omni contradiccione paratus ero semper. Ad cujus rei majorem securitatem presenti scripto sigillum meum apposui. Valete semper in Domino.

John son of Hec Tempersnayp released to Sallay all his claims for encroachments and enclosures in Bolton. He would never commence any plea against the abbey except for dispossession of his free tenement, but would defend them in any court for anything done within the bounds of Bolton.

144. Convencio facta inter abbatem de Sallay et Johannem filium Hec de Boulton de uno tofto ad firmam dimisso. [11 Nov., 1294]
Anno gracie m⁰.cc⁰. nonagesimo quarto ad festum sancti Martini in yeme facta fuit hec convencio inter Johannem filium Hec de Boulton ex una parte et abbatem et conventum de Sallay ex altera, videlicet quod predictus Johannes dimisit ad firmam dictis abbati et conventui et eorum successoribus unum toftum cum edificiis et medietatem tocius terre de Hallith in villa et in teritorio de Boulton in parte occidentali cum omnibus pertinenciis, libertatibus et aisiamentis dicte terre et ville de Bolton spectantibus usque ad terminum quadraginta annorum prox. subsequencium in plenar' completorum. Et si heredes dicti Johannis post finem dicti termini, videlicet quadraginta annorum dicte terre jure hereditario appropinquare voluerint vel aliquam calumpniam facere tenebunt dictam terram de predictis abbate et conventu et eorum successoribus pro homagio et servicio suo et firma trium solidorum per annum. Preterea solvent predictis abbati et conventui quadraginta solidos argenti, quos quidem quadraginta solidos dicti abbas et conventus dederunt pre manibus predicto Johanni in sua magna necessitate

in inicio sue convencionis et nisi fecerint licebit dictis abbati et conventui totam predictam terram in manu sua tenere quousque heredes dicti Johannis satisfecerint de quadraginta solidis predictis cum arreragiis dicte firme quantum a retro fuerit de anno in annum post obitum dicti Johannis sine aliqua calumpnia vel contradiccione dictorum heredum. Dictus vero Johannes et heredes vel assignati sui totam predictam terram cum omnibus pertinenciis et libertatibus suis usque ad predictum terminum predictis abbati et conventui et eorum successoribus cum omnibus convencionibus in hoc scripto prenominatis contra omnes warantizabunt, acquietabunt et defendent. In cujus rei testimonium huic scripto cirographato utraque pars sigilla sua alternatim apposuit. Hiis testibus. Henrico de Boultona, Alano de eadem, Ricardo filio Ricardi de Midop, et aliis.

John son of Hec of Bolton leased to Sallay for 40 years a toft and buildings and half of Hallith in West Bolton, for 40s. given him in his great necessity.

145. Quieta clamacio Rogeri filii Johannis filii Heck de terris et tenementis patris sui. [*Late Edward I*]
Omnibus hoc scriptum visuris vel audituris Rogerus filius Johannis filii Heck Tempersnayp de Boulton eternam in Domino salutem.
f. 39. Noveritis me concessisse, relaxasse et presenti scripto quietum clamasse inperpetuum Deo et ecclesie beate Marie de Sallay et monachis ibidem Deo servientibus et eorum successoribus omne jus et clameum quod habui in terris et tenementis quas habent ex dono et vendicione Johannis patris mei et omnium antecessorum nostrorum in villa de Boultona, excepta illa terra cum prato que vocatur Heck croft quam Adam tanator de Johanne patre meo tenuit; ita quod nec ego dictus Rogerus nec aliquis alius aliquod jus, clamium vel calumpniam versus predictos et ecclesiam suam predictam de Sallay de cetero habere, vendicare vel exigere poterimus imperpetuum. In cujus rei testimonium presenti scripto sigillum meum [apposui]. Hiis testibus. Raynero de Knol, J. de Bolton, Johanne de Midope, H. de Haltona, et aliis.

Roger son of John son of Heck Tempersnayp released to Sallay his claims in the gifts of his father and ancestors, except the land and meadow called Heck croft.

146. Composicio inter abbatem de Sallay et personam de Boultona de terris in escambium. [*c.* 1265-70]
Hoc scriptum testatur quod frater H. dictus abbas et conventus de Sallay et dominus Willelmus rector ecclesie de Boulton in Bouland de duabus terris tale inter se fecerunt escambium, scilicet, quod predicti abbas et conventus predicto domino W. unam acram in Braderode et rodam terre exceptis quinque virgatis donaverunt in escambium pro una acra terre et una roda exceptis quinque virgatis apud Fuldene, quas predictus W. habuit racione personatus ecclesie predicte de

Boulton, salva dictis monachis et hominibus suis communa sua in campis de Boultona sicut habere solebant, tenenda et habenda in puram et perpetuam elemosinam; et predictus dominus W. rector ecclesie de Boulton prefatum escambium predictarum terrarum dictis monachis et successoribus vel assignatis suis warantizabit et defendet et dicti monachi vel eorum successores terram ei traditam in escambium sibi in suo perpetuo warantizabunt et defendent. In cujus rei testimonium utraque pars presenti scripto in modum cirographi confecto sigillum suum alternatim apposuit. His testibus. Johanne de Boulton, Ricardo fratre ejus, Henrico et Roberto fratribus Walteri de Rimingtona, et aliis multis.

H[ugh] abbot of Sallay (occurs 1265, 1269) gave William of Blackburn, rector of Bolton, an acre and a rood (less 5 virgates) in Braderode, in exchange for an equal amount of glebe land in Fooden, the abbey to retain its right of common in Bolton fields. Other witnesses were Hugh clerk of Rimington, Alan of Horton, Elias of Painley, Elias of Otterburn, Richard of Halton, Robert his brother, William of Malasis, Adam his brother (*Pudsay Deeds*, p. 122; *cf.* also p. 71). It seems to have been this land that was challenged by William of Aldefeld, parson of Bolton, in 1300, *temp.* abbot Roger (*Monastic Notes*, i, 191).

Of about the same date is a deed in Dodsworth, by which Robert son of Elias of Rimington gave to the abbey Adam son of Orm of Bolton, Hygeryt his wife, Hugh and William their sons. These Robert had as the gift of John son of Richard of Bolton (d. 1280).

Sciant presentes et futuri quod ego Robertus filius Elye de Rymyngton dedi, concessi et hac presenti carta mea confirmavi et quietum clamavi de me et heredibus meis imperpetuum Deo et beate Marie de Salleya et monachis ibidem Deo servientibus, in puram et perpetuam elemosinam pro salute anime mee et antecessorum meorum Adam filium Ormi de Boulton et Hygeryt uxorem ejus et Hugonem filium suum et Willelmum filium suum cum tota sequela sua et omnibus catallis suis que habui ex dono Johannis filii Ricardi de Boulton; ita quod nec ego Robertus nec heredes mei nec aliquis alius per nos clamium nec calumpniam nec aliquod jus in predicto Ada nec Hygeryt uxore ejus nec Hugone nec Willelmo filiis suis nec in sequela sua nec in catallis suis aliquando habere ullatenus valeamus; et ut hec mea donacio et concessio stabilis et rata imperpetuum permaneat ego Robertus filius Elye de Rymington presens scriptum sigilli mei impressione roboravi. Hiis testibus. Domino Willelmo persona de Boulton, Johanne filio Ricardi de eadem villa, Henrico fratre ejus, Willelmo de Thabelay, Roberto fratre ejus, Roberto de Kundeclyve tunc ballivo de Westerhyng (*sic*), Waltero de Rymington, Hugone de Gyseburne, et aliis. (Dodsworth 92, f. 9v).

147. Composicio inter domum de Sallay et ecclesiam de Boulton de decimis. [1246-55]

94 SALLAY CHARTULARY

Hec est composicio facta inter ecclesiam beate Marie de Sallay et
ecclesiam sancti Petri de Boulton tempore domini Warini abbatis et
Germani persone medietatis ejusdem ecclesie, scilicet quod abbas et
monachi predicti quieti erunt quantum ad porcionem predicti Germani
de omnibus decimis terrarum suarum in parochia de Boultona, quas
propriis laboribus vel sumptibus coluerunt tempore concilii Latranensis
secundi[1] a domino papa Innocencio[2] celebrati, excepta terra de Malasis
quam Ricardus filius Willelmi constabularii tenet et pro nominatis
decimis solvent annuatim medietati ecclesie de Boulton, scilicet porcioni
prefati G., duos solidos argenti; et si contigerit quod dicti monachi
terram de Malasis recuperaverint, decimas de illa sibi retinebunt et
sex denarios porcioni sepedicti G. annuatim augebunt, medietatem ad

f. 39v. Pentecosten et medietatem ad festum sancti Martini solventes; ita
tamen quod si in parochia de novo terras adquisierint vel terras quas
homines eorum tempore concilii tenuerunt propriis laboribus excoluerint, de illis decimas persolvant supradicte ecclesie quantum pertinent ad medietatem prefati G.; et ut composicio firmiter et fideliter
teneatur, abbas et monachi predicti eam fideliter se servaturos in
veritate promiserunt et prefatus G. eam se fideliter servaturum innuit.
Ad majorem igitur securitatem predictus abbas et prenominatus G.
huic scripto sigilla sua apposuerunt. Hiis testibus. Priore et conventu
de Sallai, priore et conventu Trinitatis Ebor., magistro W. de Wilton,
et aliis.

Tithe agreement between Warin, abbot of Sallay, and German, parson
of half of St. Peter's church, Bolton: the abbey to pay 2s. annually to German and be quit of tithe for their lands in Bolton (Malasis excepted), cul-
tivated by their own labour or at their own charge *temp.* 4th Lateran Council,
1215.

f. 40. **148.** Carta W. de Tabbelay de quarta parte Haie. [1270]
Sciant presentes et futuri quod ego Willelmus de Tabbeslay dedi,
concessi et hac presenti carta mea confirmavi Deo et beate Marie et
domui de Sallai et monachis ibidem Deo servientibus, pro salute anime
mee et omnium antecessorum et liberorum meorum, totam partem meam
de Haia de Boulton, scilicet, illam quartam partem que pertinet ad
liberum tenementum meum in eadem villa quam habui de dono Thome
filii Matilde quondam uxoris domini Ricardi de Goldesboruh cum
omnibus pertinenciis, libertatibus et aisiamentis ad dictam Haiam
spectantibus; ita scilicet quod liceat dictis monachis dictam Haiam
imparcare, includere, assartare et separalem facere imperpetuum sine
contradictione vel impedimento mei vel alicujus meorum vel cujuscumque hominis vel femine; et si contigerit quod aliquis vel aliqua
impedimentum fecerit vel facere attemptaverit quo minus dicti monachi
suam voluntatem de dicta quarta parte Haie sicut supradictum est
facere potuerint, concedo et assigno dictis monachis illum reditum

[1] An error for 'quarti,' which misled the editor of *Pudsay Deeds*, p. 70.
[2] Innocent III.

de quatuor bovatis terre quem habeo in villa de Boulton, ita quod possint distringere pro dicto reditu quoscumque dictas bovatas invenerint tenentes quamdiu dictam quartam partem Haye includere et separalem facere per aliquem fuerint impediti; tenendam et habendam dictam quartam partem Haie dictis monachis et eorum successoribus de me et heredibus meis vel assignatis meis libere quiete pacifice et integre, in liberam puram et perpetuam elemosinam solutam et quietam ab omni servicio et exaccione et omni re que ad dictam terram poterit pertinere. Ego vero Willelmus et heredes mei vel quicumque fuerint assignati mei de predictis quatuor bovatis terre dictis monachis et eorum successoribus predictam quartam partem Haie contra omnes homines et feminas warantizabimus, acquietabimus et defendemus imperpetuum. In cujus rei testimonium ego Willelmus presens [scriptum] sigilli mei impressione roboravi. Hiis testibus. Domino H. de Percy, domino Johanne de Castelwelde[1], domino Ricardo filio ejus, domino J. de Alta Ripa, et multis aliis.

> William of Tabley gave to Sallay the fourth part of the Haia, which he had as the gift of Thomas son of Matilda widow of Sir Richard of Goldesburgh. *Cf.* Nos. 192-6, where the witnesses are the same. Dodsworth's witnesses are : domino Henrico de Setel, domino Johanne de Kancefeud, domino Ricardo filio ejus, domino Johanne de Alta Ripa, militibus, Thoma fratre ejus, domino Johanne de Cnol rectore ecclesie de Gisburn, domino Thoma de Cnol persona de Arnclive, Elia, Ricardo, Gregorio, Laurencio, fratribus [ejus], Johanne de Boulton, Ricardo, Henrico, Roberto, fratribus ejus, Waltero de Mohaut, Waltero de Rymington, et aliis. Seal, a stag. (Dodsworth 92, f. 9).

149. Quieta clamacio Thome de Tabbel' de reditu viij. solidorum (*sic*). [*ante* 1282]

Sciant presentes et futuri quod ego Thomas filius Willelmi de Tabbelei dedi et concessi et hoc presenti scripto quietum clamavi de me et heredibus meis vel assignatis abbati et conventui de Sallay illum annuum reditum, videlicet octo denarios, in puram et perpetuam elemosinam liberam solutam et quietam, illum scilicet reditum quem idem monachi michi redere solebant pro quadam particula terre quam de me tenebant in teritorio de Boultona in Boulande: ita quod nec ego Thomas nec aliquis heres vel assignatus meus nec aliquis per nos jus vel clamium in predicto reditu exigere vel vendicare poterimus inperpetuum, sed predictos monachos liberos et quietos ab omni re et reditu annua immunes reddo et presenti scripto confirmo. In cujus rei testimonium presenti scripto sigillum meum apposui. Hiis testibus. Domino Johanne de Cnol rectore ecclesie de Giseburne (1252-1305), domino Willelmo de Aldefelde, et multis aliis.

f. 40v.

> Thomas (died *c.* 1282), son of William of Tabley, released to Sallay a rent of 8d., which the monks paid him annually for land in Bolton.

---

[1] *recte* Cancefeld.

150. Carta Willelmi (*sic*) de Goldesborouh facta Willelmo de Berwik. [*Temp. Edward II*]

Pateat universis per presentes quod ego Ricardus filius et heres domini Ricardi de Goldesboruh dedi, concessi et hac presenti carta mea confirmavi Willelmo de Berewik totam terram meam de Ulcanite quam tenui de Johanne de Boulton in villa et in teritorio de Boulton in Bouland cum omnibus pertinenciis suis; tenendam et habendam predicto Willelmo et heredibus vel assignatis suis libere, quiete, pacifice et honorifice de domino illius feodi pro serviciis inde debitis et consuetis. Et ego vero dictus Ricardus et heredes mei totam predictam terram cum omnibus pertinenciis suis predicto Willelmo et heredibus vel assignatis contra omnes warantizabimus, acquietabimus et defendemus inperpetuum. In cujus rei testimonium presenti carte sigillum meum apposui. His testibus. Johanne de Midop', Nicholao de Boulton, Ricardo de Mohaut, Simone de Pudesay, et multis aliis.

Richard son and heir of Sir Richard of Goldesburgh granted to William of Berwick land in Bolton, to be held of the lord of the fee for the customary services. For the grantee *cf. Pudsay Deeds*, p. 206, etc.

151. Composicio inter abbatem et Matildem de Goldesboruh. [24 June, 1257]

Hoc cirograffum testatur quod abbas et conventus de Sallai dederunt, concesserunt et presenti carta confirmaverunt Matildi quondam uxori Ricardi de Goldesborug et heredibus suis vel assignatis exceptis viris religiosis unam acram terre et dimidiam rodam in teritorio de Boultona, illam scilicet acram que incipit ad buttes subtus Faremancrof' et se extendit usque ad buttes terre que aliquando fuit Roberti filii Ulkyl et dimidiam rodam in Goselandes. Pro hac autem donacione et concessione dicta Matildis dedit, concessit relaxavit et quietum clamavit tam pro [se] quam pro heredibus suis vel assignatis eisdem abbati et conventui totum jus et clamium quod habuit vel habere potuit in omnibus purpresturis et clausuris per eos et antecessores et homines suos factis in tota communa et in villa de Boulton a die qua Ricardus vir suus cepit habere terram in eadem villa et in territorio ejusdem usque ad festum sancti Johannis baptiste in anno gracie m°.cc°.l°. septimo. Dicti vero abbas et conventus dictam terram dicte Matildi et heredibus suis vel assignatis exceptis viris religiosis contra omnes warantizabunt et dicta M. et heredes sui vel assignati predictam donacionem, concessionem et quietam clamacionem eisdem abbati et conventui et successoribus suis vel assignatis contra omnes inperpetuum warantizabunt adquietabunt et defendent et ad majorem hujus rei securitatem utraque pars presenti carte in modum cirographi confecte sigillum suum alternatim apposuit. His testibus. Domino W. de Perci, Waltero de Perci, Waltero de Stokes tunc senescallo domini H. de Perci, et aliis multis.

Sallay granted to Matilda, widow of Richard of Goldesburgh, an acre and half a rood in Bolton, in return for a release of her rights in any encroachment or enclosure made since Richard first held land in the vill, until June 24, 1257. For the witnesses *cf. Percy Chart.*, pp. 42, 134.

[*ante* 1257]
152. Hoc scriptum testatur quod ita convenit inter abbatem et conventum de Sallay ex una parte et Ricardum de Goldesboruh et *f. 41.* Matildem sponsam suam ex altera de omnibus querelis, dissaisinis et purpresturis in villa et in territorio de Boulton, scilicet quod quisquis eorum amplius acceperit de communi postquam Ricardus de Goldesboruh habuit terram in villa de Boulton restitucionem faciet alteri qui minus acceperit, secundum jusjurandum viijⁿ hominum ejusdem ville de Boltona. In hujus testimonium utraque pars huic scripto sigilla sua apposuerunt.

Agreement between the abbey of Sallay and Richard and Matilda of Goldesburgh. Whichever side had received more common since Richard had held land in Bolton should make restitution to the other, according to the oath of eight men of Bolton. *Cf.* Dodsworth 92, f. 8v.

[21 Dec., 1309]
153. A touz ceaus qe cestes lettres orrount ou verront Henri de Percy saluz en Dieu. Sache nous avoyr grante et conge done pur nous et nos heires al abbe et au covent de Sallai qe ils puissent purchaser et fraunchement avoyr du done et du lees Richarde le fyce syre Richard de Goldesborug' totes les terres et tenemenz od lur apurtenanz que meisme celuy Richarde ad heu en la vyle de Boultone en Bouland; a tenir et avoyr as avaunt dists abbe et covent et a lour successors paisiblement et bien a touz jurs quant ils averont conge de nostre seingnor le roy les avaunt dists terre entrer. En temoynache de cest chose a ceste presentes letteres avouns mis nostre seil. Escrithes a Akum le lundi prochayn apres la feste de saint Lucie lan deu reygne nostre seingnor le roy Edwarde fiz le roi Edwarde tierce.

Henry de Percy gave permission to Sallay to purchase land and tenements in Bolton from Richard son of Sir Richard of Goldesburgh, and have peaceable possession after getting the king's permission to enter. This deed is also in Dodsworth 8, f. 4, with a sketch of the broken seal of Henry de Percy.

[9 Aug., 1310]
154. Universis Christi fidelibus literas visuris vel audituris frater Johannes abbas de Sallai et ejusdem loci conventus salutem in Domino. Noveritis nos attornasse loco nostro dilectum nobis in Christo dominum Johannem de Heton priorem nostrum ad recipiendam pro nobis seisinam de Ricardo domini Ricardi filio de Goldesborug' de quarta parte manerii de Boultona in Bouland cum omnibus

pertinenciis suis prout in feofamento predicti Ricardi inde nobis facto plenius continetur. In cujus rei testimonium presentes literas nostras eidem domino Johanni fieri fecimus patentes. Datum apud Goldesborug' die beati Oswaldi regis, anno regni regis Edwardi filii Edwardi quarto.

John, abbot of Sallay, appointed John of Heton, his prior, attorney to receive seisin from Richard son of Sir Richard of Goldesburgh, of the fourth part of the manor of Bolton. *Pudsay Deeds*, pp. 67-8, gives a convenient summary of the transfer.

155. Litera de licencia Willelmi videlicet Vavasoris.

[23 April, 1310]

Omnibus [has] literas visuris vel audituris Willelmus le Vavasor de Heselwode salutem in Domino sempiternam. Noveritis me pro salute anime mee et antecessorum meorum concessisse et licenciam dedisse pro me et heredibus meis abbati et conventui de Sallai in Craven quod ipsi licite ingredi sibique et eorum successoribus tenere possint et habere inperpetuum omnes terras et tenementa que et quas Ricardus de Goldesborouh filius et heres domini Ricardi de Goldesborug' militis habet in villa [et] teritorio de Boultona in Bouland cum omnibus pertinenciis suis infra villam de Boulton et extra, que eciam tenementa dictus Ricardus de Goldesborouh dimisit ad firmam predictis abbati *f. 41v.* et conventui usque ad terminum decem annorum sicut scriptum inter eosdem confectum et indentatum plenius testatur. Ita quod iidem abbas et conventus postquam licenciam domini regis dictas terras et tenementa ingrediendi habuerint, easdem terras et tenementa habeant et teneant sibi et successoribus in liberam puram et perpetuam elemosinam inperpetuum. In cujus rei testimonium presentibus literis sigillum meum apposui. Datum apud Ebor. die jovis in septimana Paschatis anno regni regis Edwardi filii regis Edwardi tercio.

William le Vavasor of Haselwood gave licence to Sallay to enter the lands and tenements which Richard son and heir of Sir Richard of Goldesburgh, knt., possessed in Bolton. Richard had let these to farm to Sallay on a ten years' lease. The abbey was to hold them in frankalmoign after getting the king's license.

[20 April, 1310]

156. Universis Christi fidelibus has literas visuris vel audituris

Willelmus Vavasur eternam in Domino salutem. Cum abbas et conventus de Craven obligati sint michi per quoddam scriptum in viginti libris bonorum et legalium sterlingorum pro ingressu terre quam tenent ad firmam de Ricardo de Goldesborouh in Boulton in Bouland, solvendis michi ad certos terminos in suo scripto inde michi facto assignatos, volo et fateor per hanc literam meam pro me et executoribus meis, quod si predictus abbas et conventus non possunt optinere voluntatem et graciam domini et regis ad ingrediendum predictam

terram quod scriptum suum obligarium nullum robur omnino habeat
aut firmitatem a terminis in scripto suo prenotatis; ita quod nec ego nec
executores mei [nec] aliquis alius nomine meo a predictis abbate et
conventu racione dicte obligacionis aliquid exigere poterimus vel
vendicare. In cujus rei testimonio presentibus literis sigillum meum
apposui. Datum apud Eselwoud manerium meum in crastino Paschatis
anno regni regis Edwardi filii regis Edwardi tercio.

The abbot and convent of Sallay were bound to William Vavasur for
£20 for entry of the land in Bolton, held to farm from Richard of Goldesburgh; but if the license of the lord and the King was not forthcoming,
then the bond was to be of no effect. Towneley gives the king's license to
enter on payment of 100s., dated 12 July, 1310, a document that still retained
its great seal when he transcribed it. It was then in the possession of John
Braddill of Portfield, Esq. (Towneley MS. 6, pp. 686-7).

[1309]
157. Hoc scriptum cirographatum [testatur] quod ita convenit
inter Ricardum filium et heredem domini Ricardi de Goldesborug' ex una
parte et abbatem et conventum de Sallay ex altera, videlicet quod
Ricardus concessit pro se et heredibus suis ad faciendum eisdem
abbati et conventui seu eorum successoribus cartam feofamenti et
dare eisdem saisinam in omnibus terris, tenementis et reditibus que
habet in villa et in teritorio de Boulton in Bouland, una cum dominio
quarte partis tocius ville predicte; sub tali forma quod si dictus Ricardus
voluntatem et permissionem domini regis ad ingrediendum predictas
terras, tenementa, reditus et dominium sumptibus suis propriis predictis abbati et conventui impetraverit, quo tempore dicti abbas et
conventus seu eorum successores voluntatem domini illius feodi dicta
tenementa ingrediendi perquisierint, tunc dicti abbas et conventus
obligant se et successores suos per hoc presens scriptum ad solvendum
dicto Ricardo et heredibus suis vel eorum certo aturnato septies viginti
marcas bonorum et legalium sterlingorum die sancti Michaelis archangeli, postquam predictam cartam feofamenti una cum carta domini
regis de permissione predictis abbati et conventui fideliter solverint et
seysinam in predictis terris, tenementis, reditibus et dominio puplice *f. 42.*
dederint; ita tamen quod dicti abbas et conventus solvent fodum carte
in cancellaria domini regis. Si vero dicti abbas et conventus permissionem domini regis de ingressu omnium dictorum tenementorum
sumptibus propriis optinuerint, tunc dicti abbas et conventus solvent
predicto Ricardo et heredibus suis tantum sexies viginti marcas pro
omnibus terris, tenementis, reditibus et dominio supradictis. Et
sciendum quod si prefatus Ricardus vel ejus heredes seu assignati
predictam cartam et seysinam prenominatis abbati et conventui post
impetratam licenciam domini regis dare renuerint, nichil omnino de
prefata pecunia racione hujus obligacionis a predictis abbate et conventu exigere poterunt vel extorquere, sed per hoc presens scriptum
totam terram suam et reditus in Boultona in Boulande prefatis abbati

et conventui obligant detinenda donec omnes expensas quas orta dicta negocia fecerint integraliter perceperint. Et ad istam convencionem fideliter tenendam et faciendam presentibus scriptis cirographatis utraque pars alternatim sigillum suum apposuit. His testibus. Johanne de Boulton, Johanne de Midop, Edmundo Maunsail, et aliis.

> Richard son of Sir Richard of Goldesburgh agreed to sell to Sallay all his lands in Bolton, together with the lordship of a fourth part of that vill. Richard was to obtain the king's permission for the monks to enter, and the abbot the permission of the lord of the fee. The abbot was then to pay Richard 140 marks, and to receive from him the deed of feoffment, the king's permission and public seisin of the lands. The abbot was also to pay the charter fee in the king's chancery. If the abbot had to obtain the king's permission, then he was to pay Richard only 120 marks.

158. Carta Ricardi de Goldesborug' facta abbati de Sallai.
[5 Aug., 1310]

Sciant presentes et futuri quod ego Ricardus filius et heres Ricardi de Goldesborug' militis concessi, dedi et hac presenti carta mea confirmavi Deo et abbati ecclesie sancte Marie de Sallai et ejusdem loci conventui in puram et perpetuam elemosinam, solutam liberam et quietam ab omni servicio et exaccione et omni re ad terram pertinente, totum manerium meum de Bolton in Bouland, videlicet quartam partem tocius ville predicte cum omnibus toftis meis, terris, tenementis, pratis, molendinis, boscis, vastis, reditibus, serviciis liberorum tenencium cum omnibus appruamentis meis ubicumque factis et faciendis in predicta villa, cum communa pasture et omnibus aliis pertinenciis suis quibuscumque ad predictum manerium meum et ad predictam quartam partem predicte ville pertinentibus sine ullo retenemento; tenendum et habendum predictis abbati et conventui et eorum successoribus de capitalibus dominis feodi libere et quiete cum omnibus pertinenciis suis et aisiamentis quibuscumque inperpetuum in puram et perpetuam elemosinam. Preterea remisi et quietum clamavi predictis abbati et conventui et eorum successoribus totum jus et clamium quod habui in predictis tenementis, ita quod nec ego Ricardus nec heredes mei nec aliquis nomine nostro in predictis tenementis aliquid juris vel clamii exigere, habere vel vendicare poterimus imperpetuum sed per presentem cartam ab omni accione simus exclusi. Et ego vero Ricardus et heredes mei omnia predicta tenementa cum suis pertinenciis ut predictum est prefatis abbati et conventui et eorum successoribus contra omnes warantizabimus, adquietabimus et defendemus inperpetuum. In cujus rei testimonium presenti carte sigillum meum apposui. His testibus. Domino Eadmundo Talbot, domino Thoma de Alta Ripa, domino Johanne Gylyot, militibus, Johanne Tempest, Willelmo de Marton, Johanne de Boulton, Johanne de Midop, et aliis. Datum apud Goldesborug' quinto die mensis Augusti anno regni regis Edwardi filii regis Edwardi quarto.

f. 42v.

Richard son and heir of Sir Richard of Goldesburgh, knt., granted to Sallay all his manor in Bolton, the fourth part of the vill; to be held of the capital lords of the fee in frankalmoign.

159. Composicio inter Johannem de Boulton et abbatem de *f.* 43. Sallay de prato suo in Hungirhil et domum R. de Flact' pro parte sua in Wibershou et le bottes juxta portam de Holden. [*Late Henry III*] Notum sit omnibus hoc [esse] finale escambium inter Johannem de Boulton et inter abbatem et conventum de Sallai, videlicet quod dictus Johannes dedit, concessit et presenti scripto confirmavit dictis abbati et conventui totum pratum suum quod habuit et jacet inter Hungerill et domum Roberti de Flacter; tenendum et habendum de dicto J. et heredibus suis sibi et successoribus suis in puram et perpetuam elemosinam, solutam liberam et quietam ab omni servicio, exaccione et omni re ad terram pertinente. Idem vero abbas et conventus dederunt, concesserunt et presenti scripto confirmaverunt eidem Johanni et heredibus suis totam partem terre sue de Wibershow et quandam particulam terre, scilicet le Bottes juxta portam de Holden; tenendam et habendam sibi et heredibus suis de dictis abbate et conventu in puram et perpetuam elemosinam, solutam liberam et quietam ab omni servicio, exaccione et omni re ad terram pertinente; redendo inde annuatim dictis abbati et conventui sex denarios, medietatem ad Pentecosten et aliam medietatem ad festum sancti Martini. Et sciendum quod idem Johannes nec heredes sui nullomodo dictam terram de Wibereshow includent quam minus homines de Boulton habeant ibidem pasturam averiis exceptis capris. Omnia ista prenominata utraque pars alteri imperpetuum warantizabit et presenti scripto sigillum suum alternatim apposuit. His testibus. Domino Willelmo persona de Boulton, Ricardo filio Ricardi de Boultona, Henrico fratre ejus, Roberto de Perci, et multis aliis.

John of Bolton granted to Sallay all his meadow between Hungrill and the house of Robert of Flacter (? Flatt). In return the abbey gave to John Wybersey and the Bottes, near Holden gate, for a rent of 6d. Others present were Adam son of Robert de Percy, Walter of Rimington, Richard Scot, William of Malasis (*Pudsay Deeds*, p. 123). Hungrill is a farm a mile N.W. of Bolton church, and Holden a hamlet a mile west of the church. Wybersey is a wooded knoll in Bolton park, near the hall.

[21 May, 1301]
160. Hoc cirographum testatur quod Johannes filius et heres Johannis de Boulton concessit [et] ad terminum dimisit abbati et conventui de Sallay liberum transitum transeundi ad omnia caragia sua faciendi per omnes terras ipsius Johannis in Boultona de foresta de Giseborne et aliis locis usque ad abbaciam exceptis bladis et prato; tenendum et habendum dictis abbati et conventui et eorum successoribus libere, quiete, bene et pacifice usque ad terminum xx^{ti}. annorum proximo subsequencium et plenarie completorum, termino incipiente

ad Pentecosten anno Domini m⁰.ccc⁰. primo, sine impedimento ipsius Johannis, heredum vel assignatorum suorum seu cujuslibet alterius nomine suo. Pro hac autem concessione predicti abbas et conventus predicto Johanni quandam summam pecunie pre manibus dederunt. In cujus rei testimonium hiis scriptis sigilla partium alternatim sunt apposita. Hiis testibus. Willelmo de Roucestre, Eadmundo de Hortona, H. de Boultona, et aliis pluribus.

John son and heir of John of Bolton for a sum of money granted to the abbey wayleave for 20 years, beginning Whitsuntide, 1301. Others present were Nicholas of Bolton and John of Midhop (*Pudsay Deeds*, pp. 177-8). *Cf.* the indenture between the abbey and John of Bolton Dec. 27, 1329 (*ibid.*, pp. 205-6; Dodsworth 92, f. 11).

[1301]
161. Omnibus hoc scriptum visuris vel audituris Johannes filius et heres Johannis de Boultona salutem. Noveritis me dedisse, concessisse et hoc presenti scripto meo confirmasse abbati de Sallay *f. 43v.* et ejusdem loci conventui attachiamentum stangni molendinorum suorum in Ribbelle super terram meam que vocatur le Roucandeholme ubi melius sibi viderint expedire, ita quod predictum stagnum a medietate aque versus terram meam altitudinem duorum pedum non excedat; tenendum et habendum dicto abbati et conventui et eorum successoribus libere et quiete, ita quod ego predictus Johannes nec heredes mei seu aliquis nomine nostro aliquod jus vel clamium in predicto stangno cum attachiamento de cetero exigere vel habere poterimus inperpetuum. Et ego dictus Johannes et heredes mei et assignati predicto abbati et conventui et eorum successoribus predictum stangnum cum attachiamento contra omnes warantizabimus et defendemus inperpetuum. In cujus rei testimonium sigilla partium hiis scriptis alternatim sunt apposita. Hiis testibus. Willelmo de Roucestre, Edmundo Maunsel de Horton, H. de Boultona, et aliis.

John son and heir of John of Bolton granted to Sallay the right to a dam two feet deep across his land called Roucandeholme, for the abbey mills on the Ribble.

[*Early 14th Century*]
162. Omnibus hoc scriptum visuris vel audituris Ricardus filius et heres Johannis de Boultona salutem in Domino. Noveritis me inspexisse cartam et confirmacionem Johannis de Boulton patris mei quam fecit Deo et beate Marie de Sallai et monachis ibidem Deo servientibus, de decem acris terre in Wigingile et uno tofto super Wikingilebank et de tota terra de Lenedicrof' et Reicrof' pro octodecim denariis annuis pro omni servicio seculari sibi et heredibus suis reddendis et de omnibus terris quas dicti monachi habent in Bugkeriding et de tota terra de Ulnwait ex parte occidentali aque de Scirdene in villa et teritorio de Boulton in Boulande. Quas quidem terras et tene-

menta cum omnibus pertinenciis suis ego Ricardus predictus concessi
et confirmavi de me et heredibus meis abbati et conventui de Sallay
et successoribus suis in puram et perpetuam [elemosinam] sicut carta
Johannis patris mei inde facta plenius testatur et eciam quietum clamavi
de me et heredibus meis eisdem abbati et conventui et successoribus
suis [jus] et clamium quod habui vel habere potui in predictis terris et
tenementis, ita quod ego nec heredes mei nec aliquis nomine nostro in
predictis terris et tenementis aliquid juris vel clamii de cetero habere
vel vendicare vel exigere poterimus inperpetuum, sed per presens
scriptum ab omni accione simus exclusi. Et ego predictus Ricardus
et heredes mei omnia predicta tenementa ut predictum est prefatis
abbati et conventui et eorum successoribus contra omnes warantizabimus, acquietabimus et inperpetuum [defendemus]. His testibus.
Nicholao de Bolton, Ada de Westby, Ricardo de Midop, et multis
aliis.

Richard son and heir of John of Bolton confirmed his father's gifts.
Cf. Nos. 128, 164.

[*c.* 1302]
163. Omnibus sancte matris ecclesie filiis ad quorum noticiam
hoc presens scriptum pervenerit abbas de Sallay et ejusdem loci conventus salutem in Domino sempiternam. Noverit universitas vestra
nos concessisse, remississe et omnino pro nobis et successoribus nostris *f.* 44.
inperpetuum quietum clamasse Johanni de Boulton et heredibus suis
totum jus et clamium quod habuimus vel quoquomodo habere potuimus in tota terra et bosco de Wibereshow cum suis pertinenciis in
Boultona. Concessimus eciam pro nobis et successoribus nostris quod
predictus Johannes et heredes sui dictam terram et boscum de Wibereshou possint includere et inclusa in suo separali tenere omni tempore
anni sine contradiccione nostrum vel successorum nostrorum inperpetuum; tenenda et habenda dicto Johanni et heredibus suis libere
quiete bene et in pace inperpetuum, salva nobis et successoribus nostris
antiqua firma prout carta quam Johannes pater predicti Johannis de
predecessoribus nostris inde habuit plenius proportat et testatur.
Et ego predictus Johannes de Boultona volo et concedo pro me et
heredibus meis per hoc presens scriptum predictis abbati et conventui
et eorum successoribus, quod si animalia sua successorum vel tenencium suorum in predictis terra et bosco de Wibereshou pro defectu
clausture inveniantur, nullo modo inparcentur sed sine lesione et
dampno refugantur. In cujus rei testimonium nos prefati abbas et
conventus sigillum nostrum commune alteri parti hujus scripti indentati penes dictum Johannem remanenti apposuimus et ego predictus Johannes alteri parti ejusdem penes predictos abbatem et
conventum residenti sigillum meum apposui. Hiis testibus. Thoma
de la Grene, Edmundo Maunsayl, Johanne de Midop, et multis aliis.

Sallay abbey granted to John of Bolton the right to enclose the land

and wood of Wybersey and hold it in severalty. *Pudsay Deeds*, pp. 181-2, includes as witnesses: Henry of Rimington, Adam of Horton, Hugh of Halton.

[*c.* Oct., 1302]

164. Omnibus ad quos presens scriptum pervenerit Johannes de Boultona filius et heres Johannis de Boultona salutem in Domino. Noveritis me dedisse, concessisse et presenti carta mea confirmasse Deo et beate Marie de Sallay et monachis ibidem Deo servientibus decem acras terre in Wikingile versus orientem et unum toftum super Wikingilebanc et totam terram de Lenedicrofte et Riecrofte per suas plenarias divisas in villa et teritorio de [Boulton in] Boulande, quas habent ex dono Elie filii Uctredi proavi mei, in puram et perpetuam elemosinam cum omnibus pertinenciis suis.   Redendo inde michi et heredibus meis annuatim pro omni seculari servicio et exaccione xviij. denarios argenti ad duos anni terminos, medietatem scilicet ad Pentecosten et aliam medietatem ad festum sancti Martini.   Insuper confirmavi dictis monachis et successoribus suis omnes terras [quas] habent in Bughriding et totam terram de Ulnethayt[1] ex parte occidentali aque de Scirden in puram et perpetuam elemosinam et eciam quietum clamavi de me et heredibus meis eisdem monachis supradictis et eorum successoribus totum jus et clamium quod habui vel habere potero in predictis terris et tenementis; ita quod nec ego nec heredes mei nec aliquis nomine nostro in predictis terris et tenementis aliquid juris vel clamii de cetero habere, vendicare vel exigere poterimus inperpetuum sed per [hoc]

f. 44v. scriptum ab omni accione simus totaliter exclusi.   Et ego Johannes predictus et heredes mei omnia predicta tenementa ut supradictum est prefatis monachis et eorum successoribus contra omnes warantizabimus, acquietabimus et defendemus inperpetuum.   In cujus testimonium presenti scripto sigillum meum apposui.   His testibus.   Willelmo de Roucestre, Henrico de Rimingtona, Roberto fratre ejus, Nicholao de Halton, et aliis multis.

> Confirmation by John son and heir of John of Bolton of the gifts of Elias son of Uctred, his great grandfather, and of Bughriding and Ulnethayt on the west of Skirden brook. *Cf. Pudsay Deeds*, pp. 179-81, where the witnesses are the same with the addition of Laurence of Knol and Nicholas of Bolton. For this release the abbey quitclaimed to John its right in Wybersey and the Buttes by Holden gate.

f. 45.   **165.** Carta Ricardi de Midop de terra de Wikingile et aliis terris in Boultona et reditu iiij. sol. vj.d.   [*Early 14th Century*] Omnibus hoc scriptum visuris vel audituris Ricardus filius Ricardi de Midop salutem in Domino. Noveritis me hoc presenti scripto meo recognovisse pro me et heredibus meis tenere, ut solebam et de jure

---

[1] The reading is quite clear; in No. 162, Ulnwait. *Cf. Pudsay Deeds*, p. 181.

debeo, diversa tenementa de abbate et conventu de Sallai in villa et in teritorio de Boltona in Bouland jacentia in locis subscriptis, videlicet xxv. acras terre et prati inter Calvergil et Wikingil et unum toftum cum prato adjacente inter horreum quondam Walteri Barne et viam que ducit [ad] Ungirhill et unam rodam terre jacentem infra Wikingile et totam terram quam Robertus ad pontem quondam tenuit cum prato et buttis adjacentibus ex utraque parte fontis qui vocatur Mauldfeld et buttas jacentes ad capud de Farmancrofte cum prato dictis buttis adjacente et totam terram quam Simon le Flaune quondam tenuit et unam rodam jacentem inter croftum de Ungirhill et croftum meum, pro homagio et servicio duorum solidorum decem denariorum per annum et quinque acras terre que quondam fuerunt Roberti Coyle jacentes similiter inter Wikingile et Calvergille, per servicium octo denariorum per annum solvendum totum predictum reditum dictis abbati et conventui, med- ietatem scilicet ad Pentecosten et aliam medietatem ad festum Sancti Martini. Et ego predictus Ricardus concedo pro me et heredibus meis quod quocienscumque predicta servicia vel reditus ad terminos suos a retro fuerint in parte vel in toto, bene liceat abbati et conventui et eorum successoribus predicta tenementa distringere in quascumque manus devenerint, quousque eisdem abbati et conventui et eorum successoribus de predictis serviciis et reditu plenarie fuerit satisfactum. In cujus rei testimonium presenti scripto sigillum meum apposui. His testibus. J. de Boultona, Johanne de Midop, Henrico de Rim- ington, et aliis.

Deed of Richard son of Richard of Midhop concerning lands at Wicongill and in Bolton, which he held of Sallay abbey for an annual rent of 3s. 6d.

166. Carta Ricardi (*sic*) de Blakeburn' de reditu ij. solidorum ad fabricam pontis. [*Early Edward I*]
Omnibus hoc scriptum visuris vel audituris Henricus de Blakeburna eternam in Domino salutem. Noveritis me pro salute anime mee et pro animabus patris et matris mee et omnium antecessorum et success- orum meorum dedisse, concessisse et hac presenti carta mea confirmasse Deo et beate Marie et monachis de Sallai in elemosinam ad reparacionem [pontis] de Sallai et regie vie duos solidos argenti percipiendos de Ricardo filio Ricardi de Boultona et eorum successoribus inperpetuum ad duos anni terminos, medietatem ad Pentecosten et aliam medietatem ad festum sancti Martini; ita quod si dictus Ricardus vel sui heredes aut successores aut assignati in dicte firme solucione defecerint dicti abbas et conventus ejusdem loci et eorum successores habeant potestatem dictam terram distringere quoadusque ipsis de predicta firma et arreragiis satisfactum fuerit. Ego vero Henricus et heredes mei et assignati predictam elemosinam predictis monachis ad opus pontis et regie vie inperpetuum warantizabimus. In cujus rei testimonium presenti scripto sigillum meum apposui. Hiis testibus. Hugone de Cliderhou, Henrico de Claiton, Adam de Hosbaldestona, Roberto de Holden, et aliis multis.

Henry of Blackburn set aside an annual rent of 2s. for the repair of the bridge and highway at Sallay.

f. 45v.

[11 Nov., 1307]

167. Hec est convencio facta inter Ricardum de Goldesborug' filium et heredem domini Ricardi militis ex una parte et abbatem et conyentum de Sallai ex altera, videlicet quod predictus Ricardus tradidit et dimisit ad firmam dictis abbati et conventui totum manerium suum, terram, reditus, pratum, boscum et vastum que habet in villa et in teritorio de Boulton in Bouland una cum appruamentis que Ricardus de Midope fecit nomine dicti Ricardi de Goldesborug' in villa de Boulton, cum omnibus aliis appruamentis ubicumque factis et faciendis et omnibus pertinenciis, libertatibus et aisiamentis dicto manerio infra villam de Boulton et extra ubicumque spectantibus; tenenda et habenda dictis abbati et conventui et eorum successoribus usque ad terminum decem annorum proximo subsequencium et plenarie conpletorum, termino incipiente ad festum sancti Martini in yeme anno Domini m°.ccc°. septimo. Ita quod duobus primis annis et dimidio reddent dicti abbas et conventus predicto Ricardo et heredibus suis vel suis assignatis singulis annis quatuor libras tres solidos et sex denarios et aliis septem annis et dimidio solvent eisdem Ricardo et heredibus suis vel suis assignatis annuatim quatuor libras tredecim solidos et quatuor denarios ad duos anni terminos, medietatem scilicet ad Pentecosten et aliam medietatem ad festivitatem sancti Martini in yeme, pro omni servicio exaccione et demanda. Et dictus vero Ricardus et heredes sui totum predictum manerium, terram, redditum, pratum, boscum, wastum et appruamenta cum omnibus pertinenciis suis usque ad finem dicti termini plenarie conpleti, pro predicta firma pre-dictis abbati et conventui et eorum successoribus contra omnes waranti-zabunt, acquietabunt et defendent. In cujus rei testimonium presenti-bus scriptis cirographatis utraque pars alternatim sigillum suum apposuit. His testibus. Johanne de Boulton, Johanne de Midhope, Nicholao de Boulton, et aliis.

Ten years' lease beginning Martinmas, 1307, at an annual rent of £4. 3s. 6d. for 2½ years and £4. 13s. 4d. for 7½ years, by Richard son of Sir Richard of Goldesburgh to Sallay abbey, of all his lands in Bolton.

On May 5, 1354, the king granted to the abbey and John de Pudsay, who held in common the town of Bolton, a market each Wednesday and a three days' fair (June 28-30) in Bolton; also free warren in their demesne lands there (*Charter Rolls*, 1226-57, p. 140).

[18 May, 1319]

168. Pateat universis per presentes quod ego Ricardus filius Ricardi de Midhope relaxavi et quietum clamavi pro me et heredibus meis abbati et conventui de Sallai et eorum successoribus omnimodas acciones, querelas, calumpnias quas habui versus predictos abbatem et conventum racione alicujus delicti aut diseisine aliquo modo per

eosdem vel predecessores suos michi a predecessoribus meis facti vel
facte in villa de Boltona in Bouland a principio mundi usque ad diem
confeccionis presencium. Insuper remisi et quietum clamavi pro me
et heredibus meis predictis abbati et conventui et eorum successoribus
totum jus et clameum quod habui in quadam semita ultra terram
predictorum abbatis et conventus supra le Calffelde de Hungirhill in
villa predicta; ita quod nec ego Ricardus nec heredes mei nec aliquis
nomine nostro aliquod placitum versus predictos abbatem et conventum et eorum successores racione predictorum delicti aut dissesine
movere poterimus inperpetuum aut aliquem transitum, fugacionem
vel passagium per predictam semitam excepto tempore aperto exigere
vel vendicare poterimus, sed de quocumque jure vel clameo per presentes simus exclusi inperpetuum. In cujus rei testimonium presenti *f. 46.*
clamancie sigillum meum apposui. Datum apud Sallai die Jovis in
festo Ascensionis Domini, anno gracie m⁰.ccc⁰. decimo nono et eciam
regni regis Edwardi filii regis Edwardi duodecimo.

> Richard son of Richard of Midhop released to Sallay abbey all claims
> for dispossession, and his rights in a footpath across the abbey land of the
> Calffelde in Hungrill. Only in the open time could he claim transit across
> this land.
> From land assarted by the monks in Bolton 3 acres 1 rood were made
> over by the abbey in 1349 to John of Pudsay.

[24 May, 1349]
Omnibus hoc scriptum visuris vel audituris abbas et conventus de
Sallay salutem in Domino. Noveritis nos concessisse et dedisse Johanni
de Podessay de Boulton tres acras et unam rodam terre per nos de
novo approvatas ex assensu Anabille de Malghum parcenarie terre de
Boulton, jacentes super le Haghhill in villa de Boulton; habendas et
tenendas dicto Johanni et heredibus de corpore suo legitime procreatis
de nobis et successoribus nostris libere quiete et pacifice imperpetuum. Reddendo inde annuatim nobis et successoribus nostris
tresdecim denarios ad festum sancti Martini in yeme pro omnibus
serviciis secularibus et demandis. Volumus eciam et concedimus pro
nobis et successoribus nostris quod predictus Johannes et heredes de
corpore suo legitime procreati predictas tres acras et unam rodam
terre possint includere et inclusas tenere omni tempore anni sine
aliquo impedimento; et si averia nostra vel tenentium nostrorum de
Boulton intrent predictum clausum aliquo tempore anni ob defectu
clausure sufficientis quod pacifice abfugantur sine aliqua imparcacione.
In cujus rei testimonium sigillum nostrum commune apposuimus.
Hiis testibus. Domino Johanne de Boulton rectore ecclesie de Boulton,
Johanne de Hammerton, Henrico de Boulton, Alano de Horton, Thoma
del Grene, et aliis. Datum apud Boulton die dominica proxima post
festum Ascensionis Domini, anno regni regis Edwardi tercii a conquestu
vicesimo tercio. Seal of John of Podesay (Dodsworth 92, f. 13).

MALASIS.

f. 46v.   **169.** Composicio Ricardi de Boulton de xxx. acris in Akerland.

[*c.* 1224]

Hoc est finale escambium inter Stephanum abbatem et conventum de Sallay et Ricardum filium Helie de Boulton, scilicet quod idem Ricardus dedit, concessit et presenti carta sua confirmavit Deo et monachis ecclesie sancte Marie de Sallai illas triginta acras terre cum omnibus pertinentiis suis quas habuit de constabulario Cestrie[1] juxta Haiam de Boultona, scilicet quicquid habuit de predicto constabulario inter predictam Haiam et terram dictorum monachorum in Rodhil; tenendas et habendas in perpetuam elemosinam, solutam liberam et quietam ab omni servicio et exaccione. Redendo inde annuatim eidem constabulario et heredibus suis dimidiam marcam argenti ad festum sancti Egidii apud Cliderhou pro omnibus serviciis et demandis; et pro donacione dicti monachi dederunt, concesserunt et presenti carta sua confirmaverunt eidem Ricardo et heredibus suis x^{cem}. acras terre cum pertinenciis in campo de Boulton, scilicet super Enutebuttes et super Ravenesberk et in Bohke et in Timmridding et unam acram prati super Enubuttes; tenendas et habendas inperpetuum sicut liberam elemosinam, solutam et quietam ab omni seculari servicio et exaccione et utraque pars donum suum alteri warantizabit contra omnes imperpetuum. His testibus. Henrico de Blakeburna, Ada filio ejus, J. de Haltona, et aliis multis.

Exchange between Stephen, abbot of Sallay, and Richard son of Elias of Bolton. Richard gave 30 acres between the Haia and Rodhill paying ½ mark rent, in return for 10 acres in Bolton field and an acre of meadow. *Cf. Pudsay Deeds*, pp. 3, 107-8.

170. Quieta clamacio Ade Henneheved de tota terra infra divisas de Malasis.   [*Late Henry III*]

Omnibus sancte matris ecclesie filiis presentibus et futuris Ada Henneheved filius Hugonis carpentarii de Malasis eternam in Domino salutem. Noverit universitas vestra me concessisse, relaxasse et omnino quietum clamasse de me et heredibus meis Deo et beate Marie et domui de Sallai et monachis ibidem Deo servientibus totum jus et clamium quod habui vel habere potui in illa terra de Malasis que vocatur Houthiley et in le Westflat et alibi inter omnes divisas de Malasis; ita quod nec ego nec heredes mei vel aliquis per nos jus vel clamium versus predictos monachos causa alicujus juris michi vel heredibus meis pertinentis in predicta terra de Malasis cum suis pertinenciis movere poterimus inperpetuum. Et ut mea quieta clamacio rata sit et stabilis presenti scripto sigillum meum apposui. His testibus. J. de Boultona, Ricardo fratre ejus, Waltero de Rimingtona, et aliis.

Adam son of Hugh the carpenter released to Sallay his right in Houthiley and Westflat. These lay in Malasis or Belasis, a tract on either side the

[1] John de Lacy.

road leading from Sallay bridge to Bolton, and below the Haia. *Cf. Pudsay Deeds*, p. 72.

171. Carta Ricardi filii W. constabularii de j. tofto in Boltona quod Adam del Grene tenuit. [*c.* 1250-60]
Omnibus sancte ecclesie filiis presentibus et futuris Ricardus filius Willelmi constabularii salutem. Noveritis me pro salute anime mee et omnium antecessorum et heredum meorum dedisse, concessisse et presenti carta mea quietum clamasse de me et heredibus meis mon- *f. 47.* achis sancte Marie de Sallai unum toftum in villa de Boulton cum omnibus pertinenciis, libertatibus et aisiamentis ad unum toftum in eadem villa pertinentibus, in puram et perpetuam elemosinam, solutam liberam et quietam ab omni servicio et exaccione et omni re ad terram pertinente, illud scilicet quod Adam del Grene tenuit; tenen- dum et habendum de me et heredibus meis libere solute et quiete sicut ulla elemosina liberius et quietius dari aut teneri potest, ita quod ego nec heredes mei nec aliquis per nos clamium aut calumpniam versus predictos monachos aliquo modo movere poterimus inperpetuum. Et ego et heredes mei omnia predicta prenominatis monachis waranti- zabimus, adquietabimus et defendemus contra omnes inperpetuum. His testibus. W. persona de Boultona, R. de Pathorna, Roberto de Neusum, et aliis pluribus.

Richard son of William the constable granted to Sallay abbey the toft in the vill of Bolton that Adam del Grene had held.

172. Carta Ricardi de Malasis de tofto super Schirden.
[*Early Henry III*]
Omnibus sancte ecclesie filiis presentibus et futuris Ricardus filius Willelmi de Malasis salutem. Noveritis me pro salute anime mee et omnium antecessorum et heredum meorum dedisse, concessisse et hac presenti carta mea confirmasse Deo et monachis ecclesie beate Marie de Sallai unum toftum cum crofto in villa de Boultona, scilicet illud quod Willelmus Briseban tenuit et jacet supra pontem de Schire- dene; tenendum et habendum cum communis et libertatibus et aisia- mentis omnibus tante terre in dicta villa pertinentibus in puram et perpetuam elemosinam, solutam liberam et quietam ab omni servicio et exaccione et omni re ad terram pertinente. Et ego et heredes mei omnia hec predicta Deo et predictis monachis warantizabimus inper- petuum. His testibus. Rogero de Birekin, Ada de Blakeburne, Johanne de Haltona, et aliis.

Richard son of William of Malasis granted to Sallay abbey a toft and croft above Skirden bridge, the same that William Briseban held.

173. Carta Ricardi constabularii de terra de Malasis pro redditu v. solidorum. [*Early Henry III*]

Notum sit omnibus hanc cartam visuris vel audituris quod abbas et conventus de Sallai dederunt, concesserunt et presenti carta confirmaverunt Ricardo filio Willelmi constabularii et heredibus suis totam terram de Malasis cum pertinentiis, exceptis x. acris propinquioribus domibus eorundem monachorum versus abbaciam; tenendam et habendam de domo de Sallay pro homagio et servicio suo et pro quinque solidis argenti quos idem Ricardus et heredes sui prenominatis monachis pro predicta terra annuatim persolvent ad duos terminos, medietatem scilicet ad Pentecosten et medietatem ad festum sancti Martini pro omni servicio. Sciendum autem quod prefati monachi habebunt communam in tota predicta terra de Malasis extra pratum et bladum; habebunt eciam viam competentem sibi et hominibus et averiis et cariagiis suis, ita ut duo carra possint competenter obviare in ea per medium predicte terre de Malasis extra pratum et bladum sine impedimento ejusdem Ricardi vel heredum suorum. Sciendum

f. 47v. eciam quod predictus Ricardus pro se et heredibus suis tactis sacrosanctis juravit quod nuncquam terram illam dabit nec invadiabit perpetualiter nec vendet nec ad feodi[1] firmam nec aliquo modo perpetualiter dimittet nisi eisdem monachis; et in hujus rei testimonium utraque pars cartam suam sigilla sua munitam alteri tradidit et omnia predicta warantizabit sicut elemosinam suam. His testibus. Malgero Vavasore, Henrico de Blakeburna, Ada filio ejus, Rogero de Blakeburna, et aliis.

Sallay granted to Richard son of William the constable all Malasis except 10 acres, for his homage and service and a 5s. rent. There were also present Richard son of Elias of Bolton, Adam of Keligton, Simon of Bramton, Richard of Heneth (*Pudsay Deeds*, pp. 111-2).

174. Carta Ade de Crideling' de tota terra sua in Malasis.
[*Temp. Richard I*]
Notum sit omnibus audituris et visuris literas istas quod ego Adam filius Radulfi filii Nicholai de Cridelingtona dedi et concessi et hac presenti mea confirmavi Deo et beate Marie de Sallai et monachis ibidem Deo servientibus pro anima patris mei et omnium antecessorum meorum, in puram et perpetuam elemosinam totam terram meam de Malasis et Bocland sine aliquo retenemento; tenendam et habendam libere et quiete et integre per suas divisas cum omnibus suis pertinenciis ab omni seculari servicio et exaccione. Et ego Adam et heredes mei totam predictam terram Deo et beate Marie de Sallai et monachis ibidem Deo servientibus contra omnes homines warantizabimus. His testibus. Maugero Vavasore, W. de Martona, Reginaldo de Dentona, et aliis.

Adam son of Ralph son of Nicholas of Cridelington granted to Sallay abbey all his land of Malasis and Bocland.

175. Composicio de Nihtgaleriding dimisso Willelmo de
[1] MS. feudo.

Malasis et heredibus suis pro redditu iiij. solidorum.   [*post* 1223]
Notum sit omnibus hoc scriptum visuris vel audituris quod abbas et
conventus de Sallai dederunt, concesserunt et presenti scripto confirmaverunt Willelmo de Malasis et heredibus suis totam terram que
vocatur Nihtgaleriding quam Johannes Buylim aliquando tenuit de
domo de Sallai; tenendam et habendam dicto Willelmo et heredibus
de dictis abbate et conventu libere et quiete, pacifice et integre. Redendo
inde annuatim dictis abbati et conventui quatuor solidos argenti, medietatem ad Pentecosten et aliam medietatem ad festum sancti Martini.
Et sciendum quod idem Willelmus et heredes sui tactis sacrosanctis
juraverunt quod fidelitatem dictis abbati et conventui omnibus diebus
vite eorum servabunt nec dictam terram alicui dimittent nec vendent
nec dabunt nec invadiabunt neque alienabunt sine consensu et voluntate dictorum abbatis et conventus. In hujus rei testimonium utraque
pars presenti scripto in modum cirographi confecto sigilla sua alternatim apposuit. His testibus. Domino Henrico tunc priore de Sallai,
fratre Radulfo subpriore, fratre Rogero cellerario, et aliis multis.

Grant by Sallay to William of Malasis, of Nihtgaleriding for his fealty
and a rent of 4s. There were also present Robert sub-cellarer, Waldev
porter, Waryn keeper of the works of the church of Sallay, Ralph of Clayton,
Richard of Bolton, Henry his brother (*Pudsay Deeds*, pp. 122-3). In 1223
the prior of Sallay was Henry, sub-prior Ralph, cellarer William, master
of the lay brethren Henry (*Fountains Chart.*, i, 86).

176. Quieta clamacio Willelmi filii Ricardi de Malasis de x.
acris in Boultona quas Malgerus Vavasur dedit Johanni filio Willelmi.
[*c.* 1274]
Omnibus sancte matris ecclesie filiis presentibus et futuris Willelmus
filius et heres Ricardi de Malasis eternam in Domino salutem. Noverit
universitas vestra me concessisse, confirmasse et quietum clamasse
de me et heredibus meis Deo et beate Marie et monachis de Sallai
totum jus et clamium quod habui vel habere potui in x. acris terre cum
pertinenciis in territorio de Boultona, quas Malgerus Vavasor dedit   *f.* 48.
et incartulavit Johanni filio Willelmi in Carlethwayt et circa Carlethwayt;
ita quod nec ego nec heredes mei nec aliquis per [nos] aliquod jus vel
clamium nobis in predictis x. acris terre cum pertinenciis vendicare
poterimus inperpetuum. In hujus rei testimonium presenti scripto
sigillum meum apposui. His testibus. Radulfo de Claitona, Thoma de
Malghum, Thoma de Schothorp, Roberto fratre ejus, et pluribus
aliis.

William son and heir of Richard of Malasis released to Sallay his rights
in ten acres of land, which Malger Vavasor gave to John son of William in
and about Carlthwait.

177. Cirograffum Ricardi constabularii de convencione terre
de Malasis dimittende ad firmam.   [*Early Henry III*]

Hoc scriptum testatur quod abbas et conventus de Sallai concesserunt Ricardo filio Willelmi constabularii et heredibus suis ut ipsi dimittant ad firmam ad terminum si voluerint terram de Malasis quam tenent de domo de Sallai talibus hominibus qui possint justiciari per eundem Ricardum et heredes suos et per amicos eorum; ita tamen quod [non] dimittent eam comiti vel baroni vel vicecomiti vel ballivo tali per quem dicti monachi possint elongari a firma et servicio suo. In hujus rei testimonium utraque pars huic scripto sigillum suum apposuit et ad hoc tenendum idem Ricardus pro se et heredibus suis fidem suam affidavit. His testibus. Malgero Vavasur, Henrico de Blakeburna, Ada filio ejus, et aliis.

Sallay permitted Richard son of William the constable to let Malasis to farm to a person who could be justiced.

178. Carta Willelmi de Malasis de reditu vj. denariorum pro quatuor acris in Boltona et confirmacio de eisdem iiij. acris.

[Early Edward I]

Omnibus hoc scriptum visuris vel audituris Willelmus de Malasis eternam in Domino salutem. Noverit universitas vestra me dedisse et quietum clamasse de me et heredibus meis inperpetuum Deo et monachis beate Marie de Sallai reditum sex denariorum quos solebam recipere de Ada fratre meo pro quatuor acris terre cum pertinenciis suis in teritorio de Boultona. Confirmavi eciam predictis monachis et eorum successoribus predictas quatuor acras terre sicut carta predicti Ade quam inde habent testatur, ita quod nec ego nec heredes mei nec aliquis per nos aliquod jus vel clamium in predictis quatuor acris terre cum pertinenciis habere poterimus inperpetuum. In cujus rei testimonium presenti scripto sigillum meum apposui. His testibus. Domino Rogero Tempest, J. fratre ejus, W. de Roucestre, et aliis.

William of Malasis granted to Sallay a rent of 6d., which he used to receive from his brother Adam for 4 acres of land in Bolton.

179. Carta Willelmi de Malasis de reditu xij. denariorum de terra Petri de Malasis. *[c. 1280-90]*

Omnibus sancte ecclesie filiis presentibus et futuris Willelmus de Malasis eternam in Domino salutem. Noveritis me dedisse, concessisse et hac presenti carta mea confirmasse et quietum clamasse de me et heredibus meis inperpetuum Deo et monachis beate Marie de Sallai et eorum successoribus totam firmam Petri de Malasis filii Ade fratris mei de tota terra sua cum pertinenciis in eadem villa, videlicet, xij. denarios annuatim ad duos terminos solvendos, medietatem ad Pentecosten et aliam medietatem ad festum sancti Martini cum homagio et servicio predicti Petri et heredum suorum; habendam et tenendam dictis monachis et eorum successoribus de me et heredibus

f. 48v. meis in puram et perpetuam elemosinam, solutam liberam et quietam ab omni servicio et exaccione et omni re ad terram pertinente. Et ego

Willelmus et heredes mei predictam firmam cum predicto homagio et
servicio dictis monachis et eorum successoribus contra omnes warantizabimus, acquietabimus et defendemus inperpetuum. In cujus
rei testimonium presenti scripto sigillum meum apposui. His testibus.
Domino Rogero Tempest, Johanne fratre ejus, Willelmo de Roucestre,
et aliis pluribus.

> William of Malasis granted to Sallay a farm of 12d. from Peter of
> Malasis son of Adam his brother, for land in Malasis; also the homage and
> service of Peter and his heirs.

180. Quieta clamacio Willelmi de Malasis de clamio suo
in Haya. [*c.* 1274]
Omnibus hoc scriptum visuris vel audituris Willelmus de Malasis
eternam in Domino salutem. Noveritis me concessisse et inperpetuum
scripto quietum clamasse abbati et conventui de Sallai totum jus et
clamium quod habui vel habere potui communandi in tota illa medietate
Haye de Boulton quam habuit predictus abbas et conventus die confeccionis hujus scripti; ita quod nec ego nec heredes mei nec aliquis
per nos jus vel clamium habendi vel communam exigendi in tota
predicta parte Haie aliquo tempore habere poterimus inperpetuum.
In cujus rei testimonium huic scripto sigillum meum apposui. His
testibus. Domino Rogero Tempest, Waltero de Rimington, et aliis.

> William of Malasis released to Sallay his rights of common in the half
> of the Haia of Bolton owned by the abbey.

181. Composicio Willelmi de Malasis de duabus acris in
Haia. [*post* 1278]
Omnibus hoc scriptum visuris vel audituris frater Thomas dictus abbas
de Sallai et ejusdem loci conventus eternam in Domino salutem.
Noverit universitas vestra nos dedisse et presenti scripto confirmasse
Willelmo de Melesis et heredibus suis duas acras terre de nostra
medietate Haie de Boulton propinquiores terre quam habet de Johanne
de Boulton; tenendas et habendas sibi et heredibus suis de nobis et
successoribus nostris in feodo et hereditate pro homagio et servicio
suo. Redendo inde annuatim domui de Sallai[1] ad Nativitatem Domini
pro omni servicio, nec licebit dicto Willelmo vel heredibus predictam
terram dare, vendere vel aliquo [modo] a domo predicta de Sallay alienare
sine mera voluntate et consensu nostro. Nos vero dictam terram dicto
Willelmo et heredibus suis warantizabimus quamdiu nobis ipsis dictam
Haiam warantizare poterimus. Et sciendum quod si averia dicti
Willelmi vel heredum ejus medietatem nostram predicte Haie pro
defectu clausure intraverint non inparcabuntur sed sine lesione et
detrimento recaciabuntur. In cujus rei testimonium presentibus
scriptis in modum cirographi confectis pars utraque sigilla sua alterna-

[1] Rent omitted.

tim apposuit. His testibus. Domino R. Tempest, Waltero de Rimington, R. de Midop', et aliis.

Abbot Thomas granted to William of Malasis two acres of the abbey's
half of the Haia, near the land that William had from John of Bolton; to
hold in fee and heredity for his homage and service.

182. Carta W. de Malasis de reditu duodecim denariorum.
[*post* 1278]
Omnibus hoc scriptum visuris vel audituris Willelmus de Malasis
eternam in Domino salutem. Noveritis me dedisse et quietum clamasse
abbati et conventui de Sallai et eorum successoribus de me et heredibus
meis homagium [et] servicium Willelmi filii mei, scilicet duodecim
denariorum per annum et quod dictam domum et terram quam de me
f. 49. tenuit de cetero teneat de abbate de Sallai ipse et heredes sui pro
predicta firma inperpetuum. In cujus rei testimonium huic scripto
sigillum meum apposui et abbati et conventui tradidi. His testibus.
Waltero de Rimington, Simone de Panhal, H. de Bolton, et aliis.

William of Malasis granted to the abbey the homage and service of his
son William, 12d. a year; the son to hold his house and land of the monks
in place of his father.

183. Quieta clamacio Ade filii W. de Malasis de tenementis
et terris patris sui. [*ante* 1302]
Sciant presentes et futuri quod ego Adam filius et heres Willelmi de
Malasis concessi, remisi et presenti scripto meo quietum clamavi
abbati ecclesie sancte Marie de Sallai et ejusdem loci conventui et
eorum successoribus totum jus et clamium quod habui in omnibus
terris, tenementis, reditibus quas habent ex dono patris mei et omnium
antecessorum meorum in villa de Boultona et in omnibus aliis locis;
ita quod nec ego Adam nec heredes mei nec aliquis nomine nostro in
predictis terris, tenementis et reditibus aliquid juris vel clamii exigere,
habere vel vendicare poterimus sed per presens scriptum ab omni
accione simus exclusi inperpetuum. In cujus rei testimonium presenti
scripto sigillum meum apposui. His testibus. Johanne Tempest,
Johanne de Boultona, Johanne de Midop, et aliis multis.

Adam son and heir of William of Malasis released to the abbey his rights
in the gifts of his father and ancestors.

184. Carta Ade de Malasis de quatuor [acris] terre in Malasis.
[*c.* 1280-90]
Omnibus hoc scriptum visuris vel audituris Adam de Malasis filius
Ricardi de Malasis eternam in Domino salutem. Noverit universitas
vestra me pro salute anime mee et omnium antecessorum meorum
dedisse et presenti carta mea confirmasse Deo et beate Marie et monachis de Sallai quatuor acras terre in Malasis quam habui ex dono

patris mei Ricardi, que jacent in locis subscriptis, scilicet quicquid
habui in West Flat et totam terram quam habui in Thornstan riding
cum bosco et prato et totam terram quam habui in Ricard' croft et
unam rodam prati in Sponerker et viginti novem perticatas prati in
Bene Holme; tenendas et habendas dictis monachis et eorum successoribus de me et heredibus meis in liberam, puram et perpetuam elemosinam et quietam ab omni seculari servicio et exaccione. Ego vero
Adam et heredes mei predictas quatuor acras terre, prati et bosci cum
omnibus pertinenciis suis predictis monachis et eorum successoribus
warantizabimus, acquietabimus et defendemus contra omnes inperpetuum. His testibus. Domino Rogero Tempest, W. de Roucestre,
W. de Rimington, et aliis.

Adam son of Richard of Malasis granted to the abbey 4 acres in Malasis.

185. Carta Ade thanatoris de terra juxta Byrebeck   [1278-80]
Hoc scriptum cirographatum testatur quod frater Thomas abbas de
Sallai et ejusdem loci conventus dederunt, concesserunt et hoc presenti
scripto cirographato confirmaverunt Ade thanatori de Boultona filio
Roberti de Akerlandes et heredibus suis vel assignatis, illam terram
et pratum ex utraque parte de Birebec in villa de Boultona, videlicet
in Stouplum, que habuerunt de dono Johannis filii Elie Tempersnayp
de eadem villa de Boulton; tenendum et habendum de eisdem et eorum
successoribus in feodo et hereditate, sibi et heredibus suis vel suis
assignatis integre, libere, quiete, hereditarie et pacifice cum omnibus   *f. 49v.*
pertinenciis, libertatibus et aisiamentis in omnibus locis ad tantam
terram cum prato infra villam de Boultona et extra sine aliquo retenemento pertinentibus. Redendo inde annuatim dictis abbati et conventui
et eorum successoribus iiij^{or}. denarios argenti ad duos anni terminos,
scilicet medietatem ad Pentecosten et aliam medietatem [ad] festum
sancti Martini in yeme, pro omnibus secularibus serviciis et accionibus,
consuetudinibus, sectis curiarum et omnibus demandis. Dicti vero
abbas et conventus et eorum successores predictam terram cum prato
sicut scriptum est dicto Ade et heredibus suis vel suis assignatis,
quousque eorum donatores eisdem warantizare poterunt contra omnes
homines et feminas warantizabunt, acquietabunt et defendent inperpetuum. Preterea dictus Adam et heredes sui vel sui assignati molent
totum bladum suum de predicta terra proveniens ad molendinum de
Boultona ad vicesimum quartum vasculum et si inpediantur de hac
multura, vadant ad quodcumque molendinum et ubicumque voluerint
et dicti abbas et conventus et eorum successores eos warantizabunt.
In cujus rei testimonium presenti scripto in modum cirographi confecto
utraque pars sigillum suum alternatim apposuit. His testibus. Domino
Rogero Tempest, W. de Roucestre, Johanne de Boultona, et multis
aliis.

Thomas, abbot of Sallay, granted to Adam the tanner of Bolton, son
of Robert of Akerland, land and meadow at Stouplum on both sides of

Birebec; rent 4d. Adam was to grind his corn at Bolton mill and pay a
multure of 1/24.

186. Carta Johannis filii Elie Tempersnaype de terra sua de
Birebeck.   [1278-80]
Omnibus hoc scriptum inspecturis vel audituris Johannes filius Elie
Tempersnaype de Boultona salutem in Domino. Noveritis me dedisse,
concessisse et hac presenti carta mea confirmasse Ade tanatori de
Boultona, filio Roberti de Akerlandes et heredibus suis vel suis assignatis, totam terram meam et pratum ex utraque parte de Birebec in
villa de Boulton, videlicet in Stouplum; tenendum et habendum de me
et heredibus meis in feodo et hereditate sibi et heredibus suis vel
suis assignatis integre, libere, quiete, hereditarie et pacifice cum
omnibus pertinenciis, libertatibus et aisiamentis in omnibus locis ad
tantam terram cum prato infra villam de Boulton et extra sine aliquo
retenemento pertinentibus. Redendo inde annuatim michi et heredibus
meis quatuor denarios argenti ad duos anni terminos, scilicet medietatem ad Pentecosten et aliam medietatem ad festum sancti Martini,
pro omnibus serviciis secularibus, exaccionibus, consuetudinibus,
sectis curiarum et omnibus demandis. Et ego et heredes mei predictam
terram cum prato sicut prescriptum est et specificatum dicto Ade et
f. 50.   heredibus suis vel suis assignatis contra omnes homines et feminas
warantizabimus, adquietabimus et inperpetuum defendemus. Preterea
dictus Adam et heredes sui vel sui assignati molent totum bladum suum
de predicta terra proveniens ad molendinum de Boultona ad vicesimum
quartum vas et si impediantur de hac multura vadant ad quodlibet
molendinum et ubicumque voluerint et ego predictus Johannes et
heredes mei warantizabimus eos.   In hujus rei testimonium scripto
presenti sigillum meum apposui. His testibus. Johanne de Boultona,
Ricardo, Henrico, Roberto, Hugone fratribus suis, et aliis.

     John son of Elias Tempersnaype granted to Adam the tanner his lands
and meadow at Stouplum on both sides of Birebec; rent 4d.

RAGILE.

187. Carta Matilde filie Roberti Vavasoris de Ragil et Fulden
qui idem sunt.   [1206]
Omnibus sancte matris ecclesie filiis presentibus et futuris Matilda
filia Roberti Vavasoris quondam uxor Theobaldi Walteri salutem.
Sciatis me in viduitate mea dedisse et hac presenti carta mea confirmasse Deo et monachis sancte Marie de Sallai, pro salute anime
mee et patris mei et matris mee et Theobaldi quondam sponsi mei et
omnium antecessorum meorum et omnium heredum meorum, totam
terram et pasturam que vocatur Ragile cum omnibus pertinenciis
suis in puram et perpetuam elemosinam, solutam quietam et liberam
ab omni servicio et ab omni re, scilicet, ad inveniendum luminare de
cera ad omnes missas que fiunt et cantabuntur in eadem domo de

Sallai usque in finem seculi. Hoc autem feci propter quoddam votum quod feceram quando fui in periculo mortis et ut particeps esse merear omnium missarum et omnium beneficiorum ejusdem domus. Ego autem et heredes mei prefatam elemosinam predictis monachis war-antizabimus, adquietabimus et defendemus contra omnes homines inperpetuum. His testibus. Magistro Laurencio de Wiltona, Alano de Cathertona, Willelmo de Martona, et aliis.

Matilda daughter of Robert Vavasor and widow of Theobald Walter granted Ragill (or Fooden) to the abbey to find wax lights at all masses; this in fulfilment of a vow made when in peril of death. She was a widow shortly before April, 1206, and remarried by Oct. 1 to Fulk Fitzwarin, who confirms in Nos. 188-9. Ragill Moss is a farm north of Fooden, on the Bolton-Gisburn road.

188. Carta Fu[l]conis filii Warini de Ragil. [c. 1206]
Omnibus sancte ecclesie filiis presentibus et futuris Fulco filius Warini salutem. Sciatis me concessisse et presenti carta mea confirmasse Deo et monachis sancte Marie de Sallai pro salute anime mee et patris mei et matris mee et omnium antecessorum et heredum meorum totam terram et pasturam que vocatur Ragile cum omnibus libertatibus et pertinenciis suis in puram et perpetuam elemosinam, solutam liberam et quietam ab omni servicio et ab omni re ad terram pertinente, sicut carta Matildis sponse mee testatur, quam predictis monachis in viduitate et legitima potestate dedit. His testibus. Magistro Laurencio de Wiltona, Alano de Cathertona, Willelmo de Martona, et aliis.

189. Carta Fulconis filii Warini de terra de Ragil. [c. 1206]
Omnibus sancte ecclesie filiis presentibus et futuris Fulco filius Warini salutem. Sciatis me concessisse et presenti carta mea con- *f. 50v.* firmasse Deo et monachis sancte Marie de Sallai pro salute anime mee et patris mei et matris mee et omnium antecessorum meorum et here-dum, totam terram et pasturam que vocatur Ragile cum omnibus libertatibus et pertinenciis suis in puram et perpetuam elemosinam, solutam liberam et quietam ab omni servicio et ab omni re ad terram pertinente, sicut carta Matildis sponse mee testatur, quam predictis monachis in viduitate sua donavit. His testibus. Magistro Laurencio de Wiltona, Alano de Catherton, Willelmo de Martona, et aliis.

190. Carta Elie de Boulton de Ragile et xiij^{elm}. acris super Ravenesberth et pastura x. vaccarum. [*post* 1209]
Omnibus sancte ecclesie filiis presentibus et futuris Elias filius Huctredi de Boultona salutem. Sciatis me concessisse et presenti carta quietum clamasse Deo et monachis beate Marie de Sallai de me et omnibus heredibus meis totum jus et clamium quod habui in terris que vocantur Ragille et Fuldene et in xi[i]j. acris terre de nemore et mora que est inter Fuldene et Ravenesberth et super Ravenesberth et de sartis heremite et pasturam ad x. vaccas cum secto unius anni, unde eis

querelam movi et in placitum traxi coram comitatu de Ebor., cum
ingressibus et egressibus et cum omnibus pertinenciis, aisiamentis et
libertatibus suis infra villam de Boulton et extra, libera quieta et soluta
ab omni seculari servicio et exaccione et ab omni re ad terram pertinente sicut carta Roberti de Lelei quam inde habent testatur. Pro hac
eciam concessione et quieta clamacione dederunt michi predicti monachi
vj. marcas argenti et ad omnia predicta fideliter tenenda fidem meam
affidavi in manu R. abbatis de Kirkestal' (1209-30). His testibus.
Willelmo de Stivetona, Olivero de Brinkil, Willelmo Malpalu, et aliis.

For six marks Elias son of Huctred of Bolton released his rights in
Ragill and Fooden and in the gifts of Robert of Lelay. Cf. No. 128.

f. 51. Blank.

SUNDERLAND.

f. 51v. [*In a later hand*]. [13 Aug., 1371]
191. Placita apud Lancastriam coram Godefrido Foliaumbe
et sociis suis justiciariis domini regis ad diversas felonias transgressiones
etc. in comitatu Lancastrie audiendas et terminandas die mercurii
proximo ante festum sancti Laurencii anno regni regis Edwardi tercii
post conquestum Anglie quadragesimo quinto et regni sui Francie
xxxijº. Ricardus de Tounlay attachiatus fuit ad respondendum Johanni
abbati de Sallay de placito transgressus per billam et unde idem abbas
queritur quod cum ipse abbas et omnes predecessores sui a tempore
quo non extat memoria tenent et tenuerunt grangiam de Sunderland,
que quidem grangia est infra villam de Osbaldestona, in puram et
perpetuam elemosinam absque aliquo onere vel servicio seculari inde
faciendo, predictus Ricardus ut subvicecomes comitatus predicti simul
cum Willelmo de Wynclay et Johanne de Standen' ballivis de Blak-
burneschir' venerunt apud Sunderland die veneris proximo ante
festum sancti Barnabe apostoli vi et armis, s[c]ilicet gladiis arcubus et
sagittis, anno regni domini regis nunc Anglie xlvᵗᵒ. et ibidem exigerunt
puturam pro predicto vicecomite Lancastrie causa turni de Blakburn-
schir' tunc tenti apud capellam del Lawe¹ et pro eo quod predictus abbas
et tenentes ejusdem abbatis ibidem noluerunt alia servicia puture
predicte dare nec solvere eis contra feoffamenta et cartas predicti abbatis
grangie predicte, predictus Ricardus simul etc. cepit de predicto abbate
et tenentibus ejusdem abbatis ibidem graves districciones bestiarum,
videlicet quatuor boves precii cujuslibet xx.s., unum equum precii
xl.s. et dicta averia fugavit et inparcavit apud Standen² et ibidem ea
detinuit quousque predictus abbas finem cum predicto Ricardo pro
deliberacione dictorum averiorum pro dj. marcis fecisset et alia enormia
etc. et contra pacem etc. unde dicit quod deterioratus est et dampnum
habet ad valenciam xl. lib. et inde producit sectam etc. Et predictus
Ricardus in propria persona sua venit et dicit quod quoad venire vi

¹ Walton le Dale, near Preston. ² Near Clitheroe.

et armis et quicquid contra pacem etc. non est culpabilis et [de] hoc
ponit se super patriam et quoad capcionem et inparcacionem predictorum averiorum dicit quod ipse tunc temporis extitit subvicecomes
comitatus predicti et quod quilibet vicecomes aut subvicecomes predicti comitatus usi sunt et fuerunt a tempore quo non extat memoria *f. 52.*
in quolibet wapentagio infra dictum comitatum tempore tenti turni
sui premunire in diversis locis, quorum locorum predicta grangia est
una, lectum suum et puturam suam modo consueto et quod grangia
illa tenetur tali servicio etc. et dicit quod ipse fecit premunire in loco
predicto lectum suum prout pertinet vicecomiti aut subvicecomiti
etc. et quod predictus abbas illud servicium puture totaliter recusavit
per quod predictus subvicecomes et vicecomes predictum abbatem
implacitaverunt in comitatu Lancastrie etc. de serviciis predictis et pro
eo quod idem abbas non venit in curia comitatus predicti, fuit sepius
amerciatus et pro diversis amerciamentis in quibus idem abbas incid-
erat diversis modis predictus Ricardus simul etc. predictis die et loco
venit ibidem et petiit amerciamentum etc. de predicto abbate solvendum et idem abbas aliqua amerciamenta predicta solvere recusavit et
pro eo quod idem abbas amerciamenta predicta noluit dare, ipse cepit
averia predicta et ea imparcavit prout ei bene licuit ut subvicecomiti
etc. quousque etc. Unde petit judicium etc. Et abbas dicit quod ipse
tenet grangiam predictam in puram et perpetuam elemosinam et exon-
eratam ab aliquo seculari servicio et quod predictus Ricardus de...
sua propria venit vi et armis et fecit transgressionem predictam contra
pacem et [de] hoc petit quod inquiratur per patriam et predictus Ricardus
similiter. Ideo preceptum est vicecomiti quod venire faciat hic, s[c]ilicet
apud Lancastriam die mercurii proximo post festum sancti Laurencii
xxiiij. etc. per quos etc. et qui nec etc. ad recogn. etc. quia tam etc.
Ad quem diem venerunt partes predicte in propriis personis suis et
vicecomes retornavit breve cum panella et xij. jurati ad hoc electi et
triati et jurati dicunt super sacramentum suum quod predictus abbas
tenet grangiam predictam in puram et perpetuam elemosinam et
absque aliquo servicio seculari et quod predictus Ricardus est culpabilis de transgressione predicta ad dampna ipsius abbatis.

Richard Towneley, under-sheriff, made an unsuccessful attempt to
exact puture from abbot John at Sallay's grange of Sunderland in Osbaldeston, Lancs.

HAIA.

192. Carta Matildis de Goldesborug' de quarta parte Haie. *f. 53.*
[1270]
Notum sit universis Christi fidelibus hoc scriptum visuris vel audituris
quod ego Matilda de Goldesboruh in propria viduitate et legitima
potestate mea dedi, concessi et hac presenti carta mea confirmavi Deo
et beate Marie et domui de Sallai et monachis Deo servientibus, pro
salute anime mee et anime domini Ricardi de Goldesboruh quondam

sponsi mei et omnium antecessorum et liberorum meorum, totam partem meam de Haia de Boultona; scilicet quartam partem de tota Haia que pertinet ad liberum tenementum meum in eadem villa quam habui de dono patris mei Jordani de Bingelay, cum omnibus pertin- enciis et libertatibus et aisiamentis ad predictam Haiam pertinentibus; ita, scilicet, quod liceat dictis monachis dictam Haiam imparcare, includere, assartare et separalem facere inperpetuum sine contradiccione vel impedimento mei vel alicujus meorum vel cujuscumque hominis vel femine; et si contigerit quod aliquis vel aliqua impedimentum fecerit vel facere attemptaverit quo minus dicti monachi suam volun- tatem de dicta quarta parte Haie sicut scriptum est facere poterunt, concedo et assigno dictis monachis illum reditum de iiij^{or}. bovatis terre, quem habeo in villa de Boulton, ita quod possint distringere pro dicto reditu quoscumque dictas bovatas invenerint tenentes quamdiu dictam quartam partem Haie includere et separalem facere per aliquem fuerint impediti; tenendam vero et habendam dictam quartam partem Haie dictis monachis et eorum successoribus de me et heredibus meis vel assignatis meis, libere quiete pacifice integre in liberam puram et perpetuam elemosinam, solutam et quietam ab omni servicio et exaccione et omni re que ad dictam terram poterit pertinere. Ego vero Matilda et heredes mei vel quicumque fuerint assignati mei de pre- dictis quatuor bovatis terre, dictis monachis et eorum successoribus predictam quartam partem Haie contra omnes homines et feminas warantizabimus, adquietabimus et defendemus in perpetuum. In cujus rei testimonium ego Matilda presens scriptum sigilli mei im- pressione roboravi. His testibus. Domino Henrico de Perci de Setel, domino J. de Cauncefelde, domino Ricardo filio ejus, domino J. de Alta Ripa, et aliis.

Matilda widow of Richard of Goldesburgh granted to Sallay the fourth part of the Haia of Bolton, the gift of her father Jordan of Binglay, rector of Gisburn 1229-52. The Haia lay west of the Sallay-Bolton road. *Cf. Pudsay Deeds*, pp. 72, 117. The pedigree on p. 117 needs correction in the light of the descent of Bolton manor given in Dodsworth.

193. Quieta clamacio Matilde de Goldesboruh de quarta parte Haie. [1270]
Omnibus hoc scriptum visuris vel audituris Matilda de Goldesboruh eternam in Domino salutem. Noverit universitas vestra me in viduitate et legitima potestate mea confirmasse et quietum clamasse de me et heredibus meis vel assignatis Deo et domui de Sallai et monachis ibidem deo famulantibus totum jus et clamium quod unquam habui vel habere potui in totam illam partem Haie de Boulton quam in propria viduitate mea dedi et incartulavi Thome filio meo de Tabbelay coram wapentagio de Stainclive, cum omnibus appendiciis et liber- tatibus ad predictam Haiam spectantibus prout plenius continetur in carta dicti Thome filii mei quam inde habent; ita scilicet quod nec ego Matilda nec aliquis vel heres vel assignatus meus nec aliquis per nos

f. 53v.

jus vel clamium, accionem vel demandam in predicta Haia aliquando vendicare vel exigere poterimus inperpetuum, sed me ipsam de dicta Haia et omnibus ejus appendiciis penitus demitto et funditus inperpetuum renuncio. Ad cujus rei firmam et stabilem roboracionem presenti scripto sigillum meum apposui. His testibus. Henrico de Percy, domino Johanne de Cancefelde, domino Johanne de Alta Ripa, et aliis.

Matilda of Goldesburgh released to Sallay the fourth part of the Haia, which as a widow she gave to her son Thomas of Tabley in Staincliff wapentake.

194. Carta Thome de Tabbelai de quarta parte Haie. [1270] Notum sit universis Christi fidelibus hoc scriptum visuris vel audituris quod ego Thomas de Tabbelei dedi, concessi et hac presenti carta mea confirmavi Deo et beate Marie et domui de Sallai et monachis ibidem Deo servientibus totam partem meam de Haia in Boultona, scilicet, quartam partem de tota Haia, que pertinet ad liberum tenementum meum in eadem villa, quam quidem mater mea Matilda de Goldesboruh dedit michi in propria viduitate et legitima potestate sua cum omnibus libertatibus et aysiamentis ad predictam quartam partem Haie in predicta villa pertinentibus; ita scilicet quod liceat dictis monachis dictam Haiam imparcare, includere, assartare et separalem facere sine aliqua contradictione vel impedimento mei vel alicujus meorum vel cujuscumque hominis vel femine. Et si contigerit quod aliquis vel aliqua impedimentum fecerit vel facere attemptaverit, quo minus dicti monachi suam voluntatem de dicta Haia sicut supradictam est facere non potuerint, concedo et assigno dictis monachis illum reditum meum quadraginta solidorum quos michi et heredibus meis vel assignatis Johannes filius Ricardi de Boulton solvere debet annuatim pro quatuor bovatis terre quas eidem Johanni dimisi ad feodi firmam; et si dictus Johannes dictis monachis dictam firmam reddere renuerit, liceat eisdem monachis dictum Johannem distringere per dictas quatuor bovatas terre, quas de me habet in villa de Boultona, vel quoscumque dictas bovatas invenerint tenentes, quousque dictam firmam plenarie perceperint annuatim quamdiu dictam quartam partem Haie includere vel inparcare fuerint impediti; tenendam vero et habendam dictam Haiam dictis monachis et eorum successoribus et heredibus vel assignatis meis, libere quiete pacifice et integre, in liberam puram et perpetuam elemosinam, solutam et quietam ab omni servicio et exaccione *f. 54.* et omni re que ad terram poterit pertinere. Ego vero Thomas et heredes mei vel quicumque fuerint assignati de predictis quatuor bovatis terre, dictis monachis et eorum successoribus dictam quartam partem Haie contra omnes homines et feminas warantizabimus, acquietabimus et defendemus inperpetuum. In cujus rei testimonium ego Thomas presens scriptum sigilli mei impressione roboravi. His testibus. Domino Henrico de Setel, domino Johanne de Cauncefelde, domino Ricardo filio ejus, et aliis.

(*Margin, in a later hand*). Carta ista facta fuit et concessa anno Domini m⁰.cc⁰. septuagesimo quo anno dicta Haya claudebatur et eodem anno concessit nobis Henricus rex warennam in Boultona.

Thomas of Tabley son of Matilda of Goldesburgh gave to the monks his mother's gift of the fourth part of the Haia. 2 April, 1274, the same Thomas granted in fee and heredity 4 bovates in Bolton to John son of Richard of Bolton, salva mea parte de Haya de Bouhilton; rent 46s. (Dodsworth 92, f. 4v. *Cf.* f. 8v, where Thomas is described as *manens* in Bolton). In 1270 the Haia was enclosed and Henry III granted the abbey free warren in Sallay, Hautgrange, Gisburn, Elwinthorp, Fooden, Stainton, Langcliff, Stainford, and Bolton in Bolland (*Charter Rolls*, 1257-1300, p. 143.)

195. Confirmacio Willelmi de Tabbelay de quarta parte Haie.
[1270]
Omnibus hoc scriptum visuris vel audituris Willelmus de Tabbelei eternam in Domino salutem. Noverit universitas vestra me confirmasse et quietum clamasse de me et heredibus meis vel assignatis meis, Deo et domui de Sallai et monachis ibidem Deo famulantibus, totum jus et clamium quod unquam habui vel habere potui in totam illam quartam partem Haie de Boultona quam dedit et incartulavit michi Thomas filius Matilde de Goldesboruh, cum omnibus appendiciis et libertatibus ad predictam Haiam spectantibus prout plenius continetur in carta quam inde habeo; ita scilicet quod nec ego Willelmus nec aliquis vel heres vel assignatus meus nec aliquis per nos jus vel clamium, accionem vel demandam in predicta Haia aliquando vendicare vel exigere poterimus inperpetuum, sed meipsum de dicta Haia et omnibus ejus appendiciis penitus demitto et funditus inperpetuum renuncio. Ad cujus rei firmam et stabilem roboracionem presenti scripto sigillum meum apposui. His testibus. Domino Henrico de Setel, domino Johanne de Cauncefelde, domino Ricardo filio ejus, domino J. de Alta Ripa, et aliis.

William of Tabley confirmed to the abbey the fourth part of the Haia, given him by Thomas son of Matilda of Goldesburgh. *Cf.* No. 148.

196. Confirmacio Willelmi (*sic*) de Thabbelai de quarta parte Haie.
[1270]
Omnibus hoc scriptum visuris vel audituris Thomas filius Willelmi Tabbelai eternam in Domino salutem. Noverit universitas vestra me confirmasse et quietum clamasse de me et heredibus meis vel assignatis meis Deo et domui de Sallai et monachis ibidem Deo famulantibus totum jus et clamium quod unquam habui vel habere potui in totam illam partem Haie de Boultona, quam in propria viduitate et legitima potestate sua dedit et incartulavit michi mater mea Matilda de Goldesbouh coram wapentagio de Staineclive, cum omnibus appendiciis et libertatibus ad predictam Haiam spectantibus prout plenius continetur in carta quam inde habeo; ita scilicet quod nec ego Thomas nec aliquis

vel heres vel assignatus meus nec aliquis per nos jus vel clamium,
accionem vel demandam in predicta aliquando vendicare vel exigere
poterimus inperpetuum, sed meipsum de dicta Haia et omnibus ejus
appendiciis penitus demitto et funditus inperpetuum renuncio. Ad
cujus rei firmam et stabilem roboracionem presenti scripto sigillum
meum apposui. His testibus. Domino Henrico de Setel, domino *f. 54v.*
Johanne de Cauncefelde, domino Ricardo filio ejus, domino J. de
Alta Ripa, et aliis.

Confirmation by Thomas son of William Tabley to Sallay of the fourth
part of the Haia, given him by his mother Matilda of Goldesburgh, in the
wapentake of Staincliff. The witnesses in Nos. 192-6 are the same.

197. Quieta clamacio Ricardi de Goldesboruh de toto jure suo
et quarta parte Haie. [2 July, 1280]
Omnibus hoc scriptum visuris vel audituris Ricardus de Goldesboruh
filius et heres domini Ricardi de Goldesboruh eternam in Domino
salutem. Noveritis me remisisse et de me et de heredibus meis inperpetuum quietum clamasse abbati de Sallai et ejusdem loci conventui et eorum successoribus totum jus et clamium quod habeo vel
habui vel habere potui in tota illa medietate Haie de Boultona in Boulant
secundum divisas suas quas dicti abbas et conventus tenuerunt die
confeccionis hujus scripti, tam in terra quam in communa et in omnibus
proficuis de predicta terra et pastura exeuntibus et quod liceat eis
totam illam medietatem Haie includere et separalem habere et retinere
sicut eis melius viderint expedire; ita scilicet quod nec ego nec heredes
mei nec aliquis per nos nec nomine nostro in predictis terra et communa
nec in aliquibus de predicta terra exeuntibus subtus vel supra de
cetero habere jus vel clamium exigere vel vendicare poterimus. In
cujus rei testimonium huic scripto sigillum meum apposui. Datum apud
Ebor. die sanctorum Processi et Martiniani anno Domini m⁰.cc⁰.
octogesimo. His testibus. Dominis Roberto de Plumtona, Roberto
de Stivetona, Rogero Tempest, Ada de Houhtona, militibus, et aliis
p[l]uribus.

Richard son and heir of Sir Richard of Goldesburgh released his rights
in that half of the Haia, which the monks held 2 July, 1280. To the witnesses add Sir Aunger of Ripon, John of Farnhill, John Tempest, Henry of
Keighley, William son of Robert of Skipton, Thomas of Multon. (Dodsworth 92, f. 11).

198. Quieta clamacio Ade de Malasis de clamio suo in Haia.
[*c.* 1280]
Omnibus sancte matris ecclesie filiis presentibus et futuris Adam de
Malasis eternam in Domino salutem. Noverit universitas me concessisse, confirmasse et presenti scripto inperpetuum quietum clamasse
de me et heredibus meis Deo et beate Marie et monachis de Sallay et
eorum successoribus totum jus et clamium communiandi quod habui

vel habere potui in tota illa medietate Haie de Boultona in Boulande, secundum omnes divisas suas quas dicti monachi tenuerunt die confeccionis hujus scripti; ita quod nec ego nec heredes mei nec aliquis per nos nec nomine nostro in tota predicta medietate dicte Haie cum pertinenciis suis jus vel clamium communiandi exigere vel vendicare poterimus inperpetuum. In cujus rei testimonium presenti scripto sigillum meum apposui. His testibus. Domino Rogero Tempest, domino Johanne Giloth, Willelmo de Roucestre, et aliis.

Adam of Malasis released his rights of common in the half of the Haia held by the abbey.

199. Quieta clamacio Henrici de Boulton de clamio suo in Haia. [23 Sept., 1284]

Hec carta cirographata testatur quod Henricus filius Ricardi de Boultona in Boulande remisit, relaxavit de se et heredibus suis vel assignatis suis inperpetuum, quietum clamavit domino Thome abbati de Sallay et successoribus suis et ecclesie sue sancte Marie de Sallai totum jus et clamium quod habuit vel aliquo modo habere potuit in tota illa medietate bosci, prati et more que vocatur le Haie de Boultona in Boulande, in communa pasture ejusdem Haie fossato et haia inclusa fuit die et anno quo idem Henricus in curia domini regis Edwardi filii regis Henrici coram dominis Johanne de Rayngate et Galfrido Agilun justiciariis assignatis apud Ebor. per assisam nove dissaisine questus fuit quod idem injuste et sine judicio dissai[si]vit eum de communa pasture sue in eadem Haia pertinente ad liberum tenementum suum in eadem villa; et eciam totum jus et clamium quod habuit seu quoquo modo habere potuit in tota illa placia bosci et marisci que vocatur comun ker et communa pasture ejusdem loci; habenda et tenenda dicto abbati et successoribus suis et ecclesie sue predicte in suo separabili, ita quod nec predictus Henricus nec heredes [vel] assignati sui aliquam communam pasture seu aliquid juris in totis predictis placiis habeant seu inposterum exigi poterunt inperpetuum; et pro istis remissione et quieta clamacione predictus abbas concessit pro se et successoribus suis et ecclesia sua predicta, quod si averia dicti Henrici heredum vel assignatorum suorum in predictis placiis pro defectu clausture de cetero intrent, quod idem et heredes vel assignati sui exinde non occasionentur et aliquod dampni recipiant sed libere recaciabuntur absque [lesione] inperpetuum. In hujus rei testimonium huic scripto cirographato utraque pars sigillum suum apposuit. His testibus. Domino Alexandro de Ledes, domino Aungero de Ripon, et aliis.

f. 55.

Henry son of Richard of Bolton released to abbot Thomas his rights in that moiety of wood, meadow and moor called Le Haie and in the common of pasture there; and also in the wood and marsh called Common Ker. Dodsworth furnishes the date and adds as witnesses John of Farnhill, John of Keighley, Elias of Stretton, Adam of Plumland, John of Staynwege, Thomas of Haukeswic. York, the morrow of Maurice martyr (23 Sept.), 1284. (Dodsworth 92, f. 9v).

In 1279 Thomas, abbot of Sallay, claimed against Henry of Bolton 14 acres which he said Hugh of Wigehale, once abbot, had only leased to Henry from year to year. Henry maintained that Hugh had granted him the premises in fee in exchange for 10 acres in Bolton. The jury found that each had only leased his lands at will; each should recover his own, and Henry was fined (*Pudsay Deeds*, p. 7; *Monastic Notes*, ii, 35, where the date is wrongly given as 1273). On 11 Nov., 1368, the abbot recognised the right of Henry of Pudesay to an enclosure made by him above Holden, called Le Fatehille. Henry released his right in an enclosure lately made at Parkhows, and in all other enclosures and improvements made within the limits of Bolton and Holden (*Pudsay Deeds*, pp. 234-5).

Blank. *f. 55v.*

AKERLAND.

200. Robertus de Laci de triginta acris terre de Akerlande. *f. 56.*
[1189-93]
Omnibus sancte matris ecclesie filiis presentibus et futuris Robertus de Laici salutem. Sciatis me dedisse, concessisse et presenti carta mea confirmasse Deo et beate Marie de Sallai et monachis ibidem Deo servientibus, in liberam puram et perpetuam elemosinam totam illam terram ultra fluvium de Ribbel de contra abbatiam, in bosco et plano, quod R. Baret quandoque de me tenuit, scilicet, xxx. acras pro salute anime mee et [I]sab[elle] sponse mee et omnium antecessorum meorum et heredum. Quare volo et firmiter precipio ut predicti monachi jam dictam terram habeant et teneant bene et quiete, plene et integre, libere et honorifice, cum omnibus libertatibus et aisiamentis in liberam elemosinam pertinentibus, sicut aliqua elemosina liberius dari et concedi potest. Et sciendum quod omnes dumos in eadem terra memorati monachi sartare possunt exceptis illis qui in cilio montis sunt, quos ad operandum abbacie volumus reservare. His testibus. Nicholao capellano, Galfrido Maunsal de Grillington, Henrico de Mungai, et aliis.

Robert de Lacy granted to Sallay 30 acres across the Ribble and opposite the abbey, land lately in the possession of Robert Baret. Henry de Lacy, Robert's predecessor, died in 1177, not in 1187 as often stated.

201. Carta Roberti de Lasci de centum acris in Akerlande et serviciis Johannis et Ade de terris et pastura xx. (?) vaccarum cum sequela. [1189-93]
Universis sancte matris ecclesie filiis presentibus et futuris Robertus de Lasci salutem. Sciatis me dedisse, concessisse et presenti carta mea confirmasse Deo et beate Marie de Sallai et monachis ibidem Deo servientibus, in liberam et puram et perpetuam elemosinam totam terram de Akerlandes cum aisiamentis et libertatibus predicte terre adjacentibus et servicium Johannis filii Rogeri, qui tenet predictam

terram et heredum suorum et servicium Ade Bosbatrie[1], cum tota terra sua et super hoc centum acras terre cum bosco ad sartandas cum ipsi voluerint propinquiores triginta acris versus Catterig' juxta divisas de Boultona et mortuum boscum de foresta mea inter abbathiam eorum et Slaytebourna ad eorum necessaria sustentanda; et ibidem pasturam ad xxx[ta]. vaccas cum earum nutrimento trium annorum ubi scilicet sibi melius esse perspexerint salvo grauno versus Slaiteborna. Hanc vero donacionem feci predictis monachis consilio et voluntate Ysabelle sponse mee et legalium hominum meorum, pro salute anime mee et prefate Ysabelle sponse mee et pro animabus patris mei et matris mee et omnium antecessorum et heredum meorum. Quare volo et firmiter precipio ut predicti monachi omnia prefata habeant et teneant bene et quiete, plene et integre, libere et honorifice, cum omnibus libertatibus et aisiamentis ad liberam elemosinam pertinentibus sicut aliqua elemosina liberius dari et concedi potest. Et sciendum quod ego et heredes mei *f. 56v.* omnia predicta prefatis monachis warantizabimus. Hujus rei testes sunt Adam de Reinesvilla, Robertus Vavasor, Sampson de Wridelesforde, et multi alii.

Robert de Lascy, with the consent of Isabel his wife, granted to Sallay in frankalmoign all Acreland, the service of John son of Roger who held the land, the service of Adam son of Cospatrick with his land, and 100 acres with wood towards Catterig', near the 30 acres.

202. Carta Roberti de Laci de pastura inter Slaiteborna et Boultona. [1189-93]
Sciant presentes et futuri quod ego Robertus de Lasci dedi, concessi et presenti carta mea confirmavi Deo et beate Marie de Sallai et monachis ibidem Deo servientibus pasturam ad averias ecclesie sue et edificiorum in foresta et pasturas que sunt inter Blakeborna[2] et Boultona et sic versus north sicut foresta comitisse[3] jacet et materiem ad masagium[4] faciendum ibidem et fena colligenda ubi sibi aptius esse viderint et ut habeant ubique liberum transitum per terram meam intra forestam et extra ad lapidicinam et materiem trahendam et ad cetera necessaria peragenda. Preterea concedo prefatis monachis omnes donaciones patris mei et liberorum hominum meorum et presenti carta mea confirmo ut illas habeant et teneant plene et integre, libere quiete sicut ulla elemosina liberius dari et confirmari potest. Et sciendum quod ego et heredes mei omnia predicta prefatis monachis warantizabimus. Hiis testibus. Ada de Rainevilla, R. Vavasor, et aliis.

Robert de Lacy granted pasture for the abbey cattle between Slaidburn and Bolton in Bolland.

203. Carta Rogeri de Laci de centum acris in Akerlande cum servicio Johannis et Ade de terris suis et pastura xxx. vaccarum et

___

[1] Ade filii Cospatric. See No. 203.
[2] *recte* Slaiteborna. [3] Matilda, countess of Warwick. [4] a messuage.

mortuo bosco.   [1194-1211]
Universis sancte matris ecclesie filiis presentibus et futuris Rogerus
de Laci constabilis Cestrie salutem. Sciatis me dedisse, concessisse et
presenti carta mea confirmasse Deo et beate Marie de Sallai et monachis
ibidem Deo servientibus, in liberam et puram et perpetuam elemosinam
totam terram de Akerlande cum omnibus aisiamentis et libertatibus
predicte terre adjacentibus et servicium Johannis filii Rogeri qui tenet
predictam terram et heredum suorum et servicium Ade filii Cospatric
cum tota terra sua et preter hoc centum acras terre in bosco et plano
ad sartandas cum ipsi voluerint. Et sciendum quod hee prefate centum
acre debent incipere ad divisas de Boulton et sic procedere versus
xxx^{ta}. acras que fuerunt Roberti Barat, quantum predicte centum acre
se extendent et sic sursum versus Cattering; quas vero xxx. acras
Robertus de Laci eis dedit et incartulavit; et mortuum boscum de
foresta mea deinter abbatiam eorum et Thelebrige ad eorum necessaria
sustentanda; et ibidem pasturam ad xxx. vaccas cum earum nutrimento
trium annorum extensam usque ad chiminum de Thelebrig', vaccaria
eorum posita infra divisas centum acrarum. Hanc vero donacionem
et concessionem feci predictis monachis consilio legalium hominum
meorum pro salute anime mee et anime sponse mee et pro animabus
patris et matris mee et pro anima Roberti de Laci et omnium antecessorum et heredum meorum. Quare volo et firmiter precipio quod
predicti monachi omnia prefata habeant et teneant bene et quiete, plene
et integre, libere et honorifice cum omnibus libertatibus et aisiamentis   *f. 57.*
ad liberam elemosinam spectantibus, sicut aliqua elemosina liberius
dari et concedi potest. Et sciendum quod ego et heredes omnia supradicta predictis monachis contra omnes homines warantizabimus. His
testibus. Roberto Walensi, W. de Longvillers, et aliis.

Roger de Lacy, constable of Chester, confirmed the gifts of Robert de
Lacy to Sallay.

204. Carta Henrici de Laci de firmacione stangni. [1148-54]
Henricus de Lasci omnibus sancte matris ecclesie filiis Francis et
Anglicis, clericis et laicis, presentibus et futuris salutem. Notum
sit vobis omnibus me concessisse abbati et fratribus ecclesie sancte
Marie de monte sancti Andree Sellaie stangnum suum super terram
meam firmare ad piscacionem et molendinum construendum prout
situs loci ejusdem exigerit, pro Dei amore et pro salute anime mee et
uxoris mee et pro animabus patris et matris mee, fratrum meorum et
omnium amicorum meorum cunctorumque fidelium defunctorum, in
puram et perpetuam elemosinam. Testante abbate Alexandro, Hilberto
Paganello, Alexandro vicecomite, et aliis.

Henry de Lacy gave permission to the monks newly arrived to
strengthen their dam, make a fish pond and construct a mill. The Alexander
who tests was abbot at Barnoldswick, whence the community soon removed
to Kirkstall.

205.   Carta Henrici de Laci de saltibus contra abbaciam.

[1148-54]

Omnibus sancte matris ecclesie filiis presentibus et futuris Henricus de Laci salutem. Notum sit omnibus vobis me concessisse et dedisse Deo et sancte Marie de monte sancti Andree Sellaie in manu Benedicti abbatis et fratrum ibidem Deo serviencium terram illam que inter duo vada jacet contra abbaciam eorum, scilicet saltus illos quos palus circumdat que cadit in Ribbele, solutam et quietam et liberam ab omnibus rebus in puram et perpetuam elemosinam, pro salute anime mee et pro animabus patris et matris mee et fratrum meorum et omnium parentum meorum.   Hujus concessionis et donacionis testes sunt Ricardus Gobalde, Ricardus de Arches, Willelmus de Federstan, Willelmus filius Aldelin, et multi alii.

> Henry de Lacy also granted to abbot Benedict and his monks land between two fords opposite the abbey. Benedict tests a deed 1148-51, to the canons of Embsay, together with Alexander abbot of Kirkstall, Ulf deacon, Ralph constable, William Fleming, Roger Tempest, Roger Faisington. (Dodsworth, 8, f. 9v; 9, f. 221v).

206.   Carta Johannis constabilis de Akerlande et centum acris et triginta acris Roberti Baret et pastura viginti[1] vaccarum. [*ante* 1223] Omnibus sancte matris ecclesie filiis presentibus et futuris Johannes de Laci constabilis Cestrie salutem in Domino. Sciatis me reddidisse, concessisse et presenti carta mea confirmasse Deo et monachis sancte Marie de Sallay, pro salute anime mee et M. sponse mee et patris et matris mee et omnium antecessorum et heredum meorum, omnes donaciones quas eis fecit Rogerus de Laci pater meus et incartulavit per hec verba.   Universis sancte matris ecclesie filiis presentibus et futuris, R. de Laci constabularius Cestrie salutem. Sciatis me dedisse, concessisse et hac presenti carta mea confirmasse Deo et beate Marie de Sallai, et monachis ibidem Deo servientibus, in liberam et puram et perpetuam elemosinam totam terram de Akerlande cum omnibus

f. 57v.   aisiamentis et libertatibus predicte terre adjacentibus et servicium Johannis filii Rogeri qui tenet predictam terram et heredum suorum et servicium Ade filii Cospatrici cum tota terra sua; et preter hoc centum acras terre in bosco et plano ad sartandas cum ipsi voluerint. Et sciendum quod hec prefate centum acre debent incipere ad divisas de Boulton et sic procedere versus xxx^{ta}. acras que fuerunt Roberti Barat quantum predicte centum acre se extendent et sic sursum versus Katerig; quas vero triginta acras Roberti de Laci eis dedit et incartulavit; et mortuum boscum de foresta mea deinter abbaciam eorum et Thelebrig, ad eorum necessaria sustentanda; et ibidem pasturam ad xxx. vaccas cum earum nutrimento trium annorum, extensam super chiminum de Thelebrig, vaccaria eorum posita inter divisas centum acrarum.   Hanc vero donacionem et concessionem feci predictis monachis consilio legalium hominum meorum, pro salute anime mee

---

[1] triginta.

et sponse mee et pro animabus patris et matris mee et pro anima Roberti
de Laci et omnium antecessorum et heredum meorum. Quare volo
et firmiter precipio quod predicti monachi omnia prefata habeant et
teneant bene et quiete, plene et integre, libere et honorifice, cum
omnibus libertatibus et aisiamentis ad liberam elemosinam pertinentibus, sicut aliqua elemosina liberius dari et concedi potest. Et
sciendum quod ego et heredes mei omnia supradicta predictis monachis
contra omnes homines warantizabimus. His testibus. Roberto Walensi,
et aliis. Et sciendum quod ego Johannes retineo in manu mea quamdiu michi placuerit servicium triginta acrarum quas Ricardus filius
Helie de Boulton tenet de me de predictis centum acris. His testibus.
Roberto de Kent, Jordano Foliot, Ricardo Punchardona, et aliis.

> John de Lacy, constable of Chester, confirmed the deed of Roger de
> Lacy, No. 203. The 30 acres that Richard son of Elias of Bolton held were
> soon exchanged for land in Bolton field, *temp.* abbot Stephen, No. 169.
> *Cf. Pudsay Deeds*, pp. 3, 107-8, where it is stated that there are no witnesses
> to this deed.

[18 Nov., 1223]
207. J. de Laci constabilis Cestrie dilecto et fideli suo G. de
Duttun senesscallo suo salutem. Scias quod sicut prelocutum fuit
inter nos quando fuimus in partibus illis, nos reddidisse abbati et
monachis de Sallai centum acras terre in Akerland' cum pertinenciis
contentis in carta patris nostri Roberti[1] de Laci, exceptis xxx. acris quas
Ricardus de Boultona tenet de eisdem. Quare vobis mandamus quatinus visis literis facias mensurari sexaginta decem acras incipiendo a
predictis xxx[a]. acris extra terram monachorum et inde eisdem monachis
plenariam facias saisinam. Scias tamen quod predicti monachi concesserunt nobis quod homines qui modo sedent super terram illam
usque in estatem[2] proximam sustinebunt. Datum apud Pontefractum
in octavis sancti Martini anno Dominice Incarnacionis m°cc°.xxiij°.

> When visiting the Sallay district John de Lacy and Geoffrey of Dutton
> his steward agreed to give 70 more acres in Akerland to the monks, in
> addition to the 30 acres Richard of Bolton held of the abbey; the monks to
> support till the following summer the tenants then in possession. On his
> return to Pontefract John de Lacy gave the necessary instructions.

GRILLINGTONA.

208. Composicio de firma de Grillingtona pro molendinis de
Hunesflet.   [1234-40]
Sciant presentes et futuri quod Walterus abbas et conventus de Sallai
dederunt, concesserunt et hac carta sua confirmaverunt Johanni de
Lasci comiti Lincolniensi et heredibus suis molendinum suum de   *f. 58.*
Hunesflet cum secta tenendum et habendum dicto Johanni et heredibus

---

[1] Rogeri. [2] Harland, *Salley*, p. 17, translates as 'estate.'

suis imperpetuum. Pro hoc autem dono dedit predictus Johannes in escambium sex marcas sterlingorum predictis abbati et conventui percipiendas annuatim de hominibus suis de Grillingtona, donec idem Johannes vel heredes sui in terris vel pasturis vel aliis possessionibus aliquid certum ad valenciam predictarum sex marcarum dictis abbati et conventui assignaverint et carta sua confirmaverint; et ad hanc solucionem fideliter faciendam assignavit xix. homines de Grillingtona qui in quadam alia carta sigillo suo signata nominantur, ita tamen quod licebit dicto comiti alia servicia pro voluntate sua a dictis hominibus sine contradiccione dictorum abbatis et conventus recipere. Quod si dicti homines a solucione dicti redditus in festo sancti Egidii defecerint, ballivi dicti comitis distringent eos ad solucionem dicti redditus infra quindenam post dictum festum faciendam et si dicti ballivi non fecerint, licebit dictis abbati et conventui dictos homines per censuram ecclesiasticam ad solucionem dicti redditus compellere sine contradiccione vel impedimento dicti comitis vel heredum suorum; et si contigerit quod dicti abbas et conventus dictum molendinum non warantizaverint, dictus redditus quietus remanebit dicto Johanni et heredibus suis sine contradiccione dictorum abbatis et conventus et predictum molendinum quietum remanebit dictis abbati et conventui sine contradiccione vel impedimento dicti Johannis vel heredum suorum. Hiis testibus. Ada de Nayrford', Colyn Quat' Mars, Balwin le Tyays, et aliis.

Abbot Walter granted Hunslet mill to John de Lacy, earl of Lincoln. In exchange John granted to the monks an annual rent of six marks, to be paid under bond by 19 men of Grindleton.

209. Scriptum continens nomina hominum nobis reddentium firmam in Grillingtona. [1234-40]
Hec sunt nomina hominum quorum firme assignantur abbati et conventui de Sallai ad perficiendas sex marcas sterlingorum quos Johannes de Lasci eisdem solvere tenetur annuatim pro molendino suo de Hunesflet. Stephanus filius Mabbille ij.s. iiij.d., Robertus del Clouch dimidia marca, Roger del Clouch iij.sol. iiij.d., Adam faber iiij.s. ij.d., Gillebertus filius Ade iiij.s., Gilebertus filius Rogeri iij.sol. viij.d., Serlo de Chatteburne xij.d., Thomas prepositus iij.s. x.d., item Adam faber iij.sol., Ricardus de Merlei xxiij.d., Stephanus de Mitton 6 sol., Adam filius Willelmi viij.sol., Robertus Sumerlei iij.s. ij.d., Alanus filius Ade viij.s., Jordanus forestarius iiij.sol. vj.d., Walterus de Finey et Amable iiij.s., Johannes cementarius xxj.d., item de eodem xij.d., Ricardus de Boulton dimidia marca, Thomas et Stephanus pro terra Viviane iiij.sol. Si autem predicti homines in solucione hujus redditus defecerint vel eorum successores, dictus abbas et conventus de Sallai recipient predictum reditum ad festum sancti Egidii de domino Petro receptore dicti Johannis vel ejus successore sine alicujus impedimento vel contradiccione.

The names of the 19 men of Grindleton paying the farm of 6 marks.
A free tenement that Sallay held in Grindleton in 1373 was called Dob-
bestidde-futhianson, with entry by Dobbesontelane (*John of Gaunt's Register*).

CLIDERHOU.

210. Carta J. constabilis de dimidia marca. [1218-24] *f. 58v.*
Omnibus sancte matris ecclesie filiis presentibus et futuris Johannes
de Lasci constabularius Cestrie salutem in Domino. Noveritis me pro
salute anime mee et sponse mee et antecessorum et heredum meorum
dedisse et presenti carta mea confirmasse Deo et monachis ecclesie
beate Marie de Sallai unam dimidiam marcam argenti ad inveniendum
luminare in predicta ecclesia, annuatim inperpetuum solvendam apud
Cliderhou in vigilia Purificacionis beate Marie. Et ego et heredes mei
hanc predictam dimidiam marcam inperpetuum fideliter solvemus.
Hiis testibus. Roberto de Kent tunc senescallo, Henrico de Longo
Campo, et multis aliis.

> John de Lacy, constable of Chester, granted ½ mark of silver for a light
> in Sallay church. This rent was paid from the manor of Clitheroe until
> it came into the king's hands by the forfeiture of Thomas, earl of Lancaster
> (*Inq. Ext. & Feud. Aids*, iii (13 Oct., 1322). On Dec. 20 the king's receiver
> of Clitheroe was told to resume payment (*Cal. Close Rolls*). At the dissol-
> ution the rent was paid to Sir Arthur Darcy and his heirs (Whitaker,
> *Whalley*, i, 362 *bis*; pro lampade coram summo altari).

AKERLAND.

211. Malasis. J. constabularius Cestrie de xxx. acris Ricardi de
Boultona in Akerland. [*Soon after* 1223]
Omnibus sancte ecclesie filiis presentibus et futuris Johannes de Lasci
constabularius Cestrie salutem. Noveritis me concessisse et presenti
carta mea confirmasse Deo et monachis ecclesie sancte Marie de Sallai
terram illam quam habent ex dono Ricardi filii Elie de Boulton, inter
Haiam de Boulton et terram eorum monachorum, quam terram idem
Ricardus habuit ex dono meo in Rodil; tenendam et habendam in
perpetuam elemosinam, solutam liberam et quietam ab omni servicio
et exaccione, reddendo michi et heredibus meis annuatim dimidiam
marcam argenti tantum ad festum sancti Egidii [apud] Cliderhou. In
hujus rei testimonium hanc cartam sigillo meo munitam eisdem monachis feci. His testibus. Gaufrido de Ductona [tunc senescallo], Henrico
Walensi, Henrico de Longo Campo, Henrico de Novo Mercato, Henrico de Blakeburna, Ricardo de Elvetham, Gregorio de Knol, Helia
fratre ejus, Henrico de Bavill, Radulfo de Kyrkeham, et aliis pluribus.

> John de Lacy, constable of Chester, confirmed the gift of Richard son
> of Elias of Bolton, of land in Rodhill between the Haia of Bolton and the
> monks' land; rent 6s. 8d., payable at Clitheroe. The last seven witnesses
> are supplied from Dodsworth 92, f. 11v.

[c. 1200]

f. 59.   **212.** Sciant presentes et futuri quod ego Malgerus Vavasor
dedi et concessi et presenti carta mea confirmavi Johanni filio Willelmi
x. acras terre quas W. presbiter in vita sua tenuit in Calethuait, tenendas
de me et heredibus meis ille et heredes sui in feodo et hereditate, libere
quiete et honorifice pro homagio et servicio, in bosco et plano, in
pastura et in omnibus aliis aisiamentis predicte ville de Boultona
pertinentibus extra Hagam quantum pertinet ad x. acras terre. Redendo michi et heredibus meis ille et heredes sui annuatim iiij^{or}. solidos,
duos scilicet ad Pentecosten et duos ad festum sancti Martini pro omni
servicio et exaccione que pro terra exigi potest. Et ego et heredes mei
predictas x. acras prefato J. et heredibus suis contra omnes homines
warantizabimus. His testibus. Ada abbate et conventu de Sallai,
Ricardo Vavasor, Ada persona de Boultona, H. persona de Blakeburna,
et aliis.

   Malger Vavasor granted to John son of William 10 acres which W. the
priest had held in Carlthwait; rent 4s.
   Roger de Lacy granted to Kirkstall abbey certain timber rights in his
forest of Blackburnshire. *Test.* Adam abbot of Sallay, Adam of Reinevill,
Robert Vavasor, Samson of Wrideslesford, Thomas of Reinevill, William of
Lungvillers, Adam of Preston, Gilbert de Lasci. Seal, Lacy fret (Dodsworth
8, f. 43v).

   213. Carta Roberti filii capellani de xxx. acris contra abbaciam.
[1189-93]
Omnibus sancte matris ecclesie [filiis] presentibus et futuris Robertus
Barat salutem. Notum sit omnibus vobis quod ego Robertus dedi et
concessi et hac presenti carta mea confirmavi Deo et monachis sancte
Marie de Sallai pro anima patris mei et matris mee et pro salute anime
mee et omnium antecessorum et heredum meorum totum jus et clamium
que habui in xxx. acris terre que jacent contra abbaciam illorum ultra
Ribbel, soluta et libera et quieta de me et heredibus meis inperpetuum,
quas xxx. acras dominus meus R. de Lasci assensu meo et bona voluntate eis in liberam et puram et perpetuam elemosinam dedit et carta
sua confirmavit; et ut hoc libencius facerem, dederunt michi prefati
monachi de caritate sua unam marcam argenti et duo animalia. His
testibus. Roberto Vavasor, Maugero fratre ejus, Willelmo filio Roberti,
Henrico de Blakeburna, et multis aliis.

   For one silver mark and two animals Robert Barat confirmed the
gift of 30 acres to the abbey from Robert de Lacy. For Barat *cf. Percy
Chart.*, pp. 59, 91.

   214. Carta Ade forestarii de xv. acris in Akerlandes.
[*Early John*]
Omnibus sancte ecclesie filiis presentibus et futuris Adam forestarius
salutem. Sciatis quod ego teneo hereditarie de abbacia de Sallai viginti

acras terre ultra Ribbel contra abbaciam, reddendo annuatim xl.d. in festo sancti Egidii pro omni servicio et omni re ad terram pertinente. Et sciendum quod ego v. acras de predictis xx^{ti}. acris dedi eidem abbacie in puram et perpetuam elemosinam pro salute anime mee et patris mei et matris mee et omnium antecessorum et heredum meorum. Et ego et heredes mei per predictum servicium prefatam elemosinam supra-dicte abbacie et monachis ibidem Deo servientibus defendemus inper-petuum. His testibus. Roberto Vavasor' et Maugero fratre ejus, Ricardo Vavasor', Willelmo filio Roberti, Alano de Ripeis, Huctredo de Pathorn, et aliis.

Adam the forester, who held 20 acres across the Ribble opposite the abbey, granted five of them to the monks in frankalmoign. There were also present Stephen of Hamerton, Horm his brother, John of Akerland, Robert de Claravalle, William Angevin (Dodsworth 92, f. 10).

215. Carta Ade forestarii de prato quod vocatur Thurheng'. *f. 59v.*
[Early John]
Omnibus sancte matris ecclesie filiis presentibus et futuris Adam filius Gospatrici salutem. Noveritis me pro salute anime mee et omnium antecessorum et heredum meorum dedisse, concessisse et presenti carta mea confirmasse Deo et monachis beate Marie de Sallai in puram et perpetuam elemosinam, solutam liberam et quietam ab omni servicio et exaccione totum illud pratum quod vocatur Thurheng' et jacet inter terram Roberti Baret sicut divise recte et transverse extense dividunt inter terram eorum monachorum et terram meam. Et ego et heredes mei totum predictum pratum warantizabimus et defendemus contra omnes homines inperpetuum. His testibus. Ricardo de Boulton, Roberto de Percy, Ada de Rimingtona, et aliis multis.

Adam the forester son of Gospatrick granted to the abbey the meadow called Thurheng'.

216. Confirmacio Thome filii Ade forestarii de prato quod vocatur Turheng'. *[Early John]*
Omnibus sancte ecclesie filiis presentibus et futuris Thomas filius Ade filii Gospatrici salutem. Noveritis me pro salute anime mee et omnium antecessorum et heredum meorum concessisse et presenti carta confirmasse Deo et monachis ecclesie sancte Marie de Sallai in puram et perpetuam elemosinam, solutam liberam et quietam ab omni servicio et exaccione, totum illud pratum quod vocatur Thorheng' et jacet [inter] terram Roberti Baret sicut carta Ade patris mei quam inde habent testatur. His testibus. Ricardo clerico de Boultona, Roberto de Percy, Ada de Rimingtona, et aliis pluribus.

Thomas son of Adam the forester son of Gospatrick confirmed the gift of Thorheng'.

217. Carta Jordani de Akerland' de una roda terre et x. fal. et confirmacio de dono patris sui. [1240-60]
Omnibus hoc scriptum visuris vel audituris Jordanus filius et heres Thome de Akerland' eternam in Domino salutem. Noverit universitas vestra me pro salute anime mee et omnium antecessorum et heredum meorum dedisse, concessisse et hoc presenti scripto confirmasse Deo et beate Marie et monachis de Sallai unam rodam terre et x. fal. cum pertinenciis que continentur inter domum meam et Moricegreve; tenendas et habendas sibi et successoribus suis de me et heredibus meis in puram et perpetuam elemosinam, solutam liberam et quietam ab omni servicio et exaccione et omni re ad terram pertinente. Preterea dedi, concessi et presenti scripto confirmavi eisdem monachis omnes terras cum pertinenciis quas idem monachi de dono predicti Thome patris mei habuerunt et tempore ipsius possederunt. Promitto eciam et presenti carta obligo me et heredes meos inperpetuum fideliter per-solvendum annuatim firmam quam pater meus redidit pro terra quam de eisdem tenuit et ego teneo, videlicet xl.d. ad festum sancti Egidii. Ego vero Jordanus et heredes mei omnia prenominata predictis mona-chis contra omnes warantizabimus, adquietabimus et defendemus inperpetuum. His testibus. Domino Johanne de Cancefeld, Radulfo de Claiton, Johanne de Boulton, et aliis multis.

Grant by Jordan son and heir of Thomas of Akerland of a rood and ten falls between his house and Moricegreve; confirmation of his father's gifts and promise to continue the rent of 40d. his father had paid.

f. 60.   **218.** Quieta clamacio Henrici Duchil de rebus de Akerland.
[*Early Henry III*]
Omnibus filiis sancte matris ecclesie ad quos presens scriptum per-venerit Henricus Duble salutem in Domino. Noveritis me divine pietatis intuitu quietos clamasse monachos de Sallai de omnibus querelis et convencionibus domorum, terrarum, averiorum inter nos habitis; ita quod ego et heredes mei nuncquam clamium aut calumpniam move-bimus aut aliquis ex parte nostra contra predictos monachos inper-petuum sed fideliter et legaliter nos habebimus versus predictam domum que me caritative in fratrem et familiarem suscepit. His testibus. Helia de Knol, Ricardo de Boultona, et aliis.

On being received as a monk Henry Duble (or Duchil) released the abbey from his claims with regard to Akerland.

219. Composicio inter domum de Sallai et ecclesiam de Mitton de Akerlandes. [*post* 13 Oct., 1224]
Omnibus Christi fidelibus hoc scriptum visuris vel audituris abbas de Wellebec, de Wirkesop et de Blithe priores salutem. Noveritis nos mandatum domini pape in hec verba suscepisse. Honorius[1] episcopus

[1] Honorius III, 1216-27.

servus servorum Dei dilectis filiis abbati de Wellebec, de Wirkesop'
et de Blid' prioribus, Ebor. diocesis, salutem et apostolicam benedic-
tionem. Ex parte abbatis et conventus de Sallai Cisterciensis ordinis
nobis oblata est querela quod Radulfus rector ecclesie de Mitton et
quidam alii Ebor. diocesis super quibusdam decimis et rebus aliis
injuriantur eisdem, ideoque discretioni vestre per apostolica scripta
mandamus quatinus partibus convocatis audiatis causam et appellacione remota fine debito terminetis, facientes quod statueritis per
censuram ecclesiasticam firmiter observari. Testes autem qui fuerint
nominati si se gracia, odio vel timore subtraxerint, per censuram
eandem appella[cio]ne cessante cogatis testimonium veritatis peribere.
Quod si non omnes his exequendis potueritis interesse, duo vestrum ea
minus exequantur. Datum Laterani xvij. kalendas Novembris, pontificatus nostri anno nono. Partibus igitur in nostra presencia constitutis
cum aliquamdiu litigatum fuisset, tandem amicabili composicione inter
ecclesiam sancte Marie de Sallai et ecclesiam omnium sanctorum de
Mitton pax reformata est in hunc modum; scilicet, quod ecclesia de
Sallai quieta erit et inmunis inperpetuum secundum tenorem privilegiorum suorum a prestacione omnium decimarum de terra que fuit
Roberti Barat et de omnibus terris de Akerlandes quas propriis laboribus et sumptibus excolunt, quia eas antiquitus post sederunt et de eis
nuncquam decimas solverunt. Similiter quieti erunt et inmunes
monachi dicte ecclesie de Sallai a prestacione decimarum de tota terra
in Rodel cum omnibus pertinenciis suis sicut illam antiquitus habuerunt
de constabulario Cestrie, quia eadem terra novale dinoscitur de qua
idem monachi secundum tenorem privilegiorum suorum quieti et
inmunes esse tenentur. Ecclesia eciam de Mitton insuper concessit
[ecclesie] de Sallai omnem decimam lini in territorio de Grillingtona
in usus Christi inperpetuo possidendam et pro hac concessione lini
domus de Sallai concessit pro bono pacis ecclesie de Mitton perpetuis   *f. 60v.*
temporibus vinum et hostias ad conficiendum corpus Christi et sang-
uinem sufficienter in eadem ecclesia in singulis diebus Paschatis unum
galonem vini. Et sciendum quod si prefati monachi aliquam terram
cultam in parochia de Mitton post generale concilium preter has terras
adquisierint plenarie inde decimas ecclesie de Mitton persolvent. Ut
autem hec composicio stabilis sit et perpetue firmitatis robur optineat,
auctoritate domini pape qua fungimur in sigillorum nostrorum apposicione simul cum sigillis utriusque partis eam confirmamus. His testibus. Domino Rogero tunc abbate de Rupe, Ricardo priore ejusdem loci,
W. de Mitton, et aliis.

The abbot of Welbeck and the priors of Worksop and Blithe, acting on
a mandate from Pope Honorius III dated 13 Oct., 1224, settled a tithe
dispute between Sallay abbey and Ralph rector of Mitton, near Stonyhurst.

[4 Dec., 1294]
220. Universis Christi fidelibus has literas visuris vel audituris
domina Alicia de Lasci eternam in Domino salutem. Noverit universitas

vestra quod cum orta fuisset olim discordia inter homines nostros et homines abbatis et conventus de Sallai apud Chatteburn', pro bona voluntate nostra habenda posuerunt se abbas et conventus in misericordia nostra de xx^{ti}. lib. sterlingorum, de quibus ex speciali gracia eisdem abbati et conventui x. marcas relaxavimus, in vigilia [sancti] Martini a predictis abbate et conventu recepimus de quibus nos fore fatemur plenarie propacatas. In cujus testimonium has literas fecimus eisdem fieri patentes. Datum apud Rothewelle pridie nonas Decembris anno gracie m^{o}.cc^{o}. nonagesimo quarto.

When discord broke out at Chatburn between Alice de Lacy's men and the abbey servants, the abbey had to pay to Alice £20, of which she remitted 10 marks (£6. 13s. 4d.).

SUNDERLAND.

[*In a later hand*].　　　　　　　　　　　　　　　　　　　　[5 Aug., 1392]

221. Placita tenta apud Lancastriam coram Thoma de Pynchebek et sociis justiciariis domini ducis Aquitanie et Lancastrie die Martis proximo post festum sancti Petri ad vincula anno regalitatis comitatus palatini sextodecimo. Ro v. Ricardus del Croke nuper subvicecomes Roberti de Standysch vicecomitis Lancastrie, Johannes Kendel de Chatburn', Johannes Nowell de Worston' et Adam Dogeson' ballivi wapentachii de Blakburnschira attachiati fuerunt ad respondendum Jordano de Hakkyng tenenti del grange de Sunderland infra villam de Osbaldestona de placito transgressionis per billam que sequitur in hec verba. As justicz nostre sire le duc de Guyen et de Lanc' se pleynt Jordane del Hakkyng tenant de la grange de Sunderland deins la ville de Osbaldeston' de Richard del Croke nadgers subvic' monsire Robert de Standysch viscont de Lanc', John de Kendalle de Chatburn', John Nowell de Worston' et Adam Dogeson' baillifs de la wapentake de Blakburnschyre de ceo ou mesme ceste Jordan' tient de John abbe de Sallay la dit grange de Sunderland a volunte pur certeigne rent par ann, quel abbe et touz sez predecessours de temps dont memore ne court teignent et ont tenuz la dit grange en pur et perpetuel almoigne saunz nulle charge ou seculer service eut affaire. Sur ceo viendrent les ditz Richard, John de Kendall, John Nowell et Adam par coloure de lour ditz officez a Sunderland en la ville susdit le Marysdy prochien devant la feste seynt Andreue lappostill lan du reigne nostre tresdouce sire le roie Richard second qorest qe Dieu garde xvme et illeoqes demanderunt puture pur le dit monsire Robert viscont de Lanc' par cause de son turne de Blakburnschire tenuz a Cliderhawe deins le mois de seynt Michall larchangell' prochien devant le dit Marisdy et a cause qe le dit abbe ne voilloit ascun service de dit puture doignir ne payer as ditz Richard, John de Kendall, John Nowell et Adam pur la dit grange, ils pristerunt un chival mesme cestuy Jordane illeoqes trone price de c.s. et cel chival ils amesuerunt iesqes al Standene et illeoqes luy enparkerunt et enparke deteignerunt tanq' le dit Jordane fist fine de dj. marcs ovesqz le dit Richard adonqes subviscont pur livere avoire de

f. 61.

dit chival et autres ledes lui firent sez hays debruserunt atort et as greves damages mesme cesty Jordane de xl. livres dont il prie remedie. Qua audita predicti Ricardus Johannes Johannes et Adam dicunt quod ipsi in nullo sunt inde culpabiles et de hoc ponunt se super patriam. Ideo venerunt inde jurati hic die Martis proximo post festum sancti Petri ad vincula etc. Ad quem diem venerunt partes predicte in propriis personis suis et similiter jurati venerunt qui ad hoc electi triati et jurati, videlicet Thomas Hesketh, Edmundus Dacre, Ricardus Banastre, Hugo Ward, Rogerus Edlestona, Robertus Holden', Johannes Legh, Johannes Morlay, Henricus Rysshetona, Willelmus Lynacre, Johannes Masona de Cliderhawe, Adam de Hodersall, qui dicunt super sacramentum suum quod abbas de Sallay et omnes predecessores sui a tempore quo non extat memoria tenuerunt grangeam de Sunderland in puram et perpetuam elemosinam absque aliqua putura seu aliquo alio servicio seculari pro eadem grangia faciendo et quod predicti Ricardus et alii ceperunt equum predictum pro putura Roberti de Standysshe tunc vicecomitis; et sic dicunt quod predicti Ricardus et alii sunt culpabiles de transgressione predicta prout predictus Jordanus per billam suam supponit et assidant dampna ipsius Jordani ad quadraginta solidos; ideo consideratum est quod predictus Jordanus recuperet versus eos dampna sua predicta que taxantur per juratos ad quadraginta solidos et predictus Ricardus et alii capiantur etc. Ro v. Dampna xl.s. Require aliud recordum de eodem decimo folio precedente (Cf. No. 191).

Another attempt in 1392 to exact puture from Jordan of Hacking, tenant of Sunderland grange in Osbaldeston, met with failure and Jordan was awarded 40s. damages. In this year John was abbot of Sallay.

222. Carta Ailsii de Sunderland cum pertinenciis et communa *f. 61v.* bosci de Osbaldestona et Balderestona et panagio porcorum et piscacione.   [1154-72] Universis sancte matris ecclesie filiis presentibus et futuris Ailsius filius Hugonis salutem. Notum sit omnibus vobis quod ego Ailsius dedi et concessi et presenti carta confirmavi Deo et monachis sancte Marie de Sallai, Sunderlandesholm cum omnibus appendiciis suis in terris, in aquis, in silvis, in planis, in pascuis, in pratis, sicut divise et termini jacent, scilicet, inter torrentem de Sunderland et Ribbel usque ad clippende esche cloh et inde per silvam ultra Langhirst ker usque rivulum de Smalelei et sic per ocidentalem divisam de Smalelei usque Sandiford; et ad aumentum hujus elemosine mee dedi eis quandam terram cum bosco juxta Sunderland holm, versus Osbaldeston supra ripam Ribbil sicut perambulatum est et signis signatum, scilicet, a superiore capite pontis pendentis usque in Ribbil, ex capite ejusdem pontis per quercus crucibus signatas usque ad proximum cloh cadentem in Sunderland broc; et preter hec eis dedi et concessi communem pascuam de Osbaldestona et de Balderestona et communam silve earundem villarum ad omnia necessaria sua, preter quercum viridem et ad inpingnandum omnes porcos proprios suos concedo eis silvam de Osbaldeston et de Balderestona et licenciam piscandi quantum terra mea durat. Hec omnia dedi et concessi Deo et predictis monachis in puram et perpetuam elemosinam, libere, quiete tenenda de me et heredibus meis absque omni seculari servicio et calumpnia et hec eis ego et heredes mei manutenebimus et warantizabimus contra omnes homines pro salute anime mee et heredum meorum et anima patris et matris mee; et ut hec libencius facerem, dederunt michi monachi xl. marcas in denariis et denariatis et unum dextrarium[1]. Pro hac eciam elemosina concesserunt post mortem meam tantum servicium facere pro me quantum pro monacho et corpus ad sepulturam suscipere et si ad monachatum converti voluero, sive pauper sim sive dives seu egrotus seu sanus, suscipient me. Hujus concessionis et donacionis testes sunt Uctredus filius Hucche[2] minister regis, Malgerinus persona de Gise-burne, W. persona de Mittona, et alii.

Ailsi son of Hugh gave to the abbey Sunderland Holm with pasture, pannage and fishing rights. The monks gave him 40 marks and a charger (*dextrarium*), and promised him reception as a monk, burial and prayers. Pope Alexander III confirmed this and other grants in 1172. Nos. 222-52 are printed in Whitaker, *Whalley*, ii, 359-64.

223. Carta de quadam terra, scilicet, Ailsi cum bosco juxta de Sunderlandesholm. [1154-72]
Notum sit omnibus legentibus vel audientibus literas has quod ego Ailsius filius Hugonis dedi monachis de Sallai in puram et perpetuam elemosinam terram quandam cum bosco juxta Sunderland holm, sicut perambulatum est et signis assignatum a me et a cellerario et aliis qui affuerunt, ad aumentum elemosine quam eis dedi de Sunderlandes holm et de aliis rebus omnibus sicut prima carta mea testatur. Hujus donacionis testes sunt Malgerus persona de Giseburn', Walterus filius Uctredi, Willelmus filius Horm, Ketellus filius Uctredi, et alii plures.

f. 62.

To augment his gift of Sunderland Holm, Ailsi son of Hugh added land and wood near by, he and the cellarer with others walking round it and marking the bounds.

224. Carta Hugonis filii Ailsi de iij. acris et confirmacio Ailsii de Sunderlande. [c. 1216]
Omnibus sancte ecclesie filiis presentibus et futuris Hugo filius Ailsii salutem. Noveritis me pro salute anime mee et omnium antecessorum et heredum meorum concessisse et presenti carta mea confirmasse Deo et ecclesie beate Marie et monachis de Sallai in liberam et puram et perpetuam elemosinam omnes donaciones quas eis fecit et incartulavit pater meus, videlicet Sunderland' holm per plenarias divisas suas in bosco et plano cum omnibus pertinenciis et libertatibus et aisiamentis

---

[1] Whitaker's *Whalley*, ii, 359, misreads as "suum dexterum."
[2] Ughtred son of Huch died *ante* Mich., 1185 (Farrer, *Lancs. Pipe Rolls*, 56).

et communis sicut [carta] patris mei quam inde habent melius testatur et proportat. Preterea dedi et concessi et presenti carta mea confirmavi eisdem monachis tres acras terre et amplius cum bosco qui desuper est ad sartandum quando voluerint, scilicet, quicquid continetur infra has divisas, incipiendo ad pontem pendentem et sic procedendo in longitudine juxta terram eorundem monachorum versus australem partem usque ad Sunderlandbroc et in occidentali parte a quercubus cruce signatis, procedendo in latitudine usque ad capud illius siketh, cujus una pars cadit in Ribbel et alter in Sunderland broc. Hec omnia dedi predictis monachis in puram et perpetuam elemosinam, solutam liberam et quietam ab omni seculari servicio et exaccione et omni re ad terram pertinente. Et ego et heredes mei omnia prenominata jam dictis monachis warantizabimus, adquietabimus et defendemus contra omnes homines inperpetuum. His testibus. Gaufrido de Duttona tunc seneschallo, Henrico de Blakeburna, Ada filio ejus, et aliis.

> Hugh son of Ailsi confirmed his father's gift of Sunderland Holm and added three acres of land and wood to assart.

225. Carta Ailsi de cursu aque ad molendinum.   [1154-72]
Omnibus sancte matris ecclesie filiis presentibus et futuris Ailsius filius Hugonis salutem. Sciatis me dedisse et concessisse et presenti carta confirmasse Deo et monachis sancte Marie de Sallai ut perpetualiter habeant cursum aque de Thursebroc per terram meam, ubicumque sibi levius et competencius esse perspexerint usque ad molendinum suum de Sunderland holm quod constructum est, in libera et propria elemosina sua. Et sciendum est quod monachi concesserunt medietatem molendini in vita mea et post decessum meum remanebit illis ipsum molendinum omnino liberum et quietum inperpetuum. His testibus. Jordano clerico de Cliderhou, Paulino clerico de Chirche, Alexandro filio Ketelli, et aliis.

> Ailsi son of Hugh granted to Sallay a flow of water from Thursebroc through his land to the mill at Sunderland Holm, which the monks had constructed. The monks had given him half the mill while he lived, and after his death it was to return to the abbey.

226. Confirmacio W. filii Aide[1] de Sunderland et Osbaldestona et Balderestona.   [ante 1200]
Omnibus sancte matris ecclesie filiis presentibus et futuris Willelmus filius Ailsii salutem. Notum sit omnibus vobis quod ego W. filius Ailsii concessu et voluntate fratrum meorum, Roberti scilicet et Alexandri, Johannis et Ade et voluntate Wimar' matris mee concessi et presenti carta mea confirmavi Deo et beate Marie de Sallai et monachis ibidem Deo servientibus omnes donaciones patris mei, quas prefatis monachis infra divisas de Balderestona dedit et concessit et incartulavit, scilicet Sunderlandesholm per plenarias divisas in bosco et plano, in pratis et

f. 62v.

---

[1] *Ailsii* in the deed.

pascuis, in viis et semitis, in aquis et molendinis et in omnibus aliis
libertatibus sicut carta patris mei testatur. Hanc itaque donacionem
concessi predictis monachis et communam silve de Balderestona in
liberam et puram et perpetuam elemosinam sicut ulla elemosina
potest liberius dari et purius possideri, pro salute anime mee et patris
et matris mee et omnium heredum et antecessorum meorum. His
testibus. R. Vavasore, H. filio ejus, Malgero de Giseburne, et aliis.

William son of Ailsi, with the consent of his brothers Robert, Alexander,
John and Adam, and of his mother Wimar', confirmed his father's gifts in
Balderstone, namely, Sunderland Holm.

227. Confirmacio Petri de Arches de Sunderlandholm et
omnibus que de Ailssio habemus.   [1154-72]
Universis sancte matris ecclesie filiis presentibus et futuris Petrus de
Arches salutem. Notum sit omnibus vobis quod ego Petrus de Arches,
concessi et presenti carta mea confirmavi monachis sancte Marie de
Sallai donacionem quam eis fecit Ailsi filius Hugonis de Sunderlandholm, cum omnibus appendiciis et libertatibus et omnibus rebus aliis
sicut carta ipsius Ailsi testatur, in puram et liberam et perpetuam
elemosinam de me et heredibus meis libere et quiete absque omni
seculari servicio. Pro hac concessione et confirmacione concesserunt
abbas et conventus fraternitatem domus sue michi et uxori mee et
liberis mei[s]. Hujus confirmacionis testes sunt Walthef capellanus
de Cliderhou, Radulfus scriptor, et alii.

Peter of Arches confirmed the gift of Sunderland Holm to Sallay abbey
by Ailsi.

f. 63.   **228.** Carta Ade de Winkedlai de tota terra de Sunderlandholm
cum omnibus pertinenciis.   [*post* 1226]
Omnibus hoc scriptum visuris vel audituris Adam de Winkedelai
eternam in Domino salutem. Noverit universitas vestra me dedisse,
concessisse et presenti carta mea confirmasse pro salute anime mee et
Christiane quondam sponse mee et liberorum meorum et omnium
antecessorum Deo et beate Marie et monachis de Sallai, totam terram
de Sunderlandholm cum toto bosco eidem manerio pertinente et
omnibus aliis pertinenciis per suas plenarias divisas, prout in cartis
donatorum quas inde habent apertius continetur, scilicet, quod ego
et Christiana quondam uxor mea de eisdem monachis pro quadam annua
firma tenuimus sine aliquo retenemento; tenendum et habendum
dictis monachis et eorum successoribus libere quiete pacifice et
integre in puram et perpetuam, liberam et solutam elemosinam sicut
carte donatorum suorum testantur et proportant. Ego vero Adam et
heredes mei predictam terram et boscum cum omnibus suis pertinenciis,
libertatibus et aisiamentis predictis monachis et eorum successoribus
contra omnes warantizabimus, acquietabimus et defendemus quamdiu
carte et scripta donatorum eisdem monachis poterunt warantizare.

In cujus rei testimonium presenti scripto sigillum meum apposui. Hiis testibus. Domino R. de Cestria, Ada de Hoctona, et multis aliis.

Adam of Winckley, after the death of his wife Christiana, gave back to Sallay abbey the land of Sunderlandholm with the wood belonging to the same manor, which he and his wife had held to farm from the abbey. *Cf.* No. 301.

229. Quieta clamacio Ade de Wi[n]kedlai de tota terra de Sunderland'holm.   [*post* 1226]
Omnibus hoc scriptum visuris vel audituris Adam de Winkedelei eternam in Domino salutem. Noverit universitas vestra me reddidisse, concessisse et quietum clamasse de me inperpetuum Deo et beate Marie et monachis de Sallai totam terram de Sunderlandeholm cum suis pertinenciis per plenarias divisas, prout in cartis donatorum apertius continetur quas inde habent; scilicet quicquid ego et Christiana quondam uxor mea de eisdem monachis pro quadam annua firma tenuimus sine aliquo retenemento, ita quod nec ego nec aliquis per me aliquod jus vel clamium in predictis terris et tenementis cum pertinenciis nobis de cetero vendicare poterimus. Pro hac autem reddicione, concessione et quieta clamacione dicti monachi in quadam summa pecunie satisfecerunt et [ut] hec mea reddicio et quieta clamacio rata et inconcussa permaneat presenti scripto sigillum meum apposui. His testibus. Domino R. de Cestria, Ada de Blakeburne, Ada de Boctona (Hoctona), et aliis multis.

For a certain sum of money Adam of Winckley released his claims in Sunderlandholm.

230. Carta de escambio de Sunderland cum terris de Scothorpe et Pathorn et Rimington.   [*c.* 1226]
Notum sit omnibus vobis tam presentibus quam futuris quod [hoc] est finale escambium inter abbatem et conventum de Sallai et Adam de Winkedelei et Christianam uxorem ejus, scilicet, quod dicti abbas et conventus dederunt et concesserunt dictis A. et C. uxori sui et heredibus eorum pro homagio et servicio suo totam terram suam de Sunderland cum pertinenciis suis, sicut carte donatorum quas idem monachi inde habent   *f. 63v.* testantur, ita quod dicti monachi capient de toto bosco de Sunderland infra divisas suas quantum voluerint et quando voluerint, sine impedimento ejusdem A. vel heredum suorum. Idem vero A. et heredes sui capient de predicto bosco quantum necesse habuerint sibi et hominibus suis, excepto quod non dabunt nec vendent aliquid [in] eo. Predicti eciam monachi retinuerunt in manu sua tanariam de Sunderland tali condicione, quod quamdiu dictus A. et heredes sui voluerint medietatem culti per omnia invenire habebunt medietatem totius et dictus A. et heredes sui juratoriam prestabunt caucionem domui de Sallai, quod quantum in se fideliter et sine dolo custodient tanariam illam ad opus utrorumque. Omnia ista prenominata et modo predicto habebunt et

tenebunt dicti A. et C. et uxor ejus et heredes eorum de domo de
Sallai in escambium perpetuum libere et quiete et solute ab omni
servicio et exaccione, reddendo inde annuatim domui de Sallai duos
solidos pro omni servicio ad festum sancti Andree. Idem vero A. et
Christiana uxor ejus pro predictis in escambium dederunt, concesserunt
et presenti carta sua confirmaverunt predicte domui de Sallai duas
bovatas terre in Pathorna cum tribus toftis et cum omnibus aliis pertinenciis, libertatibus et aisiamentis infra villam et extra; et in Scothorpe
tres bovatas terre cum toftis et omnibus aliis pertinenciis, libertatibus et
aisiamentis infra villam et extra; et in Rimington unam bovatam terre
cum tofto et omnibus aliis pertinenciis, libertatibus et aisiamentis suis
infra villam et extra. Has sex bovatas terre cum pertinenciis predictis
habebit et tenebit inperpetuum domus de Sallai, de predictis A. et
Christiana uxore sua et heredibus eorum in perpetuam elemosinam,
solutam liberam et quietam ab omni servicio et exaccione, faciendo
tantum forensecum servicium quantum pertinet ad singulas bovatas
in feodis suis, sicut faciunt alie bovate in eisdem feodis et reddendo
annuatim Roberto domino de Pathorna et heredibus suis pro duabus
bovatis de Pathorna unam libram piperis ad festum Sancti Andree pro
omnibus serviciis. Omnia ista predicta utraque pars alteri warantizabit
contra omnes inperpetuum. His testibus. W. de Hebbedena, Simone
de Marton, et aliis.

Exchange between the Sallay monks and Adam of Winckley and
Christian his wife. Sallay gave to Adam for his homage and service all
their land in Sunderland, retaining rights in the wood and in the tannary,
which was to be worked to their joint advantage; rendering 2s. yearly. In
return Sallay received six bovates; two in Paythorn and three tofts, three
in Scothorp, and one in Rimington; forinsec service only, and rendering
for the two bovates in Paythorn to the lord of Paythorn 1 lb. of pepper
yearly for all service.

231. Carta Christiane de Pathorna de observacione conven-
cionum.   [c. 1226]
Omnibus sancte matris filiis presentibus et futuris Christiana [filia]
Huctredi de Pathorna salutem. Noveritis me gratis et ex mera et bona
voluntate mea concessisse escambium illud de terris de Pathorna, de
Scohtorpe et de Rimingtona quod Adam de Winkedelai vir meus
fecit cum monachis de Sallai pro terra sua de Sunderlande, sicut in
cartis inter eos confectis continetur; ita quod si ego amplius vixero quam
dictus vir meus, nec ego nec aliquis per me versus predictos monachos
vel clamium vel calumpniam movebimus super predicto escambio.
f. 64. Quod si aliquando fecero, red[d]am eisdem monachis terram suam de
Sunderlande ita plenarie et adeo bene edificatam sicut fuit quando
dictus Adam vir meus et ego recepimus eam et insuper nomine pene x.
marcas argenti. Sed si fideliter post mortem viri mei convenciones ten-
uero, nichil amplius poterunt a me predicti monachi exigere quam
quod in dictis convencionibus sive cartis continetur; et ad omnia hec

fideliter tenenda ego Christiana sine malo ingenio et dolo, tactis sacrosanctis pro me et pro heredibus meis juravi et jurisdiccioni capituli Ebor. sive archiadiaconi Cestrie me subjeci, ut ipsi in quovis diocesi fuero omni appellacione et cavillacione remota me ad omnia predicta observanda per censuram ecclesiasticam compellant. His testibus. Roberto de Kent, Gaufrido de Dutton, Johanne constabulario Cestrie, et aliis pluribus.

> Christian, wife of Adam of Winckley, consented to her husband's exchange of lands in Paythorn, Scothorp and Rimington, for the monks' land at Sunderland.

232. Carta Ade de Sunderlande de terris datis Alano filio H. de Turton in libero maritagio cum Agnete filia sua. [*c.* 1240-50] Sciant omnes presentes et futuri quod ego Adam de Sunderlande dedi et concessi et hac presenti mea confirmavi Alano filio Henrici de Turton in libero maritagio cum Agnete filia mea quandam partem terre mee in Sunderlande, scilicet totam terram illam infra has divisas; incipiendo ad viam occidentali parte de Sunderlande, sequendo le Turnecrof usque ad proximum sicum[1] altam viam, si[c] ascendendo illum usque ad superius capud de propinquiori assarto, sic extendendo ex transverso usque ad propinquiorem cloch; sic decendendo illum cloch in oriente usque ad semitam que se extendit ad le lehe, sic sequendo illam semitam usque ad propinquiorem sicum ex orientali predicti assarti, sic sequendo illum sicum usque ad prenominatam viam in orientali parte de Sunderland' broch et sic decendendo et sequendo illum broch usque ad prenominatam viam in orientali parte de Sunderlandbroc; tenenda et habenda de me et heredibus meis sibi et heredibus suis de predicta Agnete filia mea provenientibus in feodo et hereditate, plenarie, libere et quiete, pacifice et honorifice cum omnibus libertatibus et aisiamentis quantum pertinet ad tantam terram in Sonderlonde et cum pannagio ad omnes proprios porcos suos in bosco ejusdem ville. Redendo inde annuatim ipse et heredes sui de predicta Agnete progredientes michi et heredibus meis sex denarios argenti, ad Assumpcionem beate Marie virginis pro omni servicio, accione et demanda. Et ego Adam et heredes mei prefato Alano et heredibus suis de predicta Agnete progredientibus totam predictam terram cum pertinenciis suis contra omnes homines et feminas inperpetuum warantizabimus. In hujus rei testimonium presentem cartam sigillo meo roboravi. His testibus. W. de Samliburi, Waltero de Baile, Ricardo de Duttona, et aliis multis.

> Adam of Sunderland gave to Alan son of Henry of Turton in free marriage with Agnes his daughter part of his land in Sunderland within given bounds. Later (No. 233) Agnes exchanged this land with the Sallay monks for land in Preston, Lancs.

[1] A sike or brook. Evidently one or more words are omitted.

233. Convencio inter abbatem et Agnetem de Sunderland de terra de Preston pro terra de Sunderland. *[Late Henry III]*
Hoc cirograffum testatur quod abbas et conventus de Sallai dederunt, concesserunt et presenti carta confirmaverunt Agneti filie Ade de *f. 64v.* Sunderland totam terram suam in villa de Preston pro homagio suo et servicio, videlicet unum toftum cum domo in vico piscatorum et unam acram prati et dimidiam rodam jacentem inter pratum Ade filii Suardi de Preston ex una parte et pratum quod pertinet ad domum beati Johannis ex altera et unam dimidiam acram prati in Redclai; tenenda et habenda sibi et heredibus vel assignatis de dictis abbate et conventu, cum omnibus libertatibus et aisiamentis ad tantam terram pertinentibus infra villam de Preston et extra. Redendo inde annuatim dictis abbati et conventui unum denarium argenti ad festum sancte Assumpcionis beate Marie Virginis pro omni servicio exaccione et demanda. Dicti vero abbas et conventus dictam terram cum prato dicte Agneti et heredibus suis vel assignatis contra omnes inperpetuum warantizabunt et defendent. Dicta eciam Agnes dedit eciam concessit et presenti scripto confirmavit eisdem abbati et conventui totam terram cum bosco quam habuit de dono dicti Ade patris sui in territorio de Sunderlande cum omnibus pertinenciis, libertatibus et aisiamentis prout plenius continetur in carta quam habuit de dono dicti Ade patris sui. Dicta vero Agnes et heredes sui vel assignati predictam terram cum bosco cum omnibus pertinenciis, libertatibus et aisiamentis infra villam de Sunderlande et extra contra omnes dictis abbati et conventui warantizabunt, acquietabunt et defendent in perpetuum et in hujus rei testimonium utraque pars presenti scripto sigillum suum apposuit. His testibus. Domino Radulfo de Mitton, domino J. de Vias, Radulfo de Claitona, et aliis.

Exchange between Agnes daughter of Adam of Sunderland and Sallay abbey. The monks gave Agnes all their land in Preston for her homage and service, namely, a toft and house in the fishermen's village, and one acre and half a rood of meadow, and another half acre of meadow; for one silver penny. In return Agnes gave the monks all the land and wood in Sunderland which she had from her father.

234. Carta Roberti cementarii de confirmacione et quieta clamacione de Sunderland. *[c. 1292]*
Omnibus hoc scriptum visuris vel audituris Robertus filius Agnetis de Sunderlande eternam in Domino salutem. Noveritis me concessisse, dimisisse et omnino quietum clamasse de me et heredibus meis inperpetuum abbati et conventui ecclesie beate Marie de Sallai et eorum successoribus totum jus et clamium quod habui vel aliquo modo seu jure habere potui in tota terra illa que fuit Ade de Sunderland avunculi mei, filii Ade de Winkedelai et in tota grangia illa que vocatur Sunderland cum omnibus et singulis suis appendiciis sine aliquo retenemento; ita quod nec ego predictus Robertus filius Agnetis de Sunderlande nec heredes mei nec aliquis alius jure seu nomine nostro aliquod jus vel

clamium in predictis terris et tenementis ut prescriptum est exigere vel vendicare poterimus inperpetuum. In cujus rei testimonium presenti scripto sigillum meum apposui. His testibus. R. de Heppale, domino Johanne Devias, Ada de Hocthona, et aliis.

> Robert the mason, son of Agnes of Sunderland, released to Sallay abbey his rights in the land of his uncle Adam of Sunderland son of Adam of Winckley, and in Sunderland grange.

235. Carta sancti Salvatoris.		[*post* 1241]

Universis Christi fidelibus presens scriptum visuris vel audituris frater Alexander prior loci sancti Salvatoris in Ribbelesdale et Adam capellanus confrater ejusdem loci eternam in Domino salutem. Noverit universitas vestra quod nos dedimus, concessimus et hoc presenti scripto nostro confirmavimus abbati et conventui de Sallai dimidiam acram terre ad situm domorum et unius molendini. Concessimus eciam eisdem *f. 65.* cursum aque nostre descendentem extra fines gardini nostri sine dampno molendini nostri. Preterea concessimus eisdem husbote et haibote in bosco nostro ad prefatam edificandam per visum nostrum sine wasto. Concessimus eciam eisdem cortices arborum quercuum a nobis sectarum. Concessimus insuper eisdem partem bosci mortui et eruti ad comburendum sine wasto. Preterea concessimus eisdem pasturam ad viij. boves in defensis nostris, quando defensis nostris utimur cum bobus nostris. Concessimus eciam eisdem liberum introitum et exitum ad cariagia sua facienda ad dicta loca, ita quod cariagia faciant sine dampno nostro in bladis, in pratis et in aliis manifestis locis. Nos vero bona fide et sacramento medio promisimus, quod domum sancti Salvatoris neque statum domus sine consensu dicti abbatis advocati nostri et aliorum advocatorum, viris religiosis nec secularibus aliquibus alienabimus, dabimus vel permutabimus. Dicti autem abbas et conventus bona fide concesserunt ac promiserunt post obitum nostrum unam libram cere ecclesie sancti Salvatoris in Ribbelisdale inperpetuum ad Nativitatem Domini persolvendam; et ut istud scriptum perpetue firmitatis robur optineat, huic scripto sigillum nostrum commune apposuimus. His testibus. Ada de Blakeburn, domino Johanne filio ejus, W. rectore ecclesie de Mittona[1], et aliis multis.

> Alexander prior of St. Saviour's at Stydd in Ribblesdale, and Adam chaplain of the same, granted to Sallay abbey ½ acre for houses and a mill, and a watercourse outside their garden; husbote and haibote, and the bark of oaks felled by the brethren of Stydd; pasture for 8 oxen, and wayleave; Sallay to pay them 1 lb. of wax at Christmas.

236. Quieta clamacio Ade de Osbaldestona de bosco in Sunder- *f. 65v.* lande.		[*c.* 1286]

Universis Christi fidelibus hoc scriptum visuris vel audituris Adam

[1] William of Kirkheym instituted rector of Mitton, 26 Dec., 1241; William of Rotherfield, 1255 (*Gray's Register*, pp. 89, 123).

de Osbaldestona eternam in Domino salutem. Noveritis me concessisse, dimisisse, relaxasse et omnino de me et heredibus meis inperpetuum quietum clamasse abbati et conventui de Sallai et eorum successoribus et ecclesie sue sancte Marie de Sallai, totum jus et clamium quod unquam habui vel habere potui in tota illa placia bosci et pasture que vocatur le Mikelfal in bosco de Sunderland, sicut tempore confeccionis hujus instrumenti predicti monachi eam clausam plenius tenuerunt; tenendam et habendam dicto abbati et conventui de Sallai et eorum successoribus et ecclesie sue sancte Marie de Sallai in suo separali, ita quod nec ego nec heredes mei vel aliquis alius jure seu nomine nostro, aliquod jus vel clamium vel aliquam communam vel aliquid juris in predicta placia cum bosco et pastura ut prescriptum est exigere vel vendicare poterimus infuturum. Pro qua quidem relaxacione et quieta clamacione predicti abbas et conventus [concesserunt] predicto Ade et heredibus suis quod omnia appruamenta usque annum regni Edwardi regis quartumdecimum, per predictum Adam vel predecessores ejus facta, in pace et integre remaneant sine aliqua calumpnia predictorum abbatis et conventus. Insuper concesserunt dictus abbas et conventus de Sallai predicto Ade et heredibus suis quod si averia sua in prenominato separali ob defectum clausure intraverint, dicta averia recaciabuntur sine dampno et inparcacione dictorum abbatis et conventus; et vice versa si animalia predictorum abbatis et conventus de Sallai propter defectum clausure dicti Ade et heredum suorum in omnibus appruamentis suis intraverint sine lesione aliqua et inparcacione alicujus recaciabuntur. Et ad majorem hujus rei securitatem alter alterius scripto in modum cirograffi confecto signum suum apposuit. His testibus. Domino [Ada] de Hoctona, domino Johanne Devias, militibus, H. de Kithelai, et aliis.

Adam of Osbaldeston released to Sallay his claims in the wood and pasture called Mikelfal, in Sunderland Wood, to be held by the monks in severalty as then enclosed. In return the abbey sanctioned his improvements made before 1286.

237. Quieta clamacio Roberti de Osb[al]destona de bosco de Sunderland. [c. 1286]
Omnibus hoc scriptum visuris vel audituris Robertus de Osbaldestona filius Thome de Osbaldestona eternam in Domino salutem. Noveritis me dimisisse, relaxasse et omnino de me et heredibus vel assignatis meis quietum clamasse abbati et conventui de Sallai et eorum successoribus et ecclesie sue sancte Marie de Sallai, totum jus et clamium quod unquam habui vel habere potui communicandi in tota illa placia pasture et bosci que vocatur Mikefal in bosco de Sunderland; ita quod nec ego Robertus nec heredes mei nec aliquis alius per nos aliquod jus vel clamium in predicto bosco et pastura dicte placee aliquo modo vendicare vel exigere poterimus inperpetuum. In cujus rei testimonium presenti scripto sigillum meum apposui. His testibus. W. de Balderestona, Alano de eadem, Ada de Osbaldestona, et aliis pluribus.

Robert son of Thomas of Osbaldeston released to Sallay abbey his pasture rights in Mikelfal, Sunderland wood.

14 Nov., 1293. Grant to Sallay, by fine of 10 marks, of 16 acres in Sunderland lately recovered from them by the king before the justices last in eyre, because they had acquired the same in mortmain without license and they shall be quit of the 8s. annual rent at which the justices recommitted the land to them. (*Cal. Pat. Rolls. Cf. Placita de Quo Warranto*, p. 380; Harland, *Salley*, pp. 45-6, where 55 Henry III has been read as 50 Henry I). In 1299 Roger abbot with his monks Richard of Edesford and John of Houeden were summoned by Roger le Tannur for assaulting him at Sunderland (*Monastic Notes*, i, 190). The next year the bailiff there was Richard Boredbayn and Richard le Tanur was bailiff at Balderston in 1302 (*ibid.*)

[Temp. Edward I]

238. Omnibus hoc scriptum .visuris vel audituris Johannes filius Roberti de Osbaldestona eternam in Domino salutem. Noveritis me relaxasse ac omnino pro me et heredibus meis inperpetuum quietum *f. 66.* clamasse abbati de Sallai et ejusdem loci conventui et eorum successoribus, totum jus et clamium quod habui vel aliquo modo habere potui in communa de Sunderlande, videlicet tam in terris et pratis quam in silvis eorundem abbatis et conventus; ita videlicet quod nec ego dictus Johannes nec heredes mei nec aliquis nomine nostro aliquod jus vel clamium in communa tocius terre, prati et silvarum de Sunderland vendicare vel exigere poterimus inperpetuum. In hujus rei testimonium huic scripto sigillum meum apposui. His testibus. Domino Johanne Evyas, magistro H. de Claytona, Hugone de Cliderhou, et aliis.

John son of Robert of Osbaldeston released to Sallay abbey his pasture rights in Sunderland common.

[Temp. Edward I]

239. Omnibus hoc scriptum visuris vel audituris Willelmus de Stodelhirst eternam in Domino salutem. Noveritis me concessisse, relaxasse et presenti scripto inperpetuum quietum clamasse abbati et conventui de Sallai et eorum successoribus et ecclesie sue sancte Marie de Sallai totum jus et clamium [quod habeo] vel aliquo modo inposterum habere potero, communicandi in omnibus boscis clausis et pasturis de Sunderland cum omnibus pertinenciis suis; tenendum et habendum dictis abbati et conventui et eorum successoribus et ecclesie sue predicte sicut suum separale sine aliqua calumpnia vel condiccione [mei] vel heredum meorum, ita quod nec ego Willelmus nec heredes mei vel assignati aliquam communam in predictis boscis cl[a]usis et pasturis seu aliquid juris inposterum habere vel exigere poterimus inperpetuum. In cujus rei testimonium presenti scripto sigillum meum apposui. His testibus. Domino Johanne Devyas, Ada de Hocthona, Ada de Osbaldestona, et aliis multis.

William of Stodelhirst released to Sallay abbey his rights of common
in all woods, closes and pastures of Sunderland.   In 1331 the abbot of Sallay
brought a plea of novel disseisin against Thomas of Osbaldeston and Robert
of Stodelhirst of Balderston (*V.C.H. Lancs.*, vi, 324n).

240. Quieta clamacio Henrici le Brune de Osbaldestona de
bosco de Sunderlande.   [*c.* 1286]
Omnibus hoc scriptum visuris vel audituris Henricus le Brune de
Osbaldestona eternam in Domino salutem.   Noveritis me dimisisse,
relaxasse et omnino de me et heredibus meis quietum clamasse abbati
et conventui de Sallai et eorum successoribus et ecclesie sue sancte
Marie de Sallai, totum jus et clamium quod unquam habui vel inposterum habere potero communicandi seu in aliqua alia libertate vel aisiamento, in tota illa placia bosci et pasture que vocatur le Mikelfal in
bosco et pastura de Sunderlande in Osbaldestona; ita quod nec ego H.
nec heredes mei nec aliquis alius jure seu nomine nostro aliquod jus
vel clamium seu aliquam libertatem vel aisiamentum in toto predicto
bosco et pastura aliquo modo exigere vel vendicare poterimus inperpetuum; et si contingat quod averia dicti Henrici vel heredum suorum
in predicta placia non clausa de cetero intrent, exinde non occasionentur
per quod aliquod dampnum recipient, sed libere et absque lesione et
inparcacione recaciabuntur.   In cujus rei testimonium presenti scripto
cirograpfato utraque pars sigillum suum apposuit.   His testibus.
Magistro Henrico de Claiton, Hugone de Cliderhou, Ada de Osbaldestona, et aliis.

Henry le Brune of Osbaldeston released to Sallay his rights of common
in the wood and pasture called Mikelfal, in the wood and pasture of Sunderland in Osbaldeston.

241. Quieta clamacio Willelmi filii H. de Osbaldestona, de
Sunderlande.   [*c.* 1286]
Omnibus hoc scriptum visuris vel audituris Willelmus de Osbaldes-
lant' eternam in Domino salutem.   Noveritis me dimi[si]sse, relaxasse et
f. 66v.   presenti scripto inperpetuum quietum clamasse abbati et conventui
de Sallai et eorum successoribus et ecclesie sue sancte Marie de Sallai
totum jus et clamium quod unquam habui vel habere potui aliquo modo
inposterum communicandi in tota illa placia bosci et pasture que
vocatur le Mikelfal in bosco de Sunderlande sicut Adam de Sunderlande eam aliquo tempore plenius clausam tenuit et in communa pasture ejusdem loci; habendum et tenendum dictis abbati et conventui et
eorum successoribus et ecclesie sue predicte in suo separali, ita quod
nec ego predictus Willelmus nec heredes vel assignati mei aliquam
communam pasture vel bosci seu aliquid juris in tota predicta habeamus
seu inposterum exigere poterimus inperpetuum; et pro istis remissione
et quieta clamacione predictus abbas concessit pro se et successoribus
suis quod si averia dictorum Willelmi heredum vel assignatorum suorum
in predicta placia pro defectu clausure de cetero intrent, exinde non

occasionentur per quod aliquod dampnum recipiant sed libere recaciabuntur absque lesione et inparcacione. In hujus rei testimonium huic
scripto sigillum meum apposui. His testibus. Domino Ada de Hocthona, domino Johanne Devyas, et aliis.

William of Osbaldeston released to Sallay his rights of common in
Mikelfal pasture.

242. Quieta clamacio W. filii Ricardi de Baldereston de bosco *f. 67.*
de Sunderlant. [*c.* 1286]
Omnibus hoc scriptum visuris vel audituris Willelmus filius et heres
Ricardi de Balderestona eternam in Domino salutem. Noveritis me
concessisse, dimisisse, relaxasse et presenti scripto inperpetuum
quietum clamasse abbati et conventui de Sallai et eorum successoribus
et ecclesie sue sancte Marie de Sallai totum jus et clamium quod unquam habui vel aliquo modo inposterum habere potero communicandi
in omnibus boscis clausis et pasturis de Sunderlande que clausa habuerunt et tenuerunt in suo separali die confeccionis hujus scripti;
tenendum et habendum dictis abbati et conventui et eorum successoribus et ecclesie sue predicte sicut suum separale sine aliqua calumpnia
vel contradiccione mei vel heredum meorum, ita quod nec ego W.
heredes mei vel assignati aliquam communam in predictis boscis,
clausis et pasturis seu aliquid juris inposterum habere vel exigere poterimus inperpetuum; et pro ista remissione et quieta clamacione predictus abbas concessit pro se et pro successoribus suis quod si averia
dicti Willelmi vel heredum suorum in predicta pastura vel boscis clausis
pro defectu clausture de cetero intrent, quod absque lesione et dampno
recaciabuntur. In hujus rei testimonium huic scripto cirographato
utreque partes sigilla sua apposuerunt. His testibus. Domino Ada
de Hochtona, domino J. Devias, Henrico de Kithelai, et multis aliis.

William son and heir of Richard of Balderston released to Sallay his
rights of common in Sunderland, in such parts as the monks held enclosed
and in severalty.

243. Convencio inter abbatem et Ricardum de Baldereston.
[1271]
Hoc scriptum testatur quod anno Domini m⁰.cc⁰. lxx. primo, convenit
ita inter abbatem et conventum de Sallai ex una parte et Ricardum de
Balderestona ex parte altera, videlicet quod predicti abbas et conventus
remiserunt et quietum clamaverunt de se et suis successoribus Ricardo
predicto et heredibus suis inperpetuum omnia clausa sua anno supra-
dicto facta, insuper et x. acras de vasto adhuc claudendas de Birlee
versus orientem extra sepem. Preterea predicti abbas et conventus
predicto Ricardo et heredibus suis remiserunt illum annuum reditum
x. et viij. den'. quem quidem reditum predictis abbati et conventui
predictus Ricardus annuatim reddere consuevit. Predictus vero
Ricardus domos et tenentes suos qui sedent inter fines de Lebbelay et

le Moncfal usque ad alteram partem de Lebbelay festinanter ammovebit. Hec omnia predicti abbas et conventus remiserunt et quietum clamaverunt predicto Ricardo et heredibus suis de se et suis successoribus inperpetuum, ita quod predicti abbas et conventus in predictis clausis nullam communam, jus vel clamium poterunt de cetero vendicare. Pro hac vero remissione et quieta clamacione tam de redditu quam communa predictus Ricardus pro se et suis heredibus vel assignatis remisit et quietum clamavit inperpetuum predictis abbati et conventui omnia clausa sua jam facta vel adhuc facienda ubi aliquo tempore clausa fuerunt infra divisas de Sunderlande, ita quod nec ipse Ricardus nec heredes sui nec aliqui tenentes sui communam aliquam, jus vel clamium infra predictas divisas de Sunderlande habere vel exigere de
f. 67v. cetero potuerint quantum ad predictum pertinet Ricardum; et si contingat quod averia dicti Ricardi infra divisas et clausa predictorum abbatis et conventus contigerit pro defectu clausure predicta averia sine dampno dicti Ricardi recaciabuntur et sine detrimento. Similiter fiet de averiis predictorum abbatis et conventus, si dicti Ricardi clausa vel divisas intrare contigerit. Ad cujus rei securitatem majorem huic scripto pars utraque sigillum suum alternatim apposuit. His testibus. Domino Johanne Devias, domino Ada de Hocstona, Domino Ada de Birie, Ada de Blakeburna, et multis aliis.

Agreement between Sallay and Richard of Balderston, 1271. The abbey sanctioned all Richard's enclosures to date, and 10 acres of waste to be enclosed at Birlee; and remitted an annual rent of 18d. In return Richard would move the houses and tenants between Lebbelay and Moncfal to the other side of Lebbelay; and he acknowledged the enclosures made by the abbey in Sunderland.

[1277]
244. Omnibus hoc scriptum visuris vel audituris Willelmus filius et heres Ricardi de Baldereston eternam in Domino salutem. Noveritis me concessisse, dimisisse, relaxasse et presenti scripto inperpetuum quietum clamasse abbati et conventui de Sallai et eorum successoribus et ecclesie sue sancte Marie de Sallai, totum jus et clamium quod unquam habui vel aliquo modo inposterum habere potero communicandi in omnibus boscis clausis et pasturis de Sunderlande, que clausa habuerunt et tenuerunt in suo separali die confeccionis hujus scripti. Concedo eciam pro me et heredibus meis, quod predicti abbas et conventus et eorum successores possint molendina pro voluntate sua construere infra divisas suas de Sunderlande ubicumque voluerint super aquam de Ribbel; et illa molendina pro voluntate sua removere infra divisas suas prout melius sibi viderint expedire et stangna facere et quociens voluerint reparare usque ad pilum dicte aque de Ribbel; et quod idem abbas et conventus et eorum successores habeant et percipiant inperpetuum aucipitres et nisus et omnia alia genera avium aeriancium in omnibus separalibus boscis suis infra divisas suas de Sunderland; et similiter quod dicti abbas et eorum successores habeant

et percipiant inposterum apes et mel in predictis boscis suis, quantum-cumque et quocienscumque contigerit inveniri et omnia alia commoda qualitercumque infra sua separalia predicta de Sunderlande con-tingencia sine contradiccione vel inpedimento mei vel heredum seu assignatorum meorum; tenenda et habenda dictis abbati et conventui et eorum successoribus et ecclesie sue predicte omnia predicta clausa et pasturam in suo separali, ita quod nec ego Willelmus nec heredes mei vel assignati aliquod jus vel communam in predictis boscis, clausis, pasturis, campis, molendinis, stangnis, avibus quibuscumque, apibus vel melle inposterum exigere vel vendicare poterimus vel aliquod impedimentum facere inposterum. Pro hac autem concessione iidem abbas et conventus concesserunt dicto Willelmo et heredibus suis, quod si averia dicti Willelmi vel heredum suorum infra dictas divisas pro defectu cla[u]sure intraverint, non inparcabuntur sed sine aliqua lesione recaciabuntur. In cujus rei testimonium alter alterius scripto suo sigillum apposuit. His testibus. Roberto de Hephale, Hugone de Cliderhou, magistro Henrico de Claiton, et aliis.

William son and heir of Richard of Balderston released to Sallay his rights of common in the woods, enclosures and pastures of Sunderland; conceded their right to make a mill on the Ribble within the bounds of the vill, and to have hawks and bees in the woods. *Cf. V.C.H. Lancs.*, vi, 314.

[17 June, 1292]
245. Omnibus hoc scriptum visuris vel audituris Gaufridus filius Hugonis de Balderestona eternam in Domino salutem. Noveritis me relaxasse et presenti scripto quietum clamasse abbati et conventui *f. 68.* de Sallai [et] eorum successoribus inperpetuum totum jus et clamium communicandi in clausuris predicti abbatis et conventus factis apud grangiam suam de Sunderland, ita quod ego nec heredes mei nec aliquis alter nomine nostro in predictis clausuris jus vel clamium communi-candi de cetero exigere vel vendicare poterimus inperpetuum; ita tamen quod si predicte clausure per neccligenciam cecederint et infra predictas clausuras animalia mea inventa fuerint pro defectu clausure, sine lesione et imparcacione recaciabuntur. In cujus rei testimonium pres-enti scripto sigillum meum apposui. His testibus. Ada de Osbaldestona, Alexandro de Keuerdale, Willelmo de Balderestona, et aliis. Datum apud Lancastriam coram domino Hugone de Kressingham et dominis Willelmo de Hormesbi, Johanne Wogane, justiciariis itinerantibus et sociis eorum xv. kal. Julii, anno regni regis Edwardi vicesimo.

Geoffrey son of Hugh of Balderston released to Sallay abbey his rights of common in Sunderland grange.

246. Quieta clamacio Johannis filii Hugonis de bosco de Sunderland. [*c.* 1286]
Omnibus hoc scriptum visuris vel audituris Johannes filius Hugonis de

Balderestona eternam in Domino salutem. Noveritis me dimisisse, relaxasse et presenti scripto quietum clamasse abbati et conventui de Sallai et eorum successoribus et ecclesie sue sancte Marie de Sallai, totum jus et clamium quod unquam habui vel aliquo modo inposterum habere potero communicandi in tota illa placia bosci et pasture que vocatur le Mikelfal in bosco de Sunderland et communa pasture ejusdem loci; tenendum et habendum dictis abbati et conventui et eorum successoribus et ecclesie sue predicte in suo separali, ita quod ego predictus Johannes nec heredes vel assignati mei aliquam communam pasture vel bosci vel aliquid juris in tota predicta placia habeamus seu inposterum exigere poterimus inperpetuum; et pro istis remissione et quieta clamacione predictus abbas concessit pro se et successoribus suis, quod si averia dictorum Johannis heredum vel assignatorum suorum in predicta placia pro defectu clausure de cetero intrent, exinde non occasionantur per quod aliquod dampnum recipiant, sed libere recaciabuntur absque lesione et inparcacione. In cujus rei testimonium huic scripto sigillum meum apposui. His [testibus]. Domino Ada de Hoctona, domino Johanne Devias, militibus, magistro Henrico de Clayton, H. de Cliderhou, et aliis.

John son of Hugh of Balderston released to Sallay his rights of common in Mikelfal pasture and wood, Sunderland.

247. Quieta clamacio Thome filii Ade de Billai et aliorum plurium de bosco de Sunderlande.   [c. 1286]
Omnibus hoc scriptum visuris vel audituris Thomas filius Ade de Birley, Johannes frater ejus, Alanus de Balderestona, Alexandro de Kiuerdale, Henrico de Balderestona, Johannes filius Hugonis de eadem et Ricardus filius Johannis de Westewode eternam in Domino salutem. Noveritis nos concessisse, dimisisse, relaxasse et presenti scripto inperpetuum quietum clamasse abbati et conventui de Sallai et eorum successoribus et ecclesie sue sancte Marie de Sallai totum jus et clamium quod uncquam habuimus vel aliquo modo inposterum habere poterimus communicandi in illa placia bosci et pasture que vocatur le Mikelfal, sicut Adam de Sunderland eam aliquo tempore
f. 68v. plenius clausam tenuit et in communa pasture ejusdem loci; habendam et tenendam dictis abbati et conventui et eorum successoribus et ecclesie sue predicte in suo separali, ita quod nec predicti Thomas, Johannes, Alanus, Alexander, Henricus, Johannes et Ricardus nec heredes vel assignati sui aliquam communam pasture vel bosci seu aliquid juris in tota predicta placia habeant seu inposterum exigi poterunt inperpetuum; et pro istis remissione et quieta clamacione predictus abbas concessit pro se et successoribus suis quod si averia dictorum predictorum Thome, Johannis, etc. heredum vel assignatorum suorum in predicta placia pro defectu clausure de cetero intrent, quod omnes prenominati et heredes et assignati sui exinde non occasionentur per quod aliquod dampnum recipiant sed libere recaciabunt[ur] absque lesione et inparcacione inperpetuum. In hujus rei testimonium huic

scripto cirographato utreque partes sigilla sua apposuerunt. Hiis testibus. Domino Ada de Hochtona, domino Johanne Devias, militibus, Henrico de Kithelay, et multis aliis.

Thomas son of Adam of Birley, John his brother, Alan of Balderston, Alexander of Cuerdale, Henry of Balderston, John son of Hugh of the same, and Richard son of John of Westwode released to Sallay their rights of common in Mikelfal.

248. Composicio inter domum de Sallay et ecclesiam de *f. 69.* Blakeburna de Sunderlant. [*c.* 1225-30]
Hec est composicio inter ecclesiam de Blakeburne et ecclesiam de Sallai mediantibus personis, Stephano tunc abbate de Sallai et Rogero et Adam tunc rectoribus ecclesie de Blakeburne super decimis de Sunderland, scilicet, quod ecclesia de Blakeburne percipiet plenarie decimas tam pertinentes ad altaragium quam bladi quamdiu terra illa de Sunderland quam dederunt secularibus in escambium propriis laboribus vel sumptibus non excoluerint. Si autem processu temporis aliquo casu terra illa in manu monachorum devenerit de Sallai quandocumque vel totam vel partem illius propriis laboribus vel sumptibus excoluerint, secundum tenorem privilegiorum suorum a prestacione decimarum quantum ad eos pertinet quieti erunt et immunes cum racione privilegiorum suorum, tum quia terra illa assartata fuit tum quia ecclesia de Blakeburne nuncquam aliquid inde percepit ante composicionem istam, scilicet antequam dicti monachi eandem terram secularibus darent in escambium, nec vertetur monachis in prejudicium juris sui quod seculares quos non tuentur privilegia monachorum dant decimas de laboribus suis. Ut autem hec composicio in posteris temporibus firma et inconcussa permaneat utriusque partis sigillo roboratur. Hiis testibus. Magistro Radulfo de Maidenstan' tunc archidiacono Cestrie[1], Gaufrido decano de Wall., H. de Blakburne, et aliis.

Agreement on the tithes of Sunderland between the churches of Blackburn and Sallay *temp*. Stephen abbot of Sallay and Roger and Adam rectors of the church of Blackburn (Whitaker's *Whalley*, ii, 363, No. 27).

249. Composicio inter domum de Sallai et Stanlawe de decimis de Sunderland. [1268-72]
Hec est composicio facta inter domum de Sallai et domum de Stanlawe, mediantibus abbatibus, videlicet H. tunc abbate dicti domus de Sallai et fratre R. tunc abbate dicte domus de Stanlawe, quod cum mota esset controversia inter ipsos abbates per judices a capitulo generali datos, super decimis grangie sue de Sunderlande pace vel judicio terminanda et concensu partium sub hac forma amicabiliter conquievit, scilicet quod idem abbas et conventus predicti de Sallai solvent annuatim pro

---

[1] Ralph of Maidenstane, archdeacon of Chester 1220, bishop of Hereford Sept., 1234.

bono pacis et gracia mutue dileccionis ecclesie de Blakeburne iiij.
libras cere in festo Annunciacionis beate virginis Marie, ita quod idem
abbas et conventus dicte domus de Sta[n]lawe de tota dicta grangia
nec aliqua sui parte cum omnibus suis pertinenciis prout in cartis quas
inde habent dilucidius continetur, dictam domum de Sallai quocumque
jure vel modo de cetero queant inquietare vel ab eisdem quicquam super
premissis exigere vel vendicare. In hujus rei testimonium presenti
scripto in modum cirographi confecto utraque pars sigillum suum
alternatim apposuit.

Hugh, abbot of Sallay, and Richard, abbot of Stanlawe, agreed that
the house of Sallay should pay 4 lbs. of wax yearly to the church of Blackburn at the Feast of the Annunciation, in lieu of tithes from Sallay's grange
at Sunderland. The arbitrators assigned by the General Chapter seem to
have been the abbots of Fountains and Furness. *Cf. Whalley Coucher*, i,
98-9: Whitaker's *Whalley*, ii, 364.

[16 Jan., 1323-4]
250. Pateat universis per presentes quod die Lune proximi
ante festum sancti Petri in Cathedra, anno gracie m.ccc°. vicesimo[1]
tercio, inter abbatem et conventum domus de Wallay, ecclesiam paroch-
ialem de Blakeburne in proprios usus optinentes et abbatem et conventum de Sallai, mediantibus abbatibus de Dora et Tinterna judicibus
a capitulo generali assignatis super controversia decimarum garbarum
de Sunderland et Lebbelay pace vel judicio terminanda ex consensu
partium ita convenit, videlicet quod predicti abbas et conventus de
f. 69v. Wallay percipient inperpetuum decimas de Lebbelai sine contradiccione abbatis et conventus de Sallai; et idem abbas et conventus de
Wallay ex libera et mera voluntate sua pro bono pacis concesserunt et
dederunt prefatis abbati et conventui de Sallai decimas garbarum
tocius grangie sue de Sunderland et omnium particularum suarum
excepto Lebbelai ut predictum est, durante convencione quam Henricus
de Tunstall' nunc habet in eadem grangia de abbate de Sallai, pro
quatuor libris cere singulis annis percipiendis in festo Annunciacionis
beate Marie de abbate et conventu de Sallai; ita tamen quod finita
convencione prefati Henrici ut predictum est, quando predicta grangia
de Sunderland ad manus dictorum abbatis et conventus de Sallai
revertetur, dicti abbas et conventus de Sallai quieti erunt et immunes
a prestacione decimarum garbarum predicte grangie de Sunderland
pro predicta cera secundum modum et formam que in prima composicione inter domos de Stanlawe et de Sallai super eisdem decimis
facta plenius continetur; et si contingat quod predicta grangia de
Sunderland iterum ad manus secularium vel aliorum quorumcumque
religiosorum ex dimissione dictorum abbatis et conventus de Sallai
devenerit, predicti abbas et conventus de Wallay decimas ejusdem
grangie recipient dummodo in manus secularium vel aliorum religiosorum remanserit sine contradiccione dictorum abbatis et conventus

[1] *Whalley Coucher* has "*tricesimo*", but where the error lies is not clear.

de Sallai, exceptis illis terris que per dictos abbatem et conventum de Sallai assartate fuerunt post antiquam composicionem inter dictas domus factam, videlicet illis iiij^{or}. acris et dimidia acra que vocantur Dobberyding et vij^{tem}. acris et dimidia acra in le Munkeflates et duabus acris et dimidia in Rammesholme et una acra in le Puhghull et una acra in Facebystubbing et dimidia acra in Blakewelholme; et si dicti abbas et conventus de Wallay decimas dicte grangie de Sunderland per manus secularium vel aliorum religiosorum quandocumque receperint, tunc dicti abbas et conventus de Sallai a prestacione dictarum iiij^{or}. librarum cere quieti erunt et immunes toto tempore quo taliter decimas receperunt antedictas. In cujus rei testimonium altera domus alterius scripto sigillum commune apposuit et sigilla judicum apponi procuravit. Datum apud Wallay die et anno supradictis.

On 16 Jan., 1323-4, it was agreed at Whalley, between the two houses of Sallay and Whalley, the abbots of Dora and Tintern being the mediators assigned by the General Chapter, that Sallay should have all the tithes of Sunderland grange except Lebbelay, for 4 lbs. of wax yearly at the Annunciation. When the agreement with the tenant should lapse, Sallay was to be free from tithe for the wax; but if the grange should be let to seculars or any other religious, then tithes were payable to Whalley except for lands assarted after the old composition was made. If the tithes were paid by others, then Sallay was to be free from the 4 lbs. of wax. *Cf. Whalley Coucher*, i, 99-101; Whitaker's *Whalley*, ii, 364, Nos. 28-32; B.M. Egerton MS. 2600, f. 31v.

[2 Aug., 1305]

251. Cum mota esset contencio per abbatem et conventum de Sallai contra abbatem et conventum de Wallay super quibusdam articulis de nimia propinquitate et majori caristia venalium causa propinquitatis abbacie de Wallay ad Salleiam, datis judicibus a capitulo generali, dominis videlicet de Rievalle et de Bella Landa abbatibus qui dictam causam secundum consuetudinem ordinis pace vel judicio terminarent, tandem vocatis et assistentibus partibus coram dictis judicibus in ecclesia hospitalariorum juxta sanctum Botulphum in crastino sancti Petri ad vincula, anno Domini m°.ccc°. quinto, mediantibus venerabilibus patribus de Rivesbi et Swinesheved abbatibus et annuentibus prefatis judicibus in hac forma amicabiliter conquievit, videlicet quod sopitis et extinctis penitus omnibus querelis de temporibus retroactis deinceps utraque pars bona fide alterius negocium tanquam proprium promovebit commodum et procurabit; et si forte monachi *f. 70.* vel conversi de Wallay contra domum de Sallai in aliquo notabiliter excesserint, cum de tali transgressione abbati et monachis de Wallay manifeste constiterit, delinquentes ad abbaciam de Sallai sine mora mittentur puniendi in capitulo monachorum, secundum quantitatem delicti et ad arbitrium presidentis; et si a parte ipsorum de Sallai aliquid tale contigerit per ipsos de Wallay, similiter punientur; et si illi de Wallay decimas venales habuerint quas abbas et conventus de

Sallai suis usibus viderint competentes, vendentur eis cicius et liberius quam aliis, saltem pro precio quod alii dare volunt. In cujus rei testimonium tam partes quam judices et mediatores huic scripto cirographato sigilla sua apposuerunt. Datum apud sanctum Botulphum die et anno suprascriptis.

When the monks of Stanlaw transferred to Whalley in 1296, the Sallay monks objected that their nearness caused a general rise in prices. Gregory of Northbury, abbot of Whalley, wrote *ante* 1302, to the abbot of Savigny: "Item quia vicinus abbas noster de domo S[allay], que per quinque leugas a nobis distat et sita est in provincia separata in qua nec passum pedis habemus de terra nec domus nostra in aliquo communicat cum eadem, sepius comminatus est de nimia propinquitate et vicinitate nostra se in capitulo conquesturum, si de hoc fieri mentionem audieritis, pro nobis interponere dignemini preces vestras." (Whitaker's *Whalley*, i, 154). The Sallay monks submitted a list of their grievances (B.M. Add. MS. 10, 374, f. 136; Dodsworth, 9, f. 215; 159, f. 94; Towneley MS. 6, p. 676; Whitaker, *Whalley*, i, 84-5; *Craven*, p. 61 ; Harland, *Salley*, pp. 23-4). The dispute was referred by a general chapter to the abbots of Rievaulx and Byland as judges, and with the assistance and mediation of the abbots of Revesby and Swineshead, concord was established in the church of the Hospitallers at Boston in Lincolnshire, 1305.

252. Quieta clamacio Willelmi filii Ricardi de Sunderland' de terra de Sunderland, Balderestona et Osbaldestona. [2 April, 1325] Omnibus hoc scriptum visuris vel audituris Willelmus filius Ricardi de Sunderland' salutem in Domino. Noveritis me remisisse, relaxasse et omnino de me et heredibus meis quietum clamasse abbati et conventui de Sallai totum jus et clamium quod habui, habeo vel aliquo modo habere potero in omnibus terris et tenementis cum suis pertinenciis que iidem abbas et conventus tenent in Sunderland, Balderestona et Osbaldestona; habenda et tenenda eisdem abbati et conventui et eorum successoribus libere quiete inperpetuum, ita quod nec ego dictus Willelmus nec heredes mei nec aliquis nomine nostro aliquod jus vel clamium in predictis terris et tenementis cum suis pertinenciis versus predictos abbatem et conventum et eorum successores de cetero exigere vel vendicare vel habere poterimus ullomodo sed per istud presens factum ab omni accione simus exclusi inperpetuum. In cujus rei testimonium huic scripto quiete clamacionis sigillum meum apposui. Hiis testibus. Thoma de Osbaldestona, Johanne de Dynnelai, W. de Smallai, H. de Plumpton de Aumundernes, Johanne de Midope, et aliis. Datum apud Sallai secundo die mensis Aprilis, anno regni regis Edwardi filii regis Edwardi decimo octavo.

William son of Richard of Sunderland released his rights in the abbey lands and tenements in Sunderland, Balderston and Osbaldeston. For a summary of the changes at Sunderland *cf.* Whitaker, *Whalley*, ii, 364; *V.C.H. Lancs.*, vi, 317-24.

MELES.

253. Carta Rogeri de Lascy de Meles.   [1204-11] *f. 70v*

Sciant omnes tam presentes quam futuri quod ego Rogerus de Lasci constabularius Cestrie dedi et concessi et presenti carta mea confirmavi Deo et monachis sancte Marie de Sallai unam acram terre in Ratho ad faciendam unam salinam et pasturam iiijᵒʳ. boum et vj. vaccarum et duorum equorum; et ad sabulonem colligendam et trahendam, pasturam xx. boum per quindecim dies in communi pastura que dicitur Normeles et turbas sufficienter per visum serviencium meorum, in puram et perpetuam elemosinam pro salute anime mee et predecessorum meorum et heredum meorum. His testibus. G. decano de Wallia, Hugone de Duttona fratre ejus, Hugone dispensatore, W. de Beamunt, Colino de Quatermares, et aliis.

> Roger de Lacy constable of Chester granted to Sallay an acre in Ratho for a salt pit, pasture for 4 oxen, 6 cows and 2 horses; and for digging and carting gravel, pasture for 20 oxen for 15 days in the common pasture called North Meols (near Southport), and a sufficient supply of turf according to the judgment of Roger's bailiffs. As Hugh of Dutton was not the brother of Geoffrey dean of Whalley, it is probable that the name of the second witness has been omitted.

254. Carta Alani de Meles de obligacione.   [1232-40]

Universis presens scriptum visuris vel audituris Alanus de Meles salutem. Noverit universitas vestra me in fide promisisse et tactis sacrosanctis jurasse nullum dampnum vel gravamen inferendum de me vel de meis domino abbati de Sallai et suis de elemosina quam habent in villa de Meles contra libertatem et cartam domini mei Rogeri de Lasci illis datam, sub pena viginti solidorum si convicti fuerimus; et ad hoc fideliter tenendum de me et heredibus meis presens scriptum sigillo meo roboravi. His testibus. Domino K.¹ abbate loci benedicti de Stanlawe, domino Alano senescallo domini comitis Lincolniensis², Petro receptore, et aliis.

> Alan of Meols swore on the gospels to do no harm to the abbot of Sallay and his, with regard to the alms the monks had in Meols by charter of Roger de Lacy.

255. Carta Helie de Belintona de marremio capiendo et nutrimento xl. suum.   [*End of 12th century*].

Omnibus sancte matris ecclesie filiis Helias filius Edwardi de Bilington salutem. Sciatis quod ego Helias pro animabus patris et matris mee et uxoris mee et fratris mei et omnium parentum meorum dedi et concessi presentique carta confirmavi Deo et sancte Marie et monachis

¹ Karolus, 1226-44. Dr. Farrer's scribe misread this as Ralph, and dated *ante* 1209 (*Hist. of North Meols*, p. 8).
² John de Lacy, earl of Lincoln, 1232-40.

de Sallai donacionem quam pater meus eisdem monachis fecit, scilicet, boscum de Bilingtona, ad materiem capiendam ad quod necesse hab- uerint sine vasto et ad nutriendum porcos usque ad xl. sues cum nut- rimento suo unius anni sine pannage et omni consuetudine, in puram et perpetuam elemosinam, et hanc donacionem ego. et heredes mei manutenebimus et warantizabimus eis. Hujus donacionis et concession- is gracia concesserunt michi fraternitatem et commune beneficium domus sue. Hec confirmacio facta est coram his testibus. Henrico fratre suo, Elfredo clerico de Ellasale, Ailsio filio Hugonis, R. le Norais, et aliis.

Elias son of Edward of Billington confirmed his father's gift to Sallay, namely, the right to take sufficient timber from Billington wood, near Whalley, and nourishment for 40 pigs with their one year olds, free from pannage. In return the abbey granted him the brotherhood and common benefit of the house.

256. Carta Elie de Bilingtona de transitu per tenementum suum. [*End of* 12*th century*]
Omnibus hanc cartam visuris vel audituris Helias de Bilington salutem. Noverit universitas vestra me dedisse et carta mea confirmasse Deo et beate Marie et monachis de Sallai pro salute anime mee et uxoriș mee et omnium antecessorum et heredum meorum super totum tenementum meum, scilicet, de Dinkeleybroc usque in Beldere, liberum et pacificum
f. 71.   transitum inperpetuum sine omni impedimento de me et heredibus meis sibi et suis quadrigis et bigis et omnibus vecturis suis in eundo et redeundo et averia eorum pascentur in pascuis meis in transitu suo sine omni impedimento et hoc fideliter tenendum fidem meam affidavi in manu Alani prioris et predicti monachi concesserunt michi caritative sepulturam cum mea racionabili parte substancie quam michi dederi[n]t in fine meo; et sciendum est quod si predicti monachi in eundo vel redeundo in pratis vel in segitibus meis aliquid forisfecerint per visum virorum legalium dampnum michi restituent. Et ego et heredes mei hanc donacionem contra omnes homines inperpetuum warantizabimus. His testibus. Galfrido decano de Wallai, H. de Blakeburne, Radulpho de Miton, et multis aliis.

Elias of Billington granted to Sallay right of way for its vehicles across his tenement from Dinckley brook to Beldere, and the Sallay animals might graze without hindrance as they passed over his pastures. In return the abbey had promised him burial.

257. Carta Willelmi de Couderay de salina sua, de j. acra et una roda et de pastura in Normel. ij. [*post* 22 July, 1240]
Omnibus hoc scriptum visuris vel audituris Willelmus de Coudray eternam in Domino salutem. Noverit universitas vestra me pro anime mee salute et pro salute anime domini Johannis de Lasci quondam

comitis Lincolniensis[1] et pro salute animarum omnium dominorum
meorum et omnium antecessorum et heredum meorum dedisse,
concessisse et hac presenti carta mea confirmasse Deo et beate Marie
et monachis de Sallai cum corpore meo ibidem sepeliendo, salinam meam
et Crossenes quam de me aliquando tenuerunt ad firmam et unam
acram et unam rodam terre cum omnibus pertinenciis eidem saline
proximo jacentes et sufficiens sabulum et turbariam ad omnia sua ibidem
necessaria et pasturam octo bobus et iiij^{or}. vaccis et duobus equis suis,
cum omnibus pertinenciis, libertatibus et aysiamentis et cum omnibus
sibi congruis introitibus et exitibus in tota communa ville de Northmelis; tenenda et habenda dictis monachis et eorum successoribus vel
assignatis suis de me et heredibus meis in puram et perpetuam elemosinam, solutam liberam et quietam ab omni servicio, exaccione et
omni re ad terram pertinente. Concessi eciam et confirmavi hac presenti
carta mea eisdem monachis omnes donaciones quas habent ex dono
Rogeri de Lasci, sicut carte ejusdem testantur in villa et territorio de
Norhmelis et totum quod de mari adquisierunt vel de cetero adquirere
poterunt. Ego vero Willelmus Coudray et heredes mei omnia prenominata dictis monachis et eorum successoribus vel assignatis suis contra
omnes inperpetuum warantizabimus, acquietabimus et defendemus.
In hujus rei testimonium presenti scripto sigillum meum apposui.
Hiis testibus. Domino Johanne de La Mare, W. filio ejus, Radulfo de
Claitona, magistro Ricardo de Melis, et aliis.

> William of Coudray granted to Sallay, together with his body for burial,
> a salt pit and Crossens, which the monks formerly held from him to farm;
> an acre and a rood near the pit, and sufficient gravel and turf; and pasture
> for 8 oxen, 4 cows and 2 horses in North Meols common pasture. He also
> confirmed the gifts of Roger de Lacy to the monks.

258. Carta Willelmi Couderay de una acra prati que vocatur
Frer Midu. [c. 1240]
Omnibus sancte ecclesie filiis presentibus et futuris Willelmus de
Coudrai salutem. Noveritis me dedisse, concessisse et hac presenti
carta mea confirmasse Deo et monachis ecclesie sancte Marie de Sallai,
pro salute anime mee et uxoris mee Amabilie et heredum meorum et
omnium antecessorum meorum, unam acram prati que vocatur Frer
Medu in teritorio de Northmelis et si ibi fuerit minus unius acre, idem
Willelmus perficiet eam integram. Licebit dictis monachis dictam *f. 71v.*
acram prati includere, haiare et fossare si voluerint. Idem monachi
habebunt pasturam mecum ubique per totum extra pratum et bladum
omnibus averiis suis prout continetur in cartis dictorum monachorum
quas habent de domino Rogero de Lasci. Licebit eciam dicto Willelmo
pratum suum juxta Oterpol falcare et facere inde quod voluerit, ita
tamen quod dicti monachi habebunt pasturam in dicto prato averiis
suis cum averiis dicti Willelmi. Si vero falcari non poterit vel noluerit
et pro pastura eam habere voluerit, dicti monachi dictum pratum pro

---
[1] John de Lacy died 22 July, 1240.

pastura eam habebunt omnibus averiis suis sicut dictum est. Post
vesturam illius prati erit in communam dictis monachis et dicto Willelmo, similiter per totam communam licebit eciam dictis monachis habere
turbariam suam ubi competentius et utilius et melius viderint eisdem
expedire, salvis tamen eidem Willelmo et heredibus suis omnibus
fossatis suis circa bladum per totum campum, salva pastura averiis
dictorum monachorum per totum territorium de Norhmeles post
vesturas. Licebit dicto Willelmo et heredibus suis de vasto suo facere
quod voluerint absque calumpnia et contradiccione dictorum monachorum, salva eisdem monachis pastura omnibus averiis suis sufficienter per totum sicut dictum est. Ego vero dictus Willelmus et
heredes mei omnia prenominata dictis monachis contra omnes warantizabimus et defendemus et acquietabimus. Hec omnia dedi in puram et
perpetuam elemosinam. His testibus. Domino Johanne de Mara,
Simone de Heriz, Warino de Waletona, et aliis pluribus.

> William Coudray granted to Sallay one acre of meadow called Frer Medu
> in North Meols. He was to be allowed to mow his meadow by Oterpol, the
> cattle of both were to pasture in the said meadow after harvest, and the
> monks were to have a turbary where they deemed best.

259. Carta Roberti de Coudrai de j. acra prati in Normeles cum
pertinenciis. [*post* 1260]
Sciant presentes et futuri quod ego Robertus filius et heres Willelmi
Coudrai dedi, concessi et hac presenti carta mea confirmavi Deo et
beate Marie et domui de Sallai et monachis ibidem Deo servientibus,
pro salute anime mee et omnium antecessorum et heredum meorum,
unam acram prati in villa et in teritorio de Norhmeles in loco qui
vocatur le Warsth; tenendam et habendam dictis monachis et eorum
successoribus de me et heredibus meis vel assignatis libere, quiete,
pacifice et integre in puram et liberam, solutam et perpetuam elemosinam, quietam ab omni seculari servicio, exaccione et demanda
cum omnibus libertatibus, appendiciis et aisiamentis ad tantum pratum
pertinentibus infra villam de Norhmeles et extra. Ego Robertus et
heredes mei vel assignati predictum pratum predictis monachis cum
omnibus suis pertinenciis contra omnes homines et feminas warantizabimus, acquietabimus et defendemus inperpetuum. In cujus rei
testimonium presenti scripto sigillum meum apposui. His testibus.
Domino R. Banastre, domino Roberto de Hamtona, domino Henrico
du Le, domino Ada de Hoctona, et multis aliis.

> Robert son and heir of William Coudray granted to Sallay abbey an
> acre of meadow in Le Warsth, North Meols. Robert succeeded *c.* 1260.

260. Carta Roberti de Coudrai de j. acra terre in escambium
pro j. acra prati in Meles. [1278-92]
Hoc scriptum cirographatum testatur quod hoc fuit escambium inter
Thomam abbatem et conventum de Sallai ex una parte et Robertum

de Coudrai ex altera, videlicet quod dicti abbas et conventus dederunt
et concesserunt pro se et successoribus suis Roberto de Coudrai et
heredibus vel assignatis suis, unam acram prati in Wlfepit medu in *f.* 72.
territorio de Normeles juxta pratum dicti Roberti, quam habuerunt
ex dono Willelmi de Coudrai patris ejusdem Roberti; tenendam et
habendam dicto Roberto et heredibus suis vel assignatis suis de dictis
abbate et conventu inperpetuum. Et sciendum quod predictus Robertus
dedit et concessit pro se et heredibus vel assignatis suis dictis abbati
et conventui et eorum successoribus unam [acram] terre arabilis in
le Backefelde infra Crospeles in teritorio de Norhmeles cum omnibus
pertinenciis suis; tenendam et habendam dictis abbati et conventui
et eorum successoribus de dicto Roberto et heredibus vel assignatis
suis inperpetuum, ita pure et libere ab omni servicio tam seculari quam
ecclesiastico, sicut dicti abbas et conventus acram prati liberius uncquam
tenuerunt vel habuerunt; et dictus Robertus et heredes vel assignati
sui dictam acram terre dictis abbati et conventui et eorum successoribus
contra omnes warantizabunt et defendent inperpetuum et dicti abbas
et conventus acram prati dicto Roberto et heredibus vel assignatis suis
contra omnes warantizabunt, tamdiu fundatores illorum eos warantizaverint. His testibus. W[illelmo] filio Roberti de Normeles, Willelmo
filio Walteri de eadem, R. filio Stephani, et aliis.

Thomas, abbot of Sallay, gave to Robert of Coudray an acre of meadow
in Wlfepit meadow, North Meols, in exchange for an acre of arable land
in Le Backefelde, below Crospeles, North Meols. *Cf.* Dodsworth 142, f. 238.

261. Quieta clamacio Thome de Singiltona. [1294-1303]
Universis Christi fidelibus presens scriptum visuris vel audituris
Thomas filius domini Alani de Singiltona salutem in Domino sempiternam. Noverit universitas vestra me concessisse, dimisisse et omnino
quietum clamasse de me et heredibus meis imperpetuum abbati et
conventui de Sallai totum jus et clamium quod habui vel quocumque
jure habere potui in omnibus et singulis tenementis, reditibus et
quibuscumque aliis commoditatibus quas prefati abbas et conventus de
Sallai tenent in villa de Norhmeles, cum omnibus suis appendiciis sine
aliquo retenemento, ita videlicet quod nec ego predictus Thomas nec
heredes mei nec aliquis alius jure seu nomine nostro aliquod jus vel
clamium in predictis terris et tenementis ut prescriptum est exigere vel
vendicare poterimus inperpetuum. In cujus rei testimonium presenti
scripto sigillum meum apposui. Hiis testibus. Roberto de Hephale
tunc senescallo de Cliderhou, magistro Johanne de Waltona, Roberto
de Pres, Roberto de Coudrai, et aliis multis.

Thomas son of Sir Alan of Singleton released to Sallay his rights in
the tenements, rents and commodities of the abbey in North Meols.

162 SALLAY CHARTULARY

CHYPPIN.

f. 72v. **262.** Carta Johannis de Dinkedelai de riding in Chippin[1].

[*c.* 1232-40]

Omnibus sancte ecclesie filiis presentibus et futuris Johannes filius Huctredi de Dinkedelai salutem. Noveritis me pro salute anime mee et omnium antecessorum et heredum meorum dedisse, concessisse et presenti carta mea confirmasse Deo et monachis sancte Marie de Sallai, in puram et perpetuam elemosinam, solutam liberam et quietam ab omni servicio et exaccione et omni re ad terram pertinente unum riding quod vocatur Hesilhirstriding cum omnibus pertinenciis, libertatibus et aisiamentis ad tantam terram in villa de Chipping pertinentibus per has divisas, scilicet de Ruhallethe usque Scalhirstbroch et ex alia parte de terra Willelmi clerici que est ad partem orientis usque ad terram ejusdem Willelmi que est in parte occidentis; tenendum et habendum de me et heredibus meis libere et quiete, sicut ulla elemosina liberius et quietius dari aut teneri potest. Et ego et heredes mei predictum riding cum pertinenciis warantizabimus et defendemus contra omnes inperpetuum; et quia volo ut hec elemosina sit pura ab omni servicio seculari, attornavi unam bovatam quam habui in Chipping, ad defendendum predictum riding. His testibus. Simone Heriz, S. de Hybernia, Petro receptore, et aliis.

John son of Huctred of Dinckley granted to Sallay abbey a riding in Chipping called Hesilhirst riding.

263. Confirmacio Roberti filii Johannis de Dinkedelay.

[*c.* 1232-40]

Omnibus sancte ecclesie filiis presentibus et futuris Robertus filius Johannis de Dinkedelai salutem. Noveritis me pro salute anime mee et omnium antecessorum et heredum meorum concessisse et presenti carta mea confirmasse Deo et monachis sancte Marie de Sallai, illud riding in teritorio de Chipping quod Johannes pater meus eis dedit, cum omnibus pertinenciis, libertatibus et aisiamentis suis infra villam de Chipping et extra et cum omnibus divisis sicut carta patris mei quam inde habent testatur et proportat, in liberam et puram et perpetuam elemosinam, solutam liberam et quietam ab omni servicio et exaccione et omni re ad terram pertinente. Et ego et heredes mei predictum riding cum pertinenciis et divisis warantizabimus et defendemus contra omnes inperpetuum. Hiis testibus. Simone Heriz, Stephano de Hybernia, Petro receptore, Willelmo clerico de Chipping, et aliis.

Robert son of John of Dinckley confirmed his father's gift to Sallay abbey of a riding in Chipping.

264. Confirmacio Gilberti de riding in Chipping. [*c.* 1232-40]

Omnibus sancte ecclesie filiis presentibus et futuris Gilbertus filius

[1] Nine miles W. from Clitheroe.

Johannis de Dinkedelai salutem. Noveritis me pro salute anime mee et omnium antecessorum et heredum meorum concessisse et presenti carta mea confirmasse Deo et monachis ecclesie sancte Marie de Sallai, illud riding in territorio de Chipping quod Johannes pater meus eis dedit, cum omnibus pertinenciis, libertatibus et aisiamentis suis infra villam de Chipping et extra et cum omnibus divisis suis, sicut carta patris mei quam inde habent testatur et proportat, in liberam et puram et perpetuam elemosinam, solutam et quietam ab omni servicio et exaccione et omni re ad terram pertinente. Et ego et heredes mei per bovatam quam tenemus in villa de Chipping, predictum riding cum omnibus pertinenciis et divisis ab omnibus secularibus serviciis et exaccionibus contra omnes defendemus inperpetuum. Hiis testibus. Simone de Heriz, Stephano de Hybernia, Petro receptore, et aliis *f.* 73. multis.

Gilbert, another son of John of Dinckley, also confirmed his father's gift.

265. Carta Alicie filie Johannis de Dinkedelai de terra de Chipping. [1240-60]
Omnibus sancte filiis presentibus et futuris Alicia filia Johannis de Dinkelay quondam uxor Ricardi le Walays salutem. Noveritis me in pura viduitate mea et in legitima potestate corporis mei dedisse, concessisse et presenti carta quietum clamasse de me et heredibus meis inperpetuum Deo et monachis ecclesie beate Marie de Sallai, totum jus et clamium quod unquam habui vel habere potui in illud riding quod vocatur Hesilhirstriding in teritorio de Chipping quod Johannes pater meus eis dedit, cum omnibus libertatibus et aisiamentis suis infra villam et extra, cum omnibus divisis sicut carta Johannis patris quam inde habent testatur et proportat; ita quod [nec] ego nec heredes mei nec aliquis per nos aliquod jus vel clamium adversus aliquem de predicto riding cum pertinenciis movere poterimus inperpetuum et ad majorem hujus rei securitatem presenti scripto sigillum meum apposui. His testibus. Ricardo de Knol, W. de Neutona, W. de Spofforde, et aliis.

Alice, daughter of John of Dinckley and widow of Richard le Walays, also confirmed.

266. Carta Galfridi filii Ricardi Walensis de Coveracris in Chipping. [1240-60]
Omnibus Christi fidelibus hanc cartam visuris vel audituris Gaufridus filius Ricardi le Waylays salutem. Noveritis me pro salute anime mee et omnium antecessorum et heredum meorum dedisse, concessisse et presenti carta mea confirmasse Deo et monachis ecclesie beate Marie de Sallai, in puram et perpetuam elemosinam liberam solutam et quietam ab omni servicio et exaccione et omni re ad terram pertinente, unam partem terre mee in villa de Chipping, scilicet, Coverhakirs quantum

pertinet ad dimidiam bovatam terre, scilicet infra has divisas, incipiendo ubi Evisbroc cadit in Mersik, ascendendo per Merebroc usque ad Brunde Parloc, sequendo Brundeparloc usque dum respondeat equaliter de Covihill et de Covihill descendendo usque ad Evisbroc et de Evisbroc de[s]cendendo usque ad divisam prenominatam; tenendum et habendum de me et heredibus [meis] libere et quiete sicut ulla elemosina liberius et quietius dari et teneri potest. Et ego et heredes mei predictam terram cum omnibus libertatibus et aisiamentis domui de Sallai warantizabimus et defendemus contra omnes homines inperpetuum. Hiis testibus. Ricardo de Knol, W. de Neutona, W. de Spodford, et aliis.

Geoffrey son of Richard le Walays granted to Sallay abbey Covirhakirs, Chipping, as far as it belonged to half a bovate of land.

267. Confirmacio Gaufridi filii Ricardi de Chipping, Hesilhirstriding. [c. 1232-40]
Omnibus sancte ecclesie filiis presentibus et futuris Gaufridus filius Ricardi le Walens salutem. Noveritis me dedisse, concessisse et quietum clamasse de me et de heredibus meis inperpetuum totum jus et clamium quod habui vel habere potui in illud riding quod vocatur Hesilhirstriding quod Alicia mater mea tenuit de domo de Sallai in territorio de Chipping, Deo et monachis ecclesie beate Marie de Sallai cum omnibus libertatibus, aisiamentis infra villam de Chipping et extra cum omnibus divisis sicut carta Johannis de Deinkelay avi mei quam inde habent testatur et proportat; ita quod ego nec heredes mei nec aliquis per nos aliquod jus vel clamium adversus aliquem de predicto riding movere
f. 73v. poterimus inperpetuum et ad majorem hujus rei securitatem presenti scripto sigillum meum apposui. Hiis testibus. Simone de Heriz tunc senescallo de Cliderhou, Ada de Blakeburna, et multis aliis.

Geoffrey son of Richard le Walays confirmed to Sallay abbey Hesilhirst riding, which Alice his mother held of the monks.

PRESTON.

f. 74. **268.** Carta Ricardi Ruffi de dimidio tofto in Prestona.
Omnibus sancte matris ecclesie filiis presentibus et futuris Ricardus filius Luce de Prestona salutem. Sciatis me dedisse, concessisse et hac presenti carta mea confirmasse Deo et beate Marie de Sallai et monachis ibidem Deo servientibus, in liberam et puram et perpetuam elemosinam pro salute anime mee et patris mei et matris mee et omnium antecessorum et heredum meorum medietatem tofti mei in Preston in Fiskergate[1] quam emi de Alekoc filio Lewini, illam scilicet medietatem versus orientem que est juxta terram Willelmi cappellani; tenendam et habendam liberam et quietam ab omni seculari servicio et exaccione de me et heredibus inperpetuum. Et sciendum est quod ego Ricardus

[1] Modern Fishergate.

et heredes mei prenominatam medietatem tofti predicti eisdem monachis sicut ulla elemosina liberius warantizari debet warantizabimus versus omnes inperpetuum et [ut] hec elemosina predictis monachis permaneat rata inperpetuum, presentem cartam sigilli mei apposicione roboravi in testimonium. Hiis testibus. Rogero preposito, Ricardo de Cruce, · Willelmo Albo, Roberto clerico, et aliis.

Richard Ruffus son of Luke of Preston (Lancs.) granted to Sallay abbey half a toft in Fishergate, which he bought from Alekoc son of Lewin, i.e., the east half, next the land of William the chaplain.

269. Carta Willelmi filii Christiane de quodam burgagio in Fischergate dato Ade et Rogero filiis Hugonis le Sposage.
[*Temp. Edward I*]
Sciant omnes presentes et futuri quod ego Willelmus filius Christiane dedi et concessi et hac presenti carta mea confirmavi Ade et Rogero filiis Hugonis le Sposage, pro homagiis suis et serviciis quoddam burgagium in Fissergate, quod jacet inter terram Ricardi filii Mabbe et terram Willelmi filii Gunne in villa de Preston, cum edificiis et pertinenciis suis salvo Radulfo filio Radulfi illo loco horeo quem prius ei vendidi et heredibus suis; tenendum et habendum de me et heredibus meis sibi et heredibus suis vel suis assignatis in feodo et hereditate plenarie, libere et quiete, integre, pacifice et honorifice, cum omnibus libertatibus et aisiamentis quantum pertinet ad unum burgagium in eadem villa. Reddendo inde annuatim michi et heredibus meis [quandam rosam] ad festum sancti Johannis baptiste et xii^{cim}. denarios domino regi secundum usus et consuetudines predicte ville et octo denarios heredibus Hugonis Phitona ad festum sancti Michaelis pro omni servicio, accione et demanda quantum ad me et heredes meos pertinet; et si forte predictus Adam vel predictus Rogerus sine herede de proprio corpore suo obierit, tota predicta terra integra cum pertinenciis suis et libertatibus cuicumque illorum duorum supervixerit hereditarie inperpetuum remanebit et heredibus suis. Et ego Willelmus et heredes mei predictis Ade et Rogero et heredibus suis vel suis assignatis totam predictam terram cum pertinenciis suis contra omnes homines et feminas inperpetuum warantizabimus. Hiis testibus. Ada filio Siwardi, Ricardo de Derbis, Ada de Hoctona, et aliis.

William son of Christian granted to Adam and Roger sons of Hugh le Sposage for their homage and service a burgage in Fishergate with its buildings, except the tithe barn which he had previously sold to Ralph son of Ralph.

270. Carta Ade filii Hugonis le Sposage de quodam burgagio in Fissergate dato Rogero filio Ade de Preston.   [*Temp. Edward I*]
Sciant omnes presentes et futuri quod ego Adam filius Hugonis le *f. 74v.* Sposage dedi, concessi et hac presenti carta mea confirmavi Rogero filio Ade filii Suardi de Preston pro homagio suo et servicio quoddam

burgagium in Fissergate quod jacet inter terram Ricardi filii Mabbe ex
una parte et terram Willelmi filii Gunne ex altera in villa de Preston,
cum edificiis et pertinenciis suis salvo Radulfo filio Radulfi illo loco
horrei sui quem prius ei vendidit Willelmus filius Christiane feffator
meus; tenendum et habendum de me et heredibus meis sibi et heredibus
suis vel suis assignatis in feodo et hereditate, plenarie libere quiete
integre bene et in pace cum omnibus libertatibus et aisiamentis quantum
pertinet ad unum burgagium in eadem villa. Reddendo inde annuatim
michi et heredibus meis ille et heredes sui vel assignati quandam rosam
ad festum sancti Johannis baptiste et duodecim d. domino regi secundum usus et consuetudines predicte ville et octo denarios heredibus
Hugonis Fitun ad festum sancti Michaelis pro omni servicio, exaccione
et demanda quantum ad me et heredes meos pertinet prout carta quam
inde habeo testatur. Et ego Adam et heredes mei predictum tenementum cum edificiis et omnibus pertinenciis suis predicto Rogero et heredibus suis vel suis assignatis inperpetuum warantizabimus. In cujus
rei testimonium huic scripto pro me et heredibus meis sigillum meum
apposui. His testibus. Roberto forestario, Radulfo filio Radulfi, Radulfo
ballivo de Prestona tunc tempore, Ada filio Suardi, et aliis.

Adam son of Hugh le Sposage granted to Roger son of Adam son of
Suard of Preston the aforesaid burgage in Fishergate, Preston.

271. Carta Rogeri de Prestona de quodam burgagio in Prestona
in Fissergate.   [*Temp. Edward I*]
Sciant presentes et futuri quod ego Rogerus filius Ade filii Suardi dedi,
concessi et presenti carta mea confirmavi Deo et beate Marie et monachis
de Sallai quoddam burgagium in villa de Preston in Fischergate,
quod jacet inter terram Ricardi filii Mabbe ex una parte et terram
Willelmi filii Gune ex altera, salvo Radulfo illo loco horrei sui quem
prius habuit; tenendum et habendum de me et heredibus meis illis et
successoribus eorum vel assignatis suis in feodo et hereditate, plenarie
libere quiete integre bene et in pace cum omnibus libertatibus et aisiamentis quantum pertinet ad unum burgagium in eadem villa. Reddendo
inde annuatim michi vel heredibus meis illi et successores sui vel assignati unam rosam ad festum beati Johannis baptiste et xij^{cim}. d. domino
feodi secundum usus et consuetudines predicte ville et viij. d. heredibus
Hugonis Fitun ad festum sancti Michaelis, pro omni servicio, exaccione
et demanda quantum ad me et heredes meos pertinet sicut carte quas
inde habent testantur. Et ego Rogerus et heredes mei predictum
tenementum cum omnibus libertatibus suis et pertinenciis predictis
monachis et eorum successoribus vel assignatis contra omnes inperpetuum warantizabimus. In cujus rei testimonium huic scripto pro
f. 75.   me et heredibus meis sigillum meum apposui. His testibus. Ada de
Hoctona, Alexandro de Kyuerdale, H. de Haydoch, Rogero de Broch-
oles, et multis aliis.

Roger son of Adam son of Suard granted to Sallay abbey a burgage in
Fishergate, Preston.

272. Carta Hugonis le Sposage de quodam burgagio in Prestona
in Fissergate.   [1278-92]
Hoc scriptum cirographatum testatur quod frater Thomas dictus abbas
de Sallai et ejusdem loci conventus dimiserunt et presenti scripto concesserunt ad feodi firmam Hugoni le Sposage de Preston et heredibus
vel assignatis suis quoddam burgagium in eadem villa cum pertinenciis
suis in Fissergate, quod jacet inter terram que fuit quondam Ricardi
filii Mabbe ex una parte et terram que fuit quondam Willelmi filii Gune
ex altera, salvo Radulfo filio Radulfi illo loco horrei sui quem prius
habuit; tenendum et habendum de predictis abbate et conventu et eorum
successoribus sibi et heredibus suis vel assignatis in feodo et hereditate,
plenarie libere quiete integre bene et in pace cum omnibus libertatibus
et aisiamentis quantum pertinet ad unum burgagium in eadem villa.
Reddendo inde annuatim prefatis abbati et conventui et eorum successoribus ipse et heredes sui vel assignati xij^{clm}. d. sterlingorum ad festum
Assumpcionis sancte Marie et xij^{clm}. d. domino feodi secundum usus
et consuetudines predicte ville et viij. d. heredibus Hugonis Fitun ad
festum sancti Michaelis pro omni servicio, exaccione et demanda quantum ad predictos abbatem et conventum et eorum successoribus pertinet sicut carte quas inde habent testantur.   Et predicti abbas et
conventus et eorum successores predictum burgagium cum pertinenciis
predicto Hugoni et heredibus vel assignatis suis sine fraude warantizabunt quamdiu carte donatorum eisdem abbati et conventui
warantizare poterunt et ad majorem hujus rei securitatem huic scripto
in modum cirographi confecto utraque pars sigillum suum alternatim
apposuit. His testibus. Ada de Hoctona, magistro H. de Claiton,
A. de Kiuerdale, et aliis.

Thomas, abbot of Sallay, let to farm to Hugh le Sposage of Preston a
burgage in Fishergate.

[In another hand].
273. Memorandum quod burgagium abbatis et conventus
monasterii beate Marie de Sallai in Fyschergate in Preston jacet inter
terram Gaulfridi Melis ex parte occidentali et terram Edmundi Skyllicorne ex parte orientali, ascendendo in Fyschergate in north et descendendo in communi syke de Preston in le south.

Sallay's burgage in Fishergate lay between the land of Geoffrey Melis
on the west and the land of Edmund Skyllicorne on the east; rising in Fishergate in the north and falling to the common sike of Preston in the south.

Blank.   *f. 75v.*

CLAITON.

274. Carta Radulfi Sparcling de tercia parte unius bovate terre   *f. 76.*
in Claiton et quibusdam aliis.   [c. 1190]

Universis sancte matris ecclesie filiis presentibus et futuris Radulfus filius Spracling de Claitona salutem. Sciatis me dedisse, concessisse et presenti carta mea confirmasse Deo et beate Marie de Sallai et monachis ibidem Deo servientibus ad opus ecclesie et edificiorum suorum pro salute anime mee et patris mei et matris mee et omnium antecessorum et heredum meorum, terciam partem unius bovate terre in villa de Claiton propinquiorem videlicet soli et totam illam terram que jacet inter Lideleie cloch et Ruelai cloh, cum omnibus aisiamentis in bosco et plano, in pratis et pascuis, in terra et aqua, in ingressibus et egressibus, in pannagio et in omnibus aliis aisiamentis predicte Claitone pertinentibus, liberas et quietas ab omnibus serviciis et exaccionibus de me et de omnibus heredibus meis, in puram et perpetuam elemosinam sicut ulla elemosina liberius dari et confirmari potest. Predicti vero monachi concesserunt michi fraternitatem domus sue, ut sim particeps omnium bonorum que fiunt in ea et sciendum quod ego et heredes mei predictam elemosinam prefatis monachis contra omnes homines warantizabimus et de duabus partibus hujus nostre bovate, terciam partem istius bovate predicte et omnes pertinencias suas ubique acquietabimus. His testibus. Malgero persona de Giseburne, Gospatrico de Samlesbiri et Ricardo filio ejus, ac multis aliis.

Ralph son of Sparcling of Clayton granted to Sallay abbey, towards the upkeep (*opus*) of the church and buildings, the third part of a bovate in Clayton, in return for the fraternity of the house and participation in its spiritual benefits. The Clayton le Dale deeds, Nos. 274-81, are printed in Whitaker's *Whalley*, ii, 399-401.

275. Carta Radulphi Sparcling de j. essarto in Claiton. [*c.* 1190] Universis sancte matris ecclesie filiis presentibus et futuris Radulphus filius Sparling salutem. Sciatis me dedisse, concessisse et presenti carta mea confirmasse Deo et beate Marie de Sallai et monachis ibidem Deo servientibus pro salute anime mee et dominorum meorum patris mei et matris mee et omnium antecessorum et heredum meorum sartum unum in villa de Claitona, illud scilicet quod pertinet ad terram illam que vocatur Hildale et pro tercia parte bovate quam predictis monachis incartulavi in prefata villa de Claiton dedi eis terram illam que vocatur Hildale et sartum meum in Wingives holmh quod Eilsi sartavit et alias partes meas in predicto Wigives holm ad prefatam bovatam terre pertinentes, donec plene et integre terciam partem predicte bovate in prefato Wingives holm habeant cum omnibus aisiamentis et communitatibus predicte ville de Claitona et libere elemosine pertinentibus, sicut in carta mea plenius continetur quam ex tercia parte prefate bovete prenominati monachi habent. Et sciendum quod ego et heredes mei predictam elemosinam prefatis monachis contra omnes homines warantizabimus et de duabus partibus predicte bovate terciam partem prefate bovate cum omnibus pertinenciis suis ubique acquietabimus. His testibus. Helia de Bolton serviente regis, Willelmo Angevin, Roberto de Claravalle, et aliis.

Ralph son of Sparcling gave to Sallay an assart pertaining to the land called Hildale, in the vill of Clayton; and made an exchange for the third part of a bovate he had previously granted to the abbey.

276. Carta Radulfi filii Spracling de vj. acris in Claitona et nutrimento xx. suum et pannagio xxx. porcorum.   [c. 1190]

Universis sancte matris ecclesie filiis presentibus et futuris Radulfus   f. 76v. filius Spracling salutem.   Sciatis me concessione et assensu Aldredi filii et heredis mei dedisse, concessisse et presenti carta mea confirmasse Deo et beate Marie de Sallai et monachis ibidem Deo servientibus, in liberam et puram et perpetuam elemosinam vj. acras terre in Cleaitona in uno tenemento, scilicet assartum quod Siwardus sartavit cum omnibus aisiamentis bosci et pasture et nutrimentum xxxta. porcorum tempore pannagii sine pannage et omni consuetudine et nutrimentum porcorum per totum annum usque ad xxti. sues, cum nutrimento suo unius anni, tam pure libere et quiete sicut ulla elemosina liberius dari et possideri potest, ad tenendum in manu sua vel dimittendum cuicumque voluerint pro salute anime mee et omnium antecessorum et heredum meorum. Hanc vero elemosinam cum omnibus aisiamentis et libertatibus libere et perpetue elemosine pertinentibus predictis monachis mecum tradidi.   Et ego et heredes mei prefatam elemosinam cum omnibus pertinenciis suis prenominatis monachis warantizabimus et contra omnes homines acquietabimus. Hiis testibus. Ailsio de Ossebaldeston et Hugone filio ejus, Alexandro presbitero de Blakeburn, et aliis multis.

Ralph son of Sparcling with the assent of Aldred his son and heir granted to Sallay 6 acres of land in Clayton in one holding, namely, the assart that Siward brought under cultivation, with all easements of wood and pasture; nourishment for 30 pigs at pannage time, without payment of pannage or other custom; and nourishment for 20 pigs and their one year olds all the year round.

277. Confirmacio Aldredi de dono patris sui.   [ante 1208]

Sciant presentes et futuri quod Aldredus filius Radulphi de Cleitona concessi et presenti carta mea confirmavi Deo et beate Marie de Sallai et monachis ibidem Deo servientibus omnia que pater meus predictis monachis in villa de Claitona incartulavit, in bosco et plano et in omnibus aisiamentis et communitatibus prefate ville de Claitona et libere elemosine pertinentibus, ut illa habeant et teneant libere quiete et pacifice in liberam et puram et perpetuam elemosinam; et sciendum quod ego et heredes mei predictam elemosinam prenominatis monachis warantizabimus et ubique adquietabimus. His testibus. Rogero de Samelesbiri et Ricardo fratre ejus, Alexandro de Derewent, et aliis.

Aldred son of Ralph of Clayton confirmed his father's gifts in Clayton.

278. Carta Aldredi de pluribus terris in Claiton.

[Early Henry III]

Omnibus sancte ecclesie presentibus et futuris Aldredus filius Radulfi
de Claiton salutem. Noverit universitas vestra me pro salute anime mee
et omnium antecessorum et heredum meorum dedisse, concessisse et
presenti carta mea confirmasse Deo et monachis ecclesie sancte Marie
de Sallai, in puram et perpetuam elemosinam, solutam liberam et
quietam ab omni servicio et exaccione et omni re ad terram pertinente,
totam terram meam in territorio de Claiton que continetur infra has
divisas; scilicet totam sextamdecimam partem incipiendo ab eo loco
ubi Ribbel et Oxedeneklouh conveniunt, sequendo per summitatem[1]
de Maggeldes Meduclif usque in sicum[2] proximum ex orientali parte
vie que dicitur Stainstrete, descendendo per eundem sicum versus
aquilonem usque in Ribbel et sic descendendo per Ribbel usque in
f. 77.   prenominatum concursum de Ribbel in Oxedenclouh; et preterea dimidiam partem terre que fuit Johannis filii Horm, videlicet illam partem
versus orientem et duas acras terre et dimidiam in cultura que dicitur
Bradeley de terra arabili ex australi parte de Kaddehou et quandam
partem terre mee alibi in terra de Claiton jacentem scilicet infra has
divisas, a nodosa ulmo super Cadeshoubroc ex transverso juxta terram
sancte Marie de Sallai versus orientem usque ad quemdam truncum
quercinum et a prefato truncco directe et linialiter versus aquilonem
usque ad infimam extremitatem assarti mei, scilicet ad sicum et sic per
sicum ex transverso versus occidentem usque in Cadeshoubroc et sic
assendendo per Cadeshoubroc usque ad prefatam ulmum; et preterea
unam acram terre in Longeley que continuatur ex australi parte assarto
quod fuit Jordani de Claiton et unam acram terre [que] adjacet con-
tinua[3] prefato truncco quercino et extenditur in Akadeshouklouh usque
clouh in oriente et super omnes particulas[4] terre mee, scilicet sextam
decimam infra Cadeshouclou et orientalem clouh ascendendo superius
usque in sicum apud Bradeslayesende qui derivatur ab orientali clouh
usque in Cadeshouclouh; et preterea unam acram terre et unam perticatam in dicta villa de Claiton in duabus particulis quarum una continet tres perticatas in longitudine majoris Bradeleie extendens a mussa
versus Cadeshou et altera continet dimidiam acram in eodem campo
in orientali parte de Cadehouclou sequendo Cadeshouclouh usque in
boscum; et preterea tres perticatas terre in Claitona, scilicet inter Cadeshouclouh et Cocside clouh in meridionali parte de Westhou et unam
acram terre infra Bradelai et Mikebroc ex australi parte aule quam
Jordanus de Claitona construxit et preterea tres particulas in parva
Bradelai. Totam predictam terram cum omnibus pertinenciis, libertatibus et aisiamentis et communitatibus predicte ville de Claitona dedi
Deo et monachis sancte Marie de Sallai in puram et perpetuam elemosinam. Et ego et heredes mei omnia prenominata prefatis monachis
warantizabimus et defendemus contra omnes inperpetuum. Hiis

---

[1] Whitaker's *Whalley*, ii, 400, misreads as 'sinuitatem.'

[2] To the next brook; not 'situm' as in Whitaker.

[3] Not 'continue' as in Whitaker.   [4] Not 'predictas.

testibus. Ada de Blakeburna, Hugone de Osbaldestona, W. de Baldereston, et aliis.

Aldred son of Ralph of Clayton granted to Sallay several lands in Clayton.

At Lancaster Assizes 15 July, 1292, Thomas abbot of Sallay by attorney sued Adam son of Adam of Blackburn for 1¼ acres of land in Clayton which he claimed to be the right of his church of Sallay in which Adam had no entry except after the lease which Warin once abbot of Sallay, predecessor of Thomas, made to Adam of Blackburn for a term now lapsed. Verdict for the abbot. (Ass. Lancs. 20 Edw. I, mm. 45, 48).

279. Carta Aldredi de sexta decima tocius ville de Clayton.

[c. 1216-25]

Sciant omnes presentes et futuri quod ego Aldredus filius Radulfi filii Sparcling dedi et concessi et hac presenti carta mea confirmavi Deo et beate Marie et monachis de Sallai pro salute anime [mee] et omnium antecessorum et heredum meorum totam partem meam, scilicet sextamdecimam partem tocius bosci et plani in territorio de Claitona infra has divisas, scilicet sicut Mikelbroc descendit in Lummelade et item a Lummelade per divisas de Salesbiri usque ad Turnedig super Hesemor et sic ultra usque Crumbochalg et ab inde versus west usque Blakebroc et inde usque ad confatum Mikelbroc. Dedi eciam eisdem monachis *f. 77v.* quatuor acras terre in villa de Claitona super Liddelai per has divisas, scilicet a domo Swanireis usque ad domum Bacun et inde usque ad Westhac et sic descendendo per haiam Swani usque ad domum ipsius Swanireis. Preterea dedi prefatis monachis in escambium tercie illius bovate partis quam pater meus dedit eis in villa de Claiton, unum sartum quod vocatur Wimarke riding et alterum quod vocatur Margrete riding hiis divisis, scilicet sicut litel sike descendit in Ruthelia broc et sic versus souh usque ad caput de Littelai sike et inde usque ad viam[1] carrariam versus souh usque ad capita de Ruthelei broc et inde versus west de sarto Margarete in transversum usque ad capud de Littelai siche, cum communa et pastura equorum, averiorum et porcorum sicut in patris mei carta continetur quam predicti monachi inde habent et cum omnibus pertinenciis, libertatibus et aisiamentis ad predictam villam de Claitona pertinentibus; tenenda et habenda de me et heredibus meis in liberam et puram et perpetuam elemosinam, solutam et quietam ab omni terreno servicio et exaccione. Et ego et heredes mei omnia predicta prefatis monachis warantizabimus [et] defendemus versus omnes. Hiis testibus. G. decano, H. persona de Blakeburne, Radulfo persona de Mitton, Turstano Banastre, et aliis.

Aldred son of Ralph son of Sparcling gave to the monks his share of the land and wood of Clayton, the 16th part, by given bounds; also 4 acres in the same vill; and arranged an exchange for the third part of a bovate that his father had given them.

[1] Whitaker's *Whalley*, ii, 400, misreads as 'meam.'

---

280. Carta Aldredi de una acra juxta aulam Jordani et parte de Holme. [c. 1216-25]

Omnibus sancte ecclesie filiis presentibus et futuris Aildredus filius Radulfi Sparcling salutem. Noveritis me pro salute anime mee et omnium antecessorum et heredum meorum dedisse, concessisse et presenti carta mea confirmasse Deo et ecclesie beate Marie et monachis de Sallai unam acram terre mee in territorio de Claitona infra has divisas, scilicet, incipiendo ad parvum sikectum quod est juxta Aildreth scale usque viam que venit de Bradelai que est in australi parte de aula Jordani de Claiton et in longitudine incipiendo ad Bradelaibroc et sic sequendo sepem de Bradelai. Dedi eciam eisdem monachis totam partem meam quam habui in holm de Claitona, scilicet sextamdecimam partem et totum jus et clamium quod ego vel [h]eredes mei habuimus vel habere potuimus in eodem holm cum omnibus pertinenciis suis in liberam et puram et perpetuam elemosinam, solutam liberam et quietam ab omni seculari servicio et exaccione. Et ego et heredes mei omnia prenominata predictis monachis warantizabimus, acquietabimus et defendemus versus omnes inperpetuum. His testibus. G. de Ductona, Radulfo persona de Mittona, Jordano de Claitona, et aliis multis.

Aildred son of Ralph Sparcling granted to Sallay an acre in Clayton and the sixteenth part of Clayton Holme. At a much later date, 1297, the abbot of Sallay claimed against Adam of Blackburn 9 acres of land and 40 acres of wood in Clayton near Ribchester, as the right of his church. Plaintiff recovered by default (*Monastic Notes*, i, 191).

281. Cirographum Willelmi filii Aildredi de redditu vj.d. pro tribus acris terre in Claitona. [c. 1225-30]

Hoc cirographum testatur quod abbas et conventus de Sallai concesserunt Willelmo filio Aldreth de Claiton tres acras terre pro homagio et servicio suo in territorio de Claiton de terra illa quam dictus Aldreh pater ejus dederat prius[1] in puram elemosinam eidem domui de Sallai; tenendas et habendas eidem Willelmo et heredibus suis de domo de

f. 78. Sallai libere et quiete, reddendo inde[2] eidem domui tantum vj. denarios annuatim pro omnibus serviciis, scilicet, tres denarios ad Pentecosten et tres denarios ad festum sancti Martini; et ut hec concessio inposterum rata permaneat utriusque partis sigillo roboratur. Hiis testibus. Galfrido de Ductona, Henrico de Blakeburne, Ada filio ejus, et aliis pluribus.

Sallay abbey granted to William son of Aldreth of Clayton for his homage and service three acres of the land his father Aldreth had previously given to the monks; rent 6d.

DUCTON.

f. 78v. **282.** Confirmacio Willelmi de Ducton de Redisnap et de dono patris sui. [*Late Henry III*]

[1] Not 'primo,' as in Whitaker's *Whalley*, ii, 400.
[2] Misread as 'in' (*ibid.*).

4

Omnibus sancte ecclesie filiis presentibus et futuris Willelmus de
Ductona quondam filius Ricardi de Ducton salutem in Domino. Noverit
universitas vestra me concessisse et confirmasse Deo et monachis ecclesie beate Marie de Sallai in puram et perpetuam elemosinam, solutam
et liberam ab omni servicio seculari exaccione et demanda et omni re
ad terram pertinente, omnes terras quas habent de dono patris mei
quondam Ricardi de Ductona ubicumque existentes; terram, videlicet
de le Redisnap cum boscis et pasturis et omnibus suis aisiamentis,
libertatibus et pertinenciis per suas divisas prout in cartis quas habent
de dono patris mei suprascripti apertius continetur. Item concessi et
confirmavi eisdem unam acram terre inter Wardeburna et Radenekloch
cum omnibus libertatibus et aisiamentis et suis omnibus pertinenciis
infra villam de Ductona et extra ad dictam acram terre plenarie spectantibus. Iterum concessi omne genus minarie ubicumque fuerit in
territorio de Ductona quantumcumque et ubicumque dictis abbati et
conventui placuerit et totum morticinum boscum ubicumque infra
omnes divisas de Ductona situm, ad totam dictam minariam conflandam
et conburendam et ad carbones conburendos vel dictum boscum
mortuum in meremiem convertendum et insuper ad omnia sua necessaria facienda, sine aliquo retenemento vel impedimento mei vel
heredum meorum cum viis et introitibus et exitibus et omnibus pertinenciis prout suprascriptum. Preterea concessi et confirmavi eisdem
in puram et perpetuam elemosinam pasturam omnibus bobus et averiis
suis ubique infra communam ville de Ductona et ad faciendá omnia
cariagia sua et liberum transitum sibi et omnibus hominibus suis et
omnibus cariagiis suis ubique extra bladum et pratum sine omni impedimento mei vel heredum meorum vel alicujus nomine nostro. Et
ego siquidem Willelmus et heredes mei omnia suprascripta predictis
abbati et conventui cum omnibus pertinenciis suis, libertatibus et
aisiamentis contra omnes inperpetuum warentizabimus, acquietabimus
et defendemus. Pro qua quidem concessione et confirmacione dicti
abbas et conventus dederunt michi in mea necessitate viginti solidos
argenti. In cujus rei testimonium presenti scripto sigillum meum
apposui. His testibus. Ada de Hoctona, Ricardo de Balderestona, et
aliis multis.

William son of Richard of Dutton confirmed his father's gifts to Sallay
abbey (Nos. 283-4), for which concession the abbot gave him 20s. of silver.

283. Carta Ricardi de Ductona. j. [*c.* 1240-50]
Omnibus sancte ecclesie filiis presentibus et futuris Ricardus filius
Hucdredi de Ductona salutem. Noveritis me pro salute anime mee et
Alicie sponse mee et omnium antecessorum et heredum meorum dedisse,
concessisse et presenti carta mea confirmasse Deo et monachis ecclesie
sancte Marie de Sallai quandam partem bosci mei in territura de
Ductona ad claudendam vel ad edificandam et sartandam vel ad quoscumque meliores usus suos deducendam, scilicet quicquid continetur
in bosco et plano in omnibus locis et omnibus rebus sine aliquo retene- *f.* 79.

mento infra has divisas, a magna lapidea via juxta sepem Ricardi del Filde, linialiter descendendo usque ad summitatem del Redisnap et sic recte descendendo usque ad Huuerbeleisick et inde linialiter descendendo per idem sic usque ad Huntingdenebroc et ascendendo per Huntingdenebroc usque ad cloch sub terra Ricardi del Filde et sic ascendendo per sepem Ricardi del Filde usque ad prenominatam viam lapideam; tenenda et habenda de me et heredibus meis omnia prenominata infra predictas divisas cum omnibus communibus aisiamentis ad tantam terram in villa de Ducton pertinentibus, in liberam et puram et perpetuam elemosinam, solutam liberam et quietam ab omni servicio et exaccione et omni re ad terram pertinente. Preterea dedi eisdem monachis in puram et perpetuam elemosinam pasturam omnibus bobus suis ubique infra communam dicte ville de Ductona quando faciunt cariagia sua et liberum transitum sibi et hominibus suis et omnibus cariagiis suis ubique per territuram de Ducton extra bladum et pratum sine omni impedimento mei et heredum meorum. Et ego et heredes mei omnia predicta per omnes divisas prescriptas sine omni retenemento et impedimento mei vel heredum meorum warantizabimus et defendemus contra omnes inperpetuum; et sciendum quod abbas et conventus de Sallai caritatis intuitu concesserunt michi et Alicie sponse mee fraternitatem et participacionem omnium bonorum domus de Sallai inperpetuum. Hiis testibus. Alexandro tunc magistro sancti Salvatoris, R. de Alveston, H. de Osbaldeston, et aliis.

Richard son of Huctred of Dutton granted to the Sallay monks part of his wood in Dutton by given bounds and pasture rights. In return the abbey granted to him and Alice his wife fraternity and a share in the prayers for benefactors at the abbey. These grants were amplified in the following deed.

284. Carta Ricardi filii Hucdrede de Ductona. [c. 1240-50]

Omnibus sancte ecclesie filiis presentibus et futuris Ricardus filius Hucdrede de Ductona salutem. Noveritis me pro salute anime mee et Alicie sponse mee et omnium antecessorum et heredum meorum dedisse, concessisse et presenti carta mea confirmasse Deo et monachis sancte Marie de Sallai quandam partem bosci mei in territura de Ducton ad claudendam vel ad edificandam et sartandam vel ad quoscumque meliores usus suos deducendam, scilicet quicquid continetur in bosco et plano in omnibus locis et omnibus rebus sine aliquo retenemento infra has divisas, a magna lapidea via juxta sepem Ricardi del Filde, linialiter descendendo usque ad summitatem de Redisnap et sic recte descendendo usque ad Huuerbtilesich et inde linealiter descendendo per idem sic usque ad Untingdenbroc, usque ad cloh sub terra Ricardi del Filde et sic ascendendo per sepem ejusdem Ricardi usque ad prenominatam viam lapideam. Insuper dedi eisdem monachis unam acram terre claudendam faciendamque quod eis placuerit ubicumque voluerint inter Wardburne et Rakedeneklouh et integre omne genus minarie ubicumque fuerit in teritorio de Ductona et totum mortuum boscum infra terri-

torium de Ductona ad totam maneriam¹ conflandam et comburendam
et ad cetera necessaria sua facienda sine aliquo retenemento vel impedimento [mei] vel heredum meorum cum viis et introitibus et exitibus et
omnibus pertinenciis, libertatibus, aisiamentis, sectis et liberis communi- *f. 79v.*
bus ad unam acram terre in villa de Ducton pertinentibus; tenenda et
habenda omnia prenominata infra predicta loca cum aisiamentis et
libertatibus ad tantam terram in villa de Ductona pertinentibus, in
liberam puram et perpetuam elemosinam, solutam liberam et quietam
ab omni servicio et exaccione et omni secta et omni re ad terram pertinente.   Preterea dedi eisdem in puram et perpetuam elemosinam
pasturam omnibus bobus et averiis suis ubique infra communam ville
de Ductona ad facienda cariagia sua et liberum transitum sibi et hominibus suis et omnibus cariagiis suis ubi[que] per territuram de Ductona
extra bladum et pratum sine omni impedimento mei et heredum meorum.
Et ego et heredes mei omnia predicta per omnes divisas prescriptas
cum omnibus pertinenciis, libertatibus et aisiamentis prenominatis
sine omni retenemento et impedimento mei vel heredum meorum
warantizabimus, acquietabimus et defendemus contra omnes
inperpetuum.   Hiis testibus. Alexandro tunc magistro sancti Salvatoris,
R. de Alveston, Simone de Heriz, et aliis.

Richard son of Huctred of Dutton granted to Sallay part of his wood
in Dutton to enclose, build and assart; an acre in Dutton with mineral rights
and dead wood; a general permission to pasture and lastly wayleave.

SALESBIRI.

285.   Confirmacio Walthevi de Salesbiri de lx. perticatis terre *f. 80.*
et libero egressu et confirmacio minerii, ferri et mortui boschi.
[Temp. Richard I]
Universis sancte matris ecclesie filiis presentibus et futuris Walthevus
de Salesbiri salutem.   Sciatis me consilio et assensu Gilberti domini
mei et Radulfi heredis mei dedisse, concessisse et presenti carta confirmasse Deo et beate Marie de Sallai et monachis ibidem Deo servientibus, in liberam et puram et perpetuam elemosinam sexaginta
perticatas terre in longum et sexdecim in latum in Salesbiri, illam
scilicet terram que jacet inter assartum Gilleberti et Hugonis assartum,
totam scilicet terram que est inter duos rivos.   Quod si quid minus
inter hos rivos inventum fuerit, ego hoc predictis monachis adimplebo
alibi in terra mea et concedo eis super terram meam liberum egressum
et ingressum de terra sua ad magnam viam cum omnibus aisiamentis
et libertatibus libere elemosine pertinentibus.   Preterea concessi eis
totum miniterium ferri et mortuum boscum ad carbones et ad hoc opus
necessarium in bosco meo quantum sufficit, quantum scilicet pertinet
ad unam bovatam et terciam partem unius bovate terre mee in Salesbiri,
sicut ulla elemosina liberius dari et confirmari potest. Et ego et heredes
mei predictam hanc elemosinam prefatis monachis contra omnes

¹ mineriam.

homines warantizabimus et acquietabimus. Hiis testibus. Radulfo
filio meo et herede, Gilleberto domino meo, Gospatrico de Samelesbiri,
et aliis.

Walthef of Salesbury, with the counsel and assent of Gilbert his lord
and Ralph his heir, granted to Sallay land in Salesbury 60 perches by 16
perches, between the assarts of Gilbert and Hugh; wayleave across his land
to the highway; mineral rights in iron and dead wood for charcoal.   Abstracts
of the Salesbury deeds, Nos. 285-298, are given in Whitaker's *Whalley*, ii,
370-2.

286. Confirmacio Radulfi de Salesbiri de minoria et mortuo
boscho.   [*Temp. Richard I*]
Sciant presentes et futuri quod ego Radulfus filius Walthevi de Salesbiri concessi et presenti carta mea confirmavi Deo et beate Marie et
monachis de Sallai totam terram et miniteriam ferri et mortuum boscum
que eis pater incartulavit sicut carta ipsius exinde facta testatur, in
liberam et puram et perpetuam elemosinam cum omnibus aisiamentis
et libertatibus libere elemosine pertinentibus sicut ulla elemosina
liberius dari et confirmari potest.   Et ego et heredes mei predictam
elemosinam patris mei prefatis monachis warantizabimus et contra
omnes homines acquietabimus.   His testibus.   Gilberto domino meo,
Gospatrico de Samlesbiri, Rogero et Alano filiis suis, et aliis.

Ralph son of Walthef of Salesbury confirmed his father's gift.

287. Confirmacio Gilberti de Salesbiri de minorio ferri et
mortuo bosco.   [*Temp. Richard I*]
Sciant presentes et futuri quod Gilebertus de Salesbiri concessi et
presenti carta mea confirmavi Deo et beate Marie et monachis de Sallai
totam terram et minerium ferri et mortuum boscum que eis frater meus
Waltheus incartulavit sicut carta ipsius exinde facta testatur, in liberam
et puram et perpetuam elemosinam cum omnibus aisiamentis et
libertatibus libere elemosine sicut ulla elemosina liberius dari et confirmari potest.   Et ego et heredes mei predictam elemosinam prefatis
monachis warantizabimus et contra omnes homines adquietabimus.
Hiis testibus.   Gospatrico de Samelesbiri, Rogero et Ricardo et Alano
et Uddredo filiis ejus, et aliis.

Gilbert of Salesbury, brother of Walthef, also confirmed.

f. 8ov.   **288.** Confirmacio Radulfi [filii] Walthevi de terra que est juxta
terram monachorum et boscum.   [*Temp. Richard I*]
Universis sancte matris ecclesie filiis presentibus et futuris Radulfus
filius Walthevi de Salesbiri salutem.   Sciatis me dedisse, concessisse
et presenti carta mea confirmasse Deo et beate Marie de Sallai et monachis ibidem Deo servientibus ad opus ecclesie sue et edificiorum
suorum, pro salute anime mee et uxoris mee et dominorum meorum

et pro anima patris mei et matris mee et omnium antecessorum et heredum meorum, totam illam terram in villa de Salesbiri que jacet inter terram monachorum de Sallai quam eis incartulavit pater meus Walthef et terram Ade filii Roberti simul cum bosco qui est in predicta terra et dimidiam acram terre ad exitum suum, illam scilicet que descendit a prenominata terra monachorum ad magnam viam et unam acram terre in Elrebarua, cum omnibus aisiamentis in bosco et plano, in pratis et pascuis, in terra et aqua, in ingressibus et in egressibus, in pannagio et in omnibus aliis aisiamentis predicte Salesbiri pertinentibus, quantum scilicet racionabiliter ad tantum tenementum pertinet, quantum prefati monachi in predicta villa possident. Hec vero predicta dedi prenominatis monachis libera et quieta ab omnibus serviciis et exaccionibus de me et de omnibus heredibus meis in puram et perpet- uam elemosinam sicut ulla elemosina liberius dari et confirmari potest. Predicti vero monachi concesserunt michi fraternitatem domus sue et ut sim particeps omnium bonorum que fiunt in domo sua et sciendum quod ego et heredes mei predictam elemosinam prefatis monachis contra omnes homines warantizabimus ubique eciam acquietabimus. Hiis testibus. G. decano de Walleya, Malgero persona de Giseburne, Radulfo persona de Mitton, et multis aliis.

Ralph son of Walthef of Salesbury granted to Sallay for the abbey church and buildings, the land and wood in Salesbury between the land Walthef gave to the monks and that of Adam son of Robert.

289. Carta Ricardi filii Radulfi de xj. acris terre in Salesbiri.
[Early Henry III]
Omnibus sancte ecclesie filiis presentibus et futuris Ricardus filius Radulphi de Salesbiri salutem. Noveritis me pro salute anime mee et omnium antecessorum et heredum meorum dedisse, concessisse et presenti carta mea confirmasse Deo et ecclesie beate Marie et monachis de Sallai undecim acras terre in bosco et plano in territorio de Salesbiri per has divisas, scilicet unam perticatam terre et dimidiam ad Haselene- holth et unam perticatam et dimidiam ad capud de mere et unam perticatam et dimidiam ad quemdam boscum qui dicitur Huctredesgreve et unam perticatam et dimidiam super Claifurlang et unam dimidiam acram ale kar juxta assartum Roberti filii Ade, inter illud assartum et assartum Ribbi et totum Foxeholecloch quod est inter assartum Awardi et assartum Roberti filii Ade; et preterea hec quatuor acras terre in campo inter Salesbiri et Dunkelai de illa terra que est partita et mensurata et duas acras et dimidiam in[ter] terram Hugonis de Helei (?) et le Snere; et preterea unam acram terre inter assartum Henrici Kigelepem et assartum Siwardi filii Gilleberti. Hec autem omnia dedi predictis monachis tenenda et habenda de me et heredibus meis in puram et perpetuam elemosinam, solutam liberam et quietam ab omni sec- *f. 81.* ulari servicio et exaccione cum omnibus pertinenciis libertatibus et aisiamentis predicte ville de Salesbiri in bosco et plano adjacentibus. Et ego et heredes mei prenominatas terras cum pertinenciis dictis

monachis warantizabimus, adquietabimus et defendemus contra omnes inperpetuum. Hiis testibus. Rogero de Blakeburne, Ada filio Henrici de Blakburne, Ricardo de Helweutham, et aliis multis.

Richard son of Ralph of Salesbury granted to the abbey 11 acres in Salesbury. *Cf.* the witnesses of No. 294.

290. Carta Gilberti filii Ulkyl de tribus acris in Salesbiri j. roda minus et confirmacio de terra quam Radulphus filius Walteri[1] incartulavit operi ecclesie.　　　　　　　　　　　　　[*Temp. Richard I*]
Omnibus sancte matris ecclesie filiis presentibus et futuris Gillebertus filius Ulkil de Salesbiri salutem. Sciatis me dedisse, concessisse et presenti carta mea confirmasse consilio et consensu heredis mei et hominum meorum, Deo et beate Marie et domui de Sallai tres acras terre una roda minus, scilicet unam acram in Elresbaru et unam rodam in Uchtredes greve [et unam] acram et dimidiam in campo predicte ville de Salesbiria in puram et perpetuam elemosinam; tenendas de me et heredibus meis libere et quiete ab omni terreno servicio et exaccione que pro terra exigi possunt; et communem pasturam et aisiamenta prefate ville in bosco et plano, in pratis et aquis, in viis et semitis et in omnibus aisiamentis pro salute anime mee et uxoris mee et omnium parentum meorum et amicorum; et sciendum quod monachi de Sallai recipient me et uxorem meam ad sepulturam. Ego autem et heredes mei predictam terram cum prefatis aisiamentis domui de Sallai contra omnes homines warantizabimus. Confirmo eciam eis totam terram quam Radulfus filius Walthefi incartulavit operi ecclesie sicut ejus carta testatur et si aliquis in feodo meo terram ad firmam vel in elemosinam prefate domui dare voluerit hac presenti carta mea confirmo et concedo. His testibus. Gospatrico et Rogero filio ejus, Aelsi filio Hugonis et Hugone filio ejus, et multis aliis.

Gilbert son of Ulkil of Salesbury granted to the abbey 3 acres less 1 rood in Salesbury. In return the monks promised him and his wife burial at Sallay. Gilbert also confirmed the gifts of Ralph son of Walthef towards the abbey church. *Cf. V.C.H. Lancs.* vi, 252.

291. Carta Gilleberti filii Ulkil de dimidia acra in Salesbiri.
　　　　　　　　　　　　　　　　　　　　　[*Temp. Richard I*]
Omnibus sancte matris ecclesie filiis tam presentibus quam futuris Gilebertus filius Ulkil de Salesbiri salutem. Sciatis me dedisse et concessisse et presenti carta mea confirmasse Deo et beate Marie et monachis de Sallai dimidiam acram terre in Salesbiria pro anima uxoris mee in puram et perpetuam elemosinam cum aisiamentis et libertatibus prefate ville ad tantum tenementum pertinentibus, liberam et quietam ab omni servicio et exaccione que pro terra exigi possunt; et sciendum quod ego et heredes mei prefatam elemosinam predictis monachis contra omnes homines warantizabimus. His testibus. Jordano de

---

[1] *Walthefi* in the deed.

Claitona, Willelmo de Malhum, Gilberto filio Roberti de Salesbiri, et aliis.

Gilbert son of Ulkil granted to Sallay abbey for the soul of his wife half an acre in Salesbury.

292. Carta Gilberti de Helai de una acra terre in Salesbiri.

[*Temp. John*]

Omnibus sancte ecclesie filiis presentibus et futuris Gilbertus de Helai salutem. Noveritis me pro salute anime mee et omnium antecessorum et heredum meorum dedisse, concessisse et presenti carta confirmasse *f. 81v.* Deo et beate Marie et monachis ecclesie de Sallai unam acram terre in teritorio de Salesbiri, scilicet, proximam adjacentem terre predictorum monachorum quam Suardus de Salesbiri tenet de eisdem versus austrum et licebit dictis monachis facere quicquid voluerint de predicta acra terre; tenendam et habendam predictis monachis in puram et perpetuam elemosinam, liberam et quietam ab omni servicio et omni re ad terram pertinente cum omnibus libertatibus et aisiamentis ad predictam villam pertinentibus de me et heredibus meis inperpetuum. Et ego predictus Gilebertus et heredes predictam acram cum omnibus pertinenciis predictis monachis vel suis assignatis contra omnes homines inperpetuum warantizabimus et defendemus. His testibus. Radulfo de Claiton, R. de Mittona, Roberto de Boltona, et aliis multis.

Gilbert of Helay granted to Sallay abbey an acre in Salesbury, near the land the monks already possessed.

293. Carta Ade de Elai de mortuo bosco et mineria ferri in Salesbiri. [*ante* 1214]

Omnibus sancte ecclesie filiis presentibus et futuris Adam de Helai filius Gileberti de Salesbiri salutem. Sciatis me dedisse, concessisse et presenti carta confirmasse Deo et beate Marie de Sallai et monachis ibidem Deo servientibus totum boscum meum mortuum in bosco de Helai, quicquid habui inter has divisas, scilicet inter rivulum de Helai et rivulum de Wetelai et totam mineriam ferri quam habui in terra mea de Salesbiri. Hec omnia dedi prenominatis monachis pro salute anime mee, patris mei et matris mee in puram et perpetuam elemosinam, liberam solutam et quietam ab omni servicio et ab omni re ad terram pertinente. Et ego et heredes mei predicta omnia predictis monachis warantizabimus, adquietabimus [et] defendemus de omnibus et contra omnes inperpetuum. His testibus. G. decano de Walleya, H. persona de Blakeburne, Rogero clerico de Blakeburne, et aliis.

Adam of Helay son of Gilbert of Salesbury granted to Sallay all his dead wood in Helay wood and all the iron in Salesbury.

294. Confirmacio Hugonis filii Ade de Helai de xj. acris in Salesbiri. [*Early Henry III*]

Omnibus sancte ecclesie filiis presentibus et futuris Hugo filius Ade
de Helai salutem. Noveritis me pro salute anime mee et omnium
antecessorum et heredum meorum concessisse et presenti carta confirmasse Deo et ecclesie beate Marie et monachis de Sallai undecim
acras terre in territorio de Salesbiri, cum omnibus pertinenciis, libertatibus et aisiamentis in bosco et plano dicte ville de Salesbiri pertinentibus, videlicet illas undecim acras quas Ricardus filius Ricardi de
Salesbiri eis dedit et incartulavit; tenendas et habendas in liberam
et puram et perpetuam elemosinam, solutam et quietam ab omni seculari servicio et omni re ad terram pertinente sicut carta dicti Ricardi
quam inde habent testatur et proportat. His testibus. Rogero persona
de Blakeburne, Ada filio H[enrici] de Blakeburne, Ricardo de
Helwetham, et aliis.

> Hugh son of Adam of Helay confirmed the grant (No. 289) by Richard
> son of Richard of Salesbury of 11 acres in Salesbury. Further witnesses
> were John Fitun, Roger of Samelesburi, Hugh Osbaldeston, William his
> brother, Peter clerk of Cliderow, Huctred of Whalley. (Dodsworth 155,
> f. 134v).

RIBELCESTRE.

295. Carta Willelmi Muton de vj. acris et communa de Ribec'.

[c. 1240-50]

Omnibus sancte ecclesie filiis presentibus et futuris Willelmus filius
Walteri Muton de Ribelcestre salutem. Noveritis me pro salute anime
f. 82. mee et omnium antecessorum et heredum meorum dedisse, concessisse
et presenti carta mea confirmasse Deo et monachis sancte Marie de
Sallai, in puram et perpetuam elemosinam, solutam liberam et quietam
ab omni servicio et exaccione et secta et omni re ad terram pertinente
sex acras terre in territorio de Ribelcestre integre et plenarie cum
liberis introitibus et exitibus et cum omnibus communis in omnibus
aliis pertinenciis, libertatibus et aisiamentis ad villam de Ribelcestre
pertinentibus et quicquid continetur de bosco et plano et in omnibus
locis infra predictas sex acras, sine aliquo retenemento mei vel heredum
meorum sive aliquorum. aliorum, ad claudendum et edificandum et
faciendum inde quod eis placuerit, scilicet de Lofchaebroc' ascendentes
versus moram donec sex acre plene et integre compleantur; et si dicti
monachi dictam terram pro defectu warancie perdiderint, ego Willelmus
et heredes mei faciemus eis escambium de dominico meo in villa de
Ribelcestre ad valenciam tante terre et pasture; et sciendum quod
monachi capient omnia necessaria sua in bosco de Ribelcestre ubicumque et quandocumque voluerint ad predictas sex acras terre claudendas, edificandas et sustentandas. Preterea dedi dictis monachis
pasturam ducentis ovibus et decem equabus cum secta earum trium
annorum et decem vaccis cum secta earum trium annorum et decem
suibus cum nutrimento earum trium annorum et xx^{ti}. porcis per totam
communam pertinentem ad villam de Ribelcestre ubi ceteri liberi com-
municant; et sciendum quod monachi habebunt pessonam sine pannagio

omnibus predictis porcis ubique sine impedimento mei vel heredum meorum sive aliquorum aliorum per nos. Dedi eciam dictis monachis et omnibus hominibus suis liberos et congruos introitus et exitus et liberum transitum cariagiis suis per totam communam de Ribelcestre et pasturam omnibus bobus suis quando faciunt cariagia sua, ubique extra bladum et pratum per communam de Ribelcestre et licenciam jungendi et disjungendi ubique carras suas. Hec autem omnia predicta dedi dictis monachis tenenda et habenda sibi vel assignatis suis de me et heredibus meis in puram et perpetuam elemosinam solutam, liberam et quietam ab omni servicio et exaccione et omni re ad terram pertinente. Ego vero Willelmus et heredes mei omnia prenominata dictis monachis vel assignatis suis warantizabimus, adquietabimus et defendemus contra omnes homines inperpetuum. His testibus. Domino G. de Ducton, domino Radulfo de Mitton, Simone de Heriz, et aliis.

William (died *c.* 1278) son of Walter Muton gave 6 acres in Ribchester with wood and pasture rights.

ACTONA.

296. Carta Radulfi de Mitton de iij^{us}. acris et pastura in Actona.
[1239-42]

Omnibus sancte filiis presentibus et futuris Radulfus filius Roberti de Mitona salutem in Domino eternam. Noveritis me pro salute anime mee et animabus patris mei et matris mee et antecessorum et heredum meorum dedisse, concessisse et hac carta mea confirmasse Deo et beate Marie et monachis de Sallai in liberam et puram et perpetuam ele- mosinam tres acras terre in teritorio de Actona, scilicet super Malmer- dene inter magnam viam et domum Ricardi de Damschales super litel *f. 82v.* righ, ad includendum fossato et haia et hedificandum. Preterea concessi eisdem monachis liberum introitum et exitum et transitum per terram meam et herbagium averiis suis ad cariagia sua facienda tantum, infra villam et extra ubique extra pratum et bladum vel hominum meorum. Concessi eciam eisdem monachis ut capiant de bosco meo ad edifi- candum et includendum super tres prefatas acras terre ubi ego et liberi homines mei capimus necessarium; et sciendum quod non licebit dictis monachis dicta edificia transferre vel amovere sine licencia mei vel heredum meorum. Ego Radulfus et heredes mei omnia prescripta predictis monachis contra omnes homines warantizabimus et defendemus inperpetuum. In hujus rei testimonium ego Radulfus pro me et pro heredibus meis et abbas de Sallai pro se et monachis suis de consensu capituli sui hanc cartam cirographatam sigillorum nostrorum munimine roboravimus. His testibus. Nicholao de Moles tunc vicecomite[1], W. de Middletona, J. Giloth, et aliis.

Ralph son of Robert of Mitton granted to Sallay abbey three acres in Acton (Aighton, Lancs.) to enclose and build upon, wayleave and herbage for their draught animals and wood for building and enclosing.

[1] Nicholas de Molis was sheriff of Yorkshire from Mar., 1239 to Mar., 1242.

SALESBIRI.

297. Carta Ricardi de Singilton melior de Ordishalh.

[*c.* 1240-50]

Omnibus sancte ecclesie filiis presentibus et futuris Ricardus filius Alani de Singilton salutem. Noveritis me pro salute anime mee et omnium antecessorum et heredum meorum dedisse, concessisse et presenti carta mea confirmasse Deo et monachis beate Marie de Sallai quandam partem terre mee in Hordishalh, scilicet a semita que venit de Lanchachebroc et vadit usque Conkeschahebroc, descendendo per Cronkechahebroc usque ad terram persone de Ribcestre et sequendo eandem terram usque ad fossatum dictorum monachorum, cum liberis introitibus et exitibus tam in bosco quam in plano et quicquid continetur infra predictas divisas sine aliquo retenemento; et sciendum quod licebit dictis monachis capere de bosco meo de Bildeworde[1] quantum voluerint ad edificandum et ad comburendum et ad omnia predicta claudenda et ad omnia necessaria sua in eodem loco facienda. Preterea dedi eisdem monachis mortuum boscum ad omnia necessaria sua facienda capiendum ubique infra divisas bosci ville de Dilworde et pasturam in tota communa villarum de Dilworde et de Ribcestre ubique sine retenemento; et ubicumque dicte ville habent communam sexaginta averiis et xx[tl]. equabus cum sequela trium annorum et quadringentis ovibus et viginti suibus cum secta unius anni et purcellis[2] suis sine pannagio ubique in communa dictarum villarum. Dedi eciam eisdem monachis pasturam et herbagiam omnibus averiis suis et liberum transitum sibi et hominibus suis et cariagiis suis ubique infra communam dictarum villarum extra bladum et pratum sine impedimento mei vel heredum meorum vel aliquorum aliorum; tenenda et habenda predictis monachis vel assignatis suis inperpetuum in puram et perpetuam elemosinam, solutam liberam et quietam ab omni servicio et *f. 83.* exaccione et omni re ad terram pertinente cum omnibus aisiamentis, libertatibus et communibus ad dictas villas pertinentibus. Et ego et heredes mei omnia prenominata prefatis monachis vel eorum assignatis contra omnes homines inperpetuum warantizabimus et defendemus. His testibus. Simone Heriz, R. de Miton, Elia de Knol, et aliis.

> Richard son of Alan of Singleton granted to the monks of Sallay part of his land in Hordishalh, wood rights and pasture rights in Dilworth and Ribchester for 60 animals, 20 mares, 40 sheep, and 20 pigs without pannage.

298. Confirmacio J. de Salesbiri de terris feodi sui in Salesbiri et Helai et libero transitu cum cariagiis nostris. [*Early Edward I*] Omnibus hoc scriptum visuris vel audituris Johannes de Salesbiri eternam in Domino salutem. Noveritis me pro salute anime mee et pro salute animarum patris et matris mee et omnium antecessorum et heredum meorum concessisse et presenti scripto confirmasse Deo et beate Marie et abbacie de Sallai in puram et perpetuam elemosinam

---

[1] Dilworde.   [2] porcellis.

omnes terras et tenementa que habent in villa de Salesbiri et de Helai
de feodo meo, ita quod ego nec heredes mei nec assignati aliquod jus
vel servicium de predicta terra exigere vel vendicare poterimus inperpetuum. Preterea concessi et confirmavi monachis predicte abbacie
liberum transitum cum quadrigis suis et equis et omnimoda cariagia
sua facienda infra omnes divisas terre mee per servientes suos excepto
prato et blado. Et ego et heredes mei vel assignati predictas terras
predictis monachis et eorum successoribus et liberum transitum ubique
sicut predictum est in puram et perpetuam elemosinam warantizabimus,
adquietabimus et contra omnes defendemus. In cujus rei testimonium
huic scripto sigillum meum apposui. His testibus. Domino Ada de
Hoctona, magistro H. de Claiton, Ada de Osbaldestona, et aliis.

John of Salesbury confirmed to the Sallay monks their lands of his fee
in Salesbury and Helay, and granted right of way for their carts across
his land.

BRADEFORDE.

299.   Carta Ricardi de Bascholf de redditu xij. d. in Bradeforde.   *f. 83v.*
[*post* 1243]
Omnibus sancte ecclesie filiis presentibus et futuris Ricardus de Bas-
choff clericus salutem. Noveritis me pro salute anime mee et omnium
antecessorum et heredum meorum dedisse concessisse et presenti carta
mea confirmasse Deo et ecclesie sancte Marie et monachis de Sallai,
cum corpore meo ibidem sepeliendo, redditum xij^{cim}. den. in Bradeforde
in puram et perpetuam elemosinam, de terra quam Hugo filius Grue
et Thomas de Hoderfordwra de me tenuerunt. Et ego et heredes mei
predictum redditum prefatis monachis contra omnes warantizabimus
inperpetuum, sicut ulla elemosina liberius et plenius warantizari potest.
His testibus. Radulfo persona de Mitton, W. de Mittona capellano,
Oton' de Baylai, et aliis multis.

Richard of Bashall granted to Sallay abbey together with his body for
burial, a rent of 12d. in Bradford near Clitheroe, from the land Hugh son of
Grue and Thomas of Hoderfordwra held of him.

Blank.   *f. 84.*

STAINFORDE.

300.   Carta Ade filii Ade de Gikeleswik de tofto W. Coupman.   *f. 84v.*
[*Late Henry II*]
Omnibus ad quos presens scriptum pervenerit Adam filius Ade salutem.
Noverit universitas vestra me dedisse et concessisse et hac presenti carta
mea confirmasse Deo et beate Marie de Sallai et monachis ibidem
Deo servientibus toftum cum dimidia acra terre in Gicleswik quod
Willelmus Coupman de me tenuit cum servicio ipsius Willelmi in
humagio; tenenda de me et heredibus meis inperpetuum libere et

quiete ab omni servicio et exaccione, exceptis ij. solidis quos prefati monachi michi et heredibus meis annuatim persolvent. His testibus. Ricardo Flandrense, H. filio Suani, et aliis.

Adam son of Adam of Giggleswick granted to Sallay a toft and half an acre of land in Giggleswick, and the service of William Coupman the tenant; rent 2s.

[1 Dec., 1226]

301. Hec est finalis concordia facta in curia domini regis apud Ebor. in crastino sancti Andree anno regni regis H. filii regis Johannis xj⁰. coram Roberto de Veteri Ponte, Johanne filio Roberti, Martin de Pateshill, Briano de Insula, W. de Insula, Ricardo Duket justiciariis itinerantibus et aliis domini regis fidelibus tunc ibi presentibus, inter Stephanum abbatem de Sallai querentem et Adam de Winckedeleg' et Christianam uxorem ejus deforciantes per Willelmum de Hunesflet positum loco ipsorum Ade et Christiane ad lucrandum vel perdendum de tribus bovatis terre cum pertinenciis in Scothorpa unde placitum warancie carte summonitum fuit inter eos in eadem curia, scilicet quod predicti Ada et Christiana recognoverunt totam predictam terram cum pertinenciis esse jus ipsius abbatis et ecclesie sancte Marie de Sallai ut illa quam idem abbas habet ex dono ipsorum; habendam et tenendam eidem abbati et successoribus suis et ecclesie sancte Marie de Sallai inperpetuum in forinsecum servicium quantum ad eandem terram pertinet pro omni servicio et exaccione; et pro hac recognicione fine et concordia predictus abbas concessit eisdem Ade et Christiane medietatem tocius terre cum pertinenciis que vocatur Sunderland, illam scilicet medietatem versus occidentem, habendam et tenendam eisdem Ade et Christiane et heredibus ipsius Christiane de predicto abbate et successoribus suis et predicta ecclesia sancte Marie inperpetuum; reddendo inde per annum xij.d. ad festum sancti Andree pro omni servicio et exaccione.

Final concord at York between Stephen abbot of Sallay and Adam of Winckley and Christian his wife, concerning 3 bovates in Scothorp. Adam and Christian recognised the abbot's claim, and he granted them and their heirs the west half of Sunderland for a yearly rent of 12d. *Cf. Yorks. Fines,* 1218-31, p. 85.

f. 85.   **302.** Quieta clamacio Elie de Rilestona de iij. bovatis in Scothorp.   [*c.* 1225-6]

Sciant omnes presentes et futuri quod ego Helias de Rillestona quietum clamavi Christine filie Uctredi Langstirhap' totum jus et clamium quod dixi me habere in tribus bovatis terre in Scothorpe, unde eandem Christinam in placitum tractavi in curia comitis apud Scipton per breve domini regis pro homagio suo et servicio illi et heredibus suis; tenendas de me et de heredibus meis in feodo et in hereditate, libere et quiete et honorifice in plano in bosco in pratis in pasturis et in omnibus

aisiamentis et libertatibus predicte terre pertinentibus; reddendo inde
annuatim michi et heredibus meis forinsecum servicium pro omni
servicio quantum pertinet ad tres bovatas terre, unde quatuordecim
carucate terre [faciunt] feodum [et] servicium unius militis. Et ego et
heredes mei warantizabimus predicte Christine et hominibus suis predictum homagium contra omnes homines. His testibus. Johanne
priore de Bolton, Hugone de Caltona, W. filio Edwardi, et aliis.

Elias of Rilston released to Christian daughter of Uctred Langstirhap
his rights in 3 bovates of land in Scothorp, concerning which he had impleaded her by royal writ in the earl's court at Skipton for homage and
service. She was to render forinsec service only for the 3 bovates, of which
14 made one knight's fee.

303. Confirmacio Eustachii de Rillestona de tribus bovatis
terre in Scotthorpe.   [*c.* 1225-6]
Omnibus sancte ecclesie filiis presentibus et futuris Eustachius de
Rilleston salutem. Noveritis me pro salute anime mee et omnium antecessorum [m]eorum dedisse, concessisse et presenti carta mea confirmasse Deo et beate Marie et ecclesie et monachis de Sallai totum
jus et clamium quod ego vel antecessores vel heredes mei habuimus
vel umquam habere potuimus in illis tribus bovatis terre cum pertinenciis in Scothorp, que fuerunt Christiane filie Uctredi de Pathorna,
de quibus bovatis traxi eosdem monachos in placitum per breve de
recto in curia domini mei comitis de Scipthona; ita quod dicti monachi
dictas tres bovatas terre cum omnibus pertinenciis suis habebunt et
tenebunt in puram et perpetuam elemosinam, solutam liberam et quietam ab omni servicio, secta warda et exaccione, faciendo tantummodo
forinsecum servicium michi et heredibus meis quantum pertinet ad
tres bovatas terre in Scothorpe, ubi quatuordecim carucate terre faciunt
feudum unius militis; et sciendum quod licebit dictis monachis dictam
terram cum pertinenciis dimittere cui voluerint vel quibus voluerint
et quomodo voluerint, salvo michi et heredibus meis forinseco servicio
tantum. His testibus. Willelmo de Hebbedena tunc senescallo domini
comitis Albemarle, Simone de Monte Alto, et aliis.

Eustace of Rilston confirmed to Sallay the 3 bovates in Scothorp that
belonged to Christian daughter of Uctred of Paythorn, concerning which he
had impleaded the monks by writ *de recto* in the court of his lord, the earl
of Albemarle; the monks to do forinsec service only.

[*Temp. John*]
304. Sciant omnes presentes et futuri quod ego Hugo filius   *f. 85v.*
Ade de Stainforde dedi, concessi et hac mea carta confirmavi Willelmo
filio Arkilli duas bovatas terre cum pertinenciis in Stainforde; unam
scilicet quam idem Willelmus tenuit de patre meo et unam quam
Ricardus filius Radulfi tenuit; et quatuor toftas cum pertinenciis in
eadem villa, scilicet unum toftum quem Ricardus tenuit et unum

toftum in quo bercarie predicti Willelmi posite sunt et unum toftum
quem Radulfus filius Radulfi tenuit, in longitudine et in latitudine et
in libero exitu erga campum et unum toftum quem Gamellus filius
Lumis tenuit pro homagio suo et servicio, illi et heredibus suis tenendas
de me et de heredibus meis in feodo et hereditate, libere quiete et honorifice in bosco in plano in pratis in pascuis et in omnibus locis et aisiamentis et libertatibus predicte ville pertinentibus; reddendo inde
annuatim michi et heredibus meis duodecim denarios pro omni servicio
et exaccione, scilicet vj. d. ad festum sancti Martini et sex denarios ad
Pentecosten, faciendo forinsecum servicium quantum pertinet duabus
bovatis terre in eadem villa. Et ego et heredes mei warantizabimus
predicto Willelmo et heredibus suis predictam terram cum pertinenciis
contra omnes homines inperpetuum. His testibus. Willelmo Flandrensi, W. de Arches, Willelmo de Hoberde, Helia de Gigel', et aliis.

Hugh son of Adam of Stainford granted to William son of Arkil two
bovates in Stainford and four tofts for a rent of 12d., the two bovates doing
forinsec service.

[Temp. John]
305. Sciant omnes tam presentes quam futuri quod ego Hugo
filius Ade de Stainforde sub monte dedi et concessi et hac presenti
carta mea confirmavi Willelmo filio Arkilli et heredibus suis pro homagio suo et servicio illam bovatam terre in Stainforde, quam Radulfus
filius Radulfi tenuit de Ada patre meo in eadem villa de Stainforde
sub monte; tenendam et habendam sibi et heredibus suis de me et
heredibus meis libere et quiete cum omnibus pertinenciis et aisiamentis predicte terre pertinentibus per servicium xij. den. annuatim
reddendo[rum] pro omni servicio et exaccione, medietatem scilicet ad
Pentecosten et aliam medietatem ad festum sancti Martini, salvo forinseco servicio quantum pertinet ad illam bovatam terre. Ego vero et
heredes mei hanc predictam terram sibi et heredibus suis inperpetuum
contra omnes homines warantizabimus. Testibus. Hugone de Caltona,
Ranulfo de Hoterburne, Simone clerico de Kirkebi, et multis aliis.

Hugh son of Adam of Stainford granted to William son of Arkil for his
homage and service that bovate of land in Stainford, which Ralph son of
Ralph held in the same vill of Adam, Hugh's father; forinsec service and a
rent of 12d.

306. Carta Willelmi filii Arkilli de ij. bovatis in excambium
pro Scothorpe et homagio R. fratris Gamelli et homagio Simonis.
[post 1226]
Omnibus sancte ecclesie filiis presentibus et futuris Willelmus filius
Arkilli salutem. Noveritis me dedisse, concessisse et presenti carta
mea confirmasse Deo et monachis ecclesie sancte Marie de Sallai in
escambium pro tribus bovatis terre cum pertinenciis suis et aisiamentis
in Scothorpe duas bovatas terre in Stainforde cum duobus toftis et

omnibus aliis pertinenciis et aisiamentis infra villam et extra et homagium
et servicium Simonis filii Dolfini et heredum suorum de uno tofto in
eadem villa et homagium et servicium Roberti filii Gamelli de uno   *f. 86.*
tofto in eadem villa, scilicet quecumque habui in villa et in territorio
de Stainforde sine aliquo retenemento; tenenda et habenda in perpetuam
elemosinam, solutam liberam et quietam ab omni servicio et exaccione
et omni re ad terram pertinente, faciendo tantummodo forinsecum
servicium quantum [pertinet ad] duas bovatas terre in eadem villa.
Et ego et heredes mei omnia prenominata prefatis monachis warantizabimus versus omnes inperpetuum. His testibus. Willelmo de Stivetona, W. de Hebedene, Petro Gillot, Radulfo de Bimfell, et aliis multis.

> William son of Arkil granted to Sallay 2 bovates in Stainford with two
> tofts in exchange for 3 bovates in Scothorp; the homage and service of Simon
> son of Dolfin and his heirs for one toft, and of Robert son of Gamell for
> one toft; forinsec service to be done for the two bovates.

307. Carta Willelmi filii Arkill de duobus [solidis] de terra
de Scothorpe.   *[post* 1226]
Omnibus sancte ecclesie filiis presentibus et futuris Willelmus filius
Arkillis salutem. Noveritis quod ego et heredes mei debemus solvere
monachis de Sallai annuatim duos solidos argenti, scilicet duodecim
d. ad Pentecosten et xij. d. ad festum sancti Martini, quos scilicet duos
solidos dedi eis in escambii incrementum quod fecimus cum eis de
terra de Stainforde pro tribus bovatis cum pertinenciis in Scotthorpe;
ita quod ego et heredes mei dictos duos solidos annuatim dictis monachis ad predictos terminos fideliter solvemus et warantizabimus simul
cum terra de Stainforde quam[diu] ipsi monachi nobis terram de Scotthorpe warentizaverunt. Hiis testibus. W. de Stivetona, Willelmo de
Hebbedena, Petro Gillot, et aliis.

> To make the exchange even, William son of Arkill bound himself to pay
> the Sallay monks two shillings annually.

308. Carta Cristiane uxoris Simonis Hoscot de uno tofto et
terra cum pertinenciis.   *[post* 1244]
Omnibus hoc scriptum [visuris] vel audituris Christiana quondam uxor
Simonis Hoscot eternam in Domino salutem. Noverit universitas vestra
me dedisse, concessisse et quietum clamasse de me et heredibus meis Deo
et beate Marie et monachis de Sallai totum jus et clamium quod habui
vel habere potui in uno tofto et terra cum pertinenciis in villa de Stainforde sub monte, que predictus S. vir meus ex dono Willelmi filii Arkil
habuit et michi dedit et legavit; ita quod ego nec heredes mei nec
aliquis nomine per nos aliquod jus vel clamium in predictis tofto et
terra cum pertinenciis nobis vendicare poterimus inperpetuum. Ad
hec fideliter et sine dolo tenenda tactis sacrosanctis et fide media juravi
et ad majorem securitatem presenti scripto sigillum meum apposui.
His testibus. Domino Henrico de Perci de Setel, Nigello de eadem
villa, Henrico de Stainforde, et aliis pluribus.

Christian widow of Simon Hoscot released to Sallay abbey her claims
in a toft in Stainford Underbergh, which Simon had as the gift of William
son of Arkil and bequeathed to her.

309. Carta Sirith filie Simonis de uno tofto et terra cum pertinenciis in Stainforde.   [*post* 1244]
Omnibus hoc scriptum visuris vel audituris Sirith filia Simonis Hoscot
eternam in Domino salutem. Noverit universitas vestra me dedisse,
concessisse et quietum clamasse de me et heredibus meis Deo et beate
Marie et monachis de Sallai, totum jus et clamium quod habui vel
habere potui in uno tofto et terra cum pertinenciis que predictus S.
pater meus habuit de dono Willelmi filii Arkil in villa de Stainforde sub
f. 86v.   monte; ita quod ego nec heredes mei nec aliquis per nos aliquod jus
vel clamium in predictis tofto et terra cum pertinenciis nobis vendicare poterimus inperpetuum. In hujus rei testimonium presens scriptum sigilli mei impressione roboravi. His testibus. Domino H. de
Perci de Setel, Nigello de eadem, Henrico de Stainforde, et aliis.

Sirith, Simon's daughter, also released her rights in the same toft.

310. Carta Matilde filie Simonis de j. tofto et terra cum pertinenciis in Stainforde.   [*post* 1244]
Omnibus hoc scriptum visuris vel audituris Matilda filia Simonis
Hoschot eternam in Domino salutem. Noverit universitas vestra me
dedisse, concessisse et quietum clamasse de me et heredibus meis Deo
et beate Marie et monachis de Sallai, totum jus et clamium quod habui
vel habere potui in uno tofto et terra cum pertinenciis, que predictus
S. pater meus habuit de dono Willelmi filii Arkil in villa de Stainforde
sub monte; ita quod nec ego nec heredes mei vel aliquis per nos aliquod
jus vel clamium in predictis tofto et terra cum pertinenciis nobis vendicare poterimus inperpetuum. Ad hec fideliter et sine dolo tenenda
tactis sacrosanctis et fide media juravi et ad majorem securitatem presenti scripto sigillum meum apposui. Hiis testibus. Henrico de Perci
de Setel, Nigello de eadem villa, Henrico de Stainforde, Laurencio de
Gicleswik, et aliis.

Matilda, another daughter of Simon, also released.

311. Carta H. de Stainforde de j. tofto et Ricard' riding et aliis
datis Waltero filio Laysing.   [*c.* 1220-30]
Sciant omnes presentes et futuri quod ego Hugo filius Ade Tunnoc
dedi et concessi et hac presenti carta mea confirmavi Waltero filio
Laisingi de Bikertona in libero maritagio cum Agnete filia Halthor
consanguinea mea, illud toftum in Stainforde Underberch quem
Ricardus filius Uctredi tenuit et Archilcrof' et Ricard' riding et illud
ridingum quem Thomas filius Radulfi tenuit in bosco juxta aquam de
Ribel et croftum quem Ricardus filius Uctredi tenuit qui vocatur
Hustedes et communem pasturam in eadem villa; habenda et tenenda

dictis Waltero et Agneti et heredibus a dicta Agneta procreatis de me
et heredibus libere quiete pacifice et integre cum pertinenciis, scilicet
cum communa in bosco et turbariis, moris et mariscis, viis aquis et
semitis et cum omnibus aliis aisiamentis et libertatibus et liberis consuetudinibus infra villam et extra; reddendo inde michi et heredibus
meis per annum unam libram cimini ad Nativitatem Domini pro omni
servicio et exaccione. Et ego et heredes mei warantizabimus illis et
heredibus suis omnia prescripta per predictum servicium contra omnes
homines inperpetuum et ad majorem hujus rei securitatem huic scripto
sigillum meum apposui. Hiis testibus. Laurencio[1] persona de G.,
Elias de G., Ricardo de Setel, et multis aliis.

> Hugh son of Adam Tunnoc granted to Walter son of Laising of Bikerton,
> in marriage with Agnes daughter of Halthor his kinsman, a toft in Stainford
> Underbergh, Archilcroft and Richard riding, a riding in the wood by the
> Ribble, a croft called Hustedes, and common of pasture in the same vill;
> rent, 1 lb. of cumin at Christmas.

[Early Henry III]

312. Sciant omnes tam presentes quam futuri quod ego Hugo   *f. 87.*
filius Ade de Stainforde sub monte dedi et concessi et hac presenti carta
mea confirmavi Aldus filie Suani [de] Gikeleswik et heredibus suis unam
bovatam terre cum pertinenciis in Stainforde sub monte pro homagio
suo et servicio, illam scilicet quam Walle filius Willelmi Waite tenuit
et toftum quod Thomas filius Ranulfi tenuit in eadem villa cum omnibus
libertatibus predicte ville pertinentibus; tenenda et habenda libere et
quiete, in bosco et plano, in pratis et pascuis et in omnibus aisiamentis
aliis predicte ville pertinentibus et in viis et in semitis et turbariis;
reddendo inde annuatim michi et heredibus meis unam libram cimini
vel duos denarios ad Natale Domini pro omni servicio et exaccione
ad me vel ad heredes meos pertinente, faciendo forinse servicium
quantum pertinet ad unam bovatam terre ejusdem ville. Ego vero et
heredes mei warantizabimus dictam bovatam cum tofto predicto contra
omnes homines inperpetuum. Hiis testibus. Willelmo de Arches,   *f. 87v.*
Willelmo Flandrensi, H. filio Helie, R. de Setel, et aliis.

> Hugh son of Adam of Stainford granted to Aldus daughter of Swain of
> Giggleswick a bovate in Stainford for her homage and service, paying a lb.
> of cumin or 2d. at Christmas and doing forinsec service.

313. Quieta clamacio Aldus de una bovata in Stainforde.

[c. 1240-50]

Omnibus hoc scriptum visuris vel audituris Aldus filia Suani de
Gicleswik eternam in Domino salutem. Noverit universitas vestra in
legitima potestate mea me dedisse et concessisse et quietum clamasse
Deo et beate Marie et monachis de Sallai totum jus et clamium quod
habui vel habere potui in una bovata terre in territorio de Stainforde

---

[1] Laurence was parson of Giggleswick 1190-1230.

cum crofto et cum omnibus aliis pertinenciis suis, illam scilicet bovatam
quam Hugo de Stainford michi dedit et incartulavit in eadem villa.
Dedi eciam eisdem monachis unum toftum in Stainforde cum omnibus
edificiis et pertinenciis, illud scilicet quod fuit Thome filii Radulfi,
inter toftum Thome de Littona et Henrici le W[a]ite; ita quod nec ego
nec heredes mei vel aliquis per nos aliquod jus vel clamium in predictis
bovatis terre cum tofto et crofto et cum omni jure quod in eadem
villa aliquando habui nobis de cetero vendicare poterimus inperpetuum.
In hujus rei testimonium presenti scripto sigillum meum apposui.
Hiis testibus. Domino Henrico de Perci, Radulfo de Claitona, et aliis.

Aldus daughter of Swain of Giggleswick released to the monks of Sallay
her rights in a bovate of land in Stainford, given her by Hugh of Stainford;
and granted them a toft in Stainford.

314. Carta Hugonis de Stainforde de pastura ad c. oves et v.
vaccas et confirmacio Elie de Gicleswik.   [*ante* 1222]
Omnibus sancte matris ecclesie filiis tam presentibus quam futuris
Hugo filius Ade de Stainforde salutem in Domino. Noveritis me pro
salute anime mee et patris mei et matris mee et omnium antecessorum
et heredum meorum dedisse, concessisse et presenti carta mea confirmasse Deo et beate Marie et monachis de Sallai pasturam in Stainforde subtus montem ad c. oves et v. vaccas cum omnibus aisiamentis,
libertatibus et communis infra eandem villam et extra et liberum introitum et exitum per terram meam ubicumque voluerint; tenendam
et habendam in liberam et puram et perpetuam elemosinam, libere
et quiete sicut ulla elemosina liberius et quietius dari et teneri potest.
Et ego Hugo et heredes mei hanc prenominatam pasturam cum pertinenciis prefatis monachis warantizabimus inperpetuum. Elemosinam
autem quam eisdem monachis Helias de Gigleswik dedit in eadem villa
quantum ad me et heredes meos pertinet gratam et ratam habeo. Idem
vero monachi caritative receperunt me in fraternitatem et societatem
domus sue et tocius ordinis sui. Hiis testibus. J. priore de Bolton[1],
Roberto tunc decano de Craven, Laurencio de Gicleswik, et aliis.

Hugh son of Adam of Stainford granted to the monks of Sallay pasture
in Stainford for 100 sheep and 5 cows, and confirmed the alms of Elias of
Giggleswick. In return the monks received him into the brotherhood and
society of their house and of the Cistercian order.

315. Carta Hugonis de Stainforde de j. bovata quam Alanus
tenuit et toto dominio ad ipsum H. pertinente.   [*c.* 1218-25]
Omnibus sancte ecclesie filiis presentibus et futuris Hugo filius Ade
de Stainforde salutem. Noveritis me pro salute anime mee et omnium
antecessorum et heredum meorum dedisse, concessisse et presenti
carta mea confirmasse Deo et ecclesie beate Marie et monachis de

---

[1] John prior of Bolton occurs 1209, 1219 (*Kirkstall Coucher*, pp. 254, 252);
Robert, Feb. 2, 1222 (*Fountains Chart.*, ii, 464).

Sallai in puram et perpetuam elemosinam, solutam liberam et quietam ab omni servicio et exaccione, unam bovatam terre in teritorio de Stainforde cum crofto et cum omnibus pertinenciis, libertatibus et aisiamentis suis infra villam et extra; illam scilicet bovatam quam Alanus faber tenuit prius ad firmam de me et postea Richeman. Dedi eciam eisdem monachis et presenti carta mea confirmavi capitale mesuagium quod pater meus habuit in eadem villa inter toftum Roberti filii Gamelli et toftum Willelmi filii Ailuerede cum omnibus pertinenciis suis et cum toto dominio quod habui in eadem villa et in territorio de Stainforde, tam in bosco quam in plano; ita quod dicti monachi omnia prenominata cum pertinenciis suis teneant inperpetuum libere et quiete sicut ulla elemosina liberius et quietius dari aut teneri potest, salvo servicio de Littona. Et ego et heredes mei omnia prenominata dictis monachis warantizabimus et defendemus contra omnes inperpetuum. His testibus. Domino W. de Hebbeden, Heustachio de Rillstona, J. de Estona, et aliis.

Hugh son of Adam of Stainford granted to Sallay abbey a bovate with croft in Stainford, which Alan the smith had held from him in farm and afterwards Richeman; also a capital messuage which his father had in the same vill.

316. Carta H. de Stainforde de j. acra et dimidia et de j. acra prati et pastura ad centum oves et sex vaccas. [1224]
Omnibus sancte ecclesie filiis presentibus et futuris ego[1] filius Ade de Stainforde salutem. Noveritis me dedisse, concessisse et presenti carta mea confirmasse Deo et ecclesie beate Marie et monachis de Sallai pro salute anime mee et omnium antecessorum et heredum meorum unam acram et dimidiam terre mee cum pertinenciis in campo de Stainford, in loco qui vocatur Gardnoc, scilicet totam partem meam et quicquid ad me vel ad terram meam pertinet in eodem loco. Dedi eciam eisdem monachis unam acram prati mei in territorio ejusdem ville, scilicet super Stirkeschaleshou et pasturam ad c. oves per majus centum et ad septem vaccas in eadem villa, cum libero introitu et exitu et cum omnibus pertinenciis, libertatibus et aisiamentis et communa ad dictam terram pertinentibus. Hec omnia dedi eisdem monachis tenenda et habenda in puram et perpetuam elemosinam, solutam liberam et quietam ab omni servicio et exaccione. Et ego et heredes mei omnia prenominata cum pertinenciis prefatis monachis warantizabimus et defendemus versus omnes inperpetuum. Sciendum autem quod tempore illo quo feci donacionem istam scilicet, quando dominus H. rex Anglie obsedit castrum de Bedeforde, habui in dominico in villa de Stainforde dimidiam carucatam terre, scilicet duas bovatas in manu mea propria et unam bovatam quam Thomas homo meus tenuit de me in eadem villa et quartam bovatam quam Agatha quondam uxor Warini tenuit de me. Hanc vero dimidiam carucatam terre in cujuscumque manus devenerit, pro me et pro heredibus meis

_____
[1] A slip for Hugo.

attornavi et presenti carta mea confirmavi ad waranciam dicte pasture inperpetuum. Hiis testibus. Simone de Hale, Laurencio persona de Gikesleswik, Roberto persona de Prestona, W. Flandrenssi, et aliis.

Hugh son of Adam of Stainford granted to Sallay 1½ acres in Stainford field, 1 acre of his meadow, and pasture for 100 sheep and 7 cows in the same vill. At the time of this donation, when Henry III was besieging Bedford castle (June 20 to Aug. 14, 1224), Hugh had in demesne in the vill of Stainford ½ carucate which he pledged as warranty for the pasturage.

317. Carta Hugonis de Stainforde de illa bovata quam Agge tenuit. [c. 1218-25]

Omnibus sancte ecclesie filiis presentibus et futuris Hugo filius Ade de Stainforde salutem. Noveritis me pro salute anime mee et omnium antecessorum meorum dedisse, concessisse et presenti carta mea con-

f. 88v.

firmasse Deo et monachis ecclesie beate Marie de Sallai unam bovatam terre in territorio de Stainforde plenarie cum omnibus assartis et communis et omnibus aliis pertinenciis, libertatibus et aisiamentis suis infra villam et extra, illam scilicet quam Agge tenuit de me ad firmam; tenendam et habendam de me et heredibus meis in puram et perpetuam elemosinam, solutam liberam et quietam ab omni servicio et omni re ad terram pertinente, faciendo tantummodo servicium de Littona quantum pertinet ad unam bovatam terre in Stainforde. Et ego et heredes mei omnia prenominata prefatis monachis warantizabimus et defendemus contra omnes inperpetuum. Hiis testibus. Willelmo de Arches, Willelmo de Hebbedene, Helia de Gikel', et multis aliis.

Hugh son of Adam of Stainford granted to Sallay abbey a bovate in Stainford, the one Agge held from him in farm; doing the service of Litton only.

318. Carta Hugonis de Stainforde de homagio Roberti filii Gamelli. [Early Henry III]

Omnibus sancte ecclesie filiis presentibus et futuris Hugo filius Ade de Stainforde salutem. Noveritis me dedisse, concessisse et presenti carta mea quietum clamasse de me et heredibus meis in perpetuam elemosinam Deo et monachis sancte Marie de Sallai homagium Roberti filii Gamelli de Stainforde de Takelandis et de ridingis et de tofto Willelmi de Hirebi et de tofto Henrici le Maske, cum omnibus pertin- enciis libertatibus et aisiamentis suis infra villam et extra ad tantam terram in Stainford pertinentibus. Et ego et heredes mei omnia prefata prenominatis monachis warentizabimus contra omnes inperpetuum. Hiis testibus. Helia de Gikel', S. mercatore, Henrico de Stainforde, et aliis pluribus.

Hugh son of Adam of Stainford granted to Sallay abbey the homage of Robert son of Gamel of Stainford.

319. Carta H. de Stainforde de homagio R. filii G. de j. bovata in Stainforde. *[Early Henry III]*
Omnibus sancte ecclesie filiis presentibus et futuris Hugo filius Ade de Stainforde salutem. Noveritis me dedisse, concessisse et presenti carta mea confirmasse Deo et monachis ecclesie sancte Marie de Sallai homagium et servicium Roberti filii Gamelli cum una bovata terre quam eidem Roberto et heredibus suis dedi in parva Stainforde cum omnibus pertinenciis, libertatibus et aisiamentis infra villam et extra, in perpetuam elemosinam, solutam liberam et quietam ab omni servicio et seculari exaccione ad me vel ad heredes meos pertinente, faciendo tantummodo servicium quod pertinet ad Littona quantum bovata alia facit in eadem villa. Et ego et heredes mei omnia prenominata prefatis monachis warantizabimus contra omnes inperpetuum. Hiis testibus. H. de Gikel', Willelmo filio Arkil, et aliis.

Hugh son of Adam granted to Sallay abbey the homage and service of Robert son of Gamell with one bovate which Hugh gave Robert in Little Stainford; doing only the service that pertained to Litton for one bovate.

320. Carta H. de Stainforde de servicio Ade filii R. filii Gamelli de W. de Humtona et de aliis. *[Early Henry III]*
Omnibus sancte ecclesie filiis presentibus et futuris Hugo filius Ade de Stainforde salutem. Noveritis me dedisse, concessisse et presenti carta mea quietum clamasse de me et de heredibus meis in perpetuam elemosinam Deo et monachis ecclesie sancte Marie de Sallai homagium et servicium Ade filii Roberti filii Gamelli de Stainforde de uno tofto quod Willelmus de Humtona tenuit de me in villa de Stainforde, cum *f. 89.* duobus assartis, scilicet Calvehou ridingum et Witebecriding cum omnibus pertinenciis, libertatibus et aisiamentis suis infra villam et extra ad tantam terram in Stainford pertinentibus. Et ego et heredes mei omnia prefata prenominatis monachis warantizabimus contra omnes inperpetuum. Hiis testibus. Helia de G., Simone mercatore, H. de Stainford, et aliis.

Hugh son of Adam of Stainford granted to the Sallay monks the homage and service of Adam son of Robert son of Gamell of Stainford.

321. Carta Hugonis de Stainforde de iiij^or. bovatis et de toto jure suo et confirmacio de vij. bovatis. *[Early Henry III]*
Omnibus sancte ecclesie filiis presentibus et futuris Hugo filius Ade de Stainforde salutem. Noveritis me pro salute anime mee et omnium antecessorum et heredum meorum dedisse, concessisse et presenti carta mea confirmasse Deo et monachis ecclesie sancte Marie de Sallai in perpetuam elemosinam, solutam liberam et quietam ab omni servicio et exaccione et omni re ad terram pertinente, quatuor bovatas terre in villa et in territorio de Stainforde cum toftis et croftis et omnibus assartis et aisiamentis suis infra villam et extra et capitale mesuagium quod pater meus habuit in eadem villa inter toftum Roberti filii Gamelli

et toftum Willelmi filii Aelfredi, cum omnibus pertinenciis suis et cum
toto dominio suo et jure quod ego vel antecessores mei umquam habuimus vel habere potuimus in eadem villa de Stainforde, tam in dominio
quam in serviciis sine aliquo retenemento mei vel heredum meorum,
salvo tantummodo servicio de Littona quantum pertinet ad iiij^{or}. bovatas
terre in villa de Stainforde. Preterea concessi et presenti carta mea
confirmavi predictis monachis iiij^{or}. bovatas terre quas habent in
feodo meo in eadem villa, scilicet, duas de dono W. filii Arkilli et unam
de dono Willelmi filii Ailfredi et unam de dono Alduse de Gyk., sicut
carte donatorum quas inde habent testantur et proportant. Concessi
eciam dictis monachis servicium Roberti filii Gamelli de una bovata
terre in eadem villa. Ad hec eciam relaxavi et quietum clamavi dictis
monachis totum jus et clamium quod ego vel heredes mei umquam
habuimus vel habere potuimus in duabus bovatis, ille quas habent in
Stainforde ex dono Roberti de Cirkeby, ita quod dicti monachi omnia
prenominata cum omnibus pertinenciis suis teneant inperpetuum
libere et quiete sine omni contradiccione mei vel heredum meorum.
Et ego et heredes mei dictis monachis omnia prenominata que ad domum
nostrum pertinent warantizabimus et defendemus contra omnes inperpetuum. Hiis testibus. W. de Hebbeden, Willelmo de Archis, Eustachio de Rillstona, et aliis.

Hugh son of Adam of Stainford granted to the Sallay monks 4 bovates
in Stainford and a capital messuage, confirmed the gifts of 4 bovates, gave
the service of Robert son of Gamel for one bovate, and released his rights
in 2 bovates.

322. Carta H. de Stainford de homagio W. filii Arkill de ij.
bovatis et homagio Ade filii Cecilie et Thome de Littona et H. le
Waith.   [*post* 1226]
Omnibus sancte ecclesie filiis presentibus et futuris Hugo filius Ade
de Stainford salutem. Noveritis me dedisse, concessisse et presenti
carta mea confirmasse Deo et monachis ecclesie sancte Marie de Sallai,
homagium et servicium Willelmi filii Arkilli de duabus bovatis terre
f. 89*v.* et toftis et omnibus aliis que tenuit de me in villa et in territorio de
Stainforde et homagium et servicium Ade filii Cecilie de omnibus
que tenuit de me in Stainforde et homagium et servicium Thome de
Littona de omnibus que tenuit de me in Stainforde et homagium et
servicium Henrici le Waite de uno tofto in Stainforde quod tenuit de
me pro duobus d. per annum. Hec omnia dedi predictis monachis
tenenda et habenda in puram et perpetuam elemosinam, solutam
liberam et quietam ab omni servicio et exaccione et omni re ad terram
pertinente. Et ego et heredes mei omnia prenominata prefatis monachis
warantizabimus et defendemus contra omnes inperpetuum. Hiis
testibus. Willelmo de Stivetona, W. de Hebbeden, Petro Gilot, et aliis.

Hugh son of Adam of Stainford granted to Sallay the homage and
service of William son of Arkil for 2 bovates, of Adam son of Cecily, Thomas
of Litton, and Henry le Waite.

323. Carta Hugonis de Stainforde de bovata Thome filii Radulfi.   *[Early Henry III]*

Omnibus sancte ecclesie filiis presentibus et futuris Hugo filius Ade de Stainforde salutem. Noveritis me pro salute anime mee et omnium antecessorum et heredum meorum dedisse, concessisse et presenti carta mea confirmasse Deo et monachis ecclesie sancte Marie de Sallai unam bovatam terre in teritorio de Stainforde integre et plenarie cum omnibus assartis et communis et omnibus aliis pertinenciis, libertatibus et aisiamentis suis infra villam et extra, illam scilicet quam Thomas filius Radulfi tenuit de me ad firmam; tenendam et habendam de me et heredibus meis in perpetuam elemosinam, solutam liberam et quietam ab omni servicio et exaccione et omni re ad terram pertinente, faciendo tantummodo servicium de Litton quantum pertinet ad unam bovatam terre in Stainforde. Et ego et heredes mei prenominata prefatis monachis warantizabimus, adquietabimus et defendemus contra omnes inperpetuum. His testibus. W. de Arches, Willelmo de Hebden, H. de Gileswik, et aliis.

Hugh son of Adam of Stainford granted to Sallay abbey a bovate in Stainford, doing the service of Litton only.

324. Carta Hugonis de Stainford de j. bovata Althorp et j. tofto.   *[ante 1230]*

Omnibus sancte ecclesie filiis presentibus et futuris Hugo filius [Ade] de Stainford salutem. Sciatis me pro salute anime mee et sponse mee et omnium antecessorum et heredum meorum dedisse, concessisse et presenti carta mea confirmasse Deo et monachis ecclesie beate Marie de Sallai in puram et perpetuam elemosinam, solutam liberam et quietam ab omni servicio et exaccione, unam bovatam terre in territorio de Stainforde subtus montem integre et plenarie cum omnibus pertinenciis, libertatibus et aisiamentis suis infra villam et extra, illam scilicet quam Althorp filius Gikel tenuit; et unum croftum in eadem villa, illud scilicet quod jacet juxta croftum Thome filii Radulfi ex aquilonari parte; tenenda et habenda de me et heredibus meis libere et quiete sicut ulla elemosina liberius et quietius dari aut teneri potest. Et ego et heredes mei omnia prenominata predictis monachis warantizabimus, adquietabimus et defendemus versus omnes inperpetuum. His testibus. W. de Arches, Willelmo Flandrensi, Laurencio persona de Gikel', J. de Altona, et aliis.

Hugh son of Adam of Stainford granted to Sallay abbey a bovate and croft in Stainford.

325. Carta H. de Stainforde de tofto, bercaria et redditu iiijᵒʳ denariorum.   *[Early Henry III]*

Omnibus sancte ecclesie filiis presentibus et futuris Hugo filius Ade de Stainforde salutem. Sciatis me concessisse et presenti carta mea confirmasse Deo et ecclesie beate Marie et monachis de Sallai unum   *f. 90.*

toftum cum pertinenciis in Stainford et unam bercariam faciendam quod W. filius Gamelli eis dedit et incartulavit, scilicet, toftum illud quod Adam pater meus per cartam suam contulit Gamello dispensatori et heredibus suis. Relaxavi eciam eisdem monachis redditum iiij^{or}. d. quos predictus Gamellus et heredes sui dicto A. patri meo et michi de tofto illo annuatim reddere solebant. Hec autem omnia concessi et presenti carta mea confirmavi prefatis monachis pro salute anime mee et omnium antecessorum et heredum meorum in puram et perpetuam elemosinam, solutam liberam et quietam ab omni seculari servicio et exaccione et omni re ad terram pertinente. His testibus. J. de Halton, H. et Helia filiis ejus, Roberto filio Petri, et aliis.

Hugh son of Adam of Stainford granted to Sallay abbey a toft in Stainford for a sheepfold and released a rent of 4d.

326. Carta Hugonis de Stainford de tofto Ricardi filii Huctredi et Arkilcroft et quedam alia.   [*ante* 1230]
Omnibus sancte ecclesie filiis presentibus et futuris Hugo filius Ade de Stainforde salutem. Noveritis me pro salute anime mee et omnium antecessorum et heredum meorum dedisse, concessisse et presenti carta mea confirmasse Deo et ecclesie beate Marie et monachis de Sallai in puram et perpetuam elemosinam, illud toftum in parva Stainforde quod Ricardus filius Huctredi tenuit et totum Arkilcroft et Ricardriding et illud riding quod Thomas filius Radulfi tenuit in bosco juxta Ribel et totum croftum ubi Ketellus mansit qui vocatur Hustedel' et unam rodam terre in Thorgrim, et communem pasturam in eadem villa. Hec omnia dedi eisdem monachis tenenda et habenda de me et heredibus meis libere et quiete soluteque ab omni servicio et exaccione cum omnibus pertinenciis et communis in bosco et plano et turbariis et omnibus aliis aisiamentis infra villam et extra. Et ego et heredes mei omnia prenominata prefatis monachis warantizabimus et defendemus contra omnes sicut aliqua elemosina liberius warantizari potest. His testibus. Laurencio persona de Gikelwic', H. de Gik', Ricardo de Setel, et aliis.

Hugh son of Adam of Stainford granted to Sallay a toft in Little Stainford, all Arkilcroft and Richard riding, a riding in the wood by the Ribble, a croft called Hustedel', a rood of land in Thorgrim, and common pasture in the same vill.

327. Carta H. de Stainford de homagio Henrici le Waite.
                                                          [1227-30]
Omnibus sancte ecclesie filiis presentibus et futuris Hugo filius Ade de Stainford salutem. Noveritis me pro salute anime mee dedisse, concessisse et presenti carta mea confirmasse Deo et monachis ecclesie sancte Marie de Sallai in puram et perpetuam elemosinam, solutam liberam et quietam ab omni servicio et exaccione, homagium et servicium Henrici le Waite de uno tofto et de tota illa terra cum omnibus

pertinenciis, libertatibus et aisiamentis suis infra villam et extra, que
Willelmus le Waite pater ejusdem Henrici tenuit de Ada filii Tunnoch
patre meo in villa de Stainforde et de uno riding quod vocatur Ricardriding, scilicet juxta Southpot quod idem Henricus le Waite emit de $f. 90v.$
me. Et ego Hugo et heredes mei omnia prenominata prefatis monachis
contra omnes warantizabimus et defendemus inperpetuum. His testibus.
Elia de Gik', Simone mercatore, Roberto filio Gamelli, et multis aliis.

> Hugh son of Adam of Stainford granted to Sallay abbey the homage
> and service of Henry le Waite.

328. Carta Warini filii W. le Waite de redditu duodecim $f. 91.$
denariorum pro j. tofto. *[Early Henry III]*
Sciant presentes et futuri quod ego Warinus filius Willelmi le Waite
tactis sacrosanctis juravi pro me et pro heredibus meis, quod fideliter
et sine dolo solvemus domui de Sallai annuatim xij^{clm}. denarios, sex
scilicet ad Pentecosten et sex ad festum sancti Martini pro uno tofto
quod Avicia filia Ricardi de Stainforde mater mea tenuit de Ada filio
Tunnoch et quod fidem et legalitatem dicte domui de Sallai pro posse
nostro semper servabimus. In hujus rei testimonium ego Warinus
cartam istam sigillo meo munitam eis feci. His testibus. H. de Gik',
Simone mercatore, David de Setel, et aliis.

> Warin son of William le Waite bound himself to pay to Sallay an
> annual rent of 12d. for a toft, and be faithful and loyal to the house of Sallay.

329. Carta [Ade] filii Henrici le Waite de terra sua alicui
non [dare] vel alienare. *[c. 1250-60]*
Omnibus hoc scriptum visuris vel audituris Adam filius Henrici le
Waite salutem. Noverit universitas vestra me tactis sacrosanctis jurasse et pro me et pro heredibus meis fide mediante promisisse quod
nuncquam ego nec heredes mei terram et tenementa cum mesuagio,
que de domino abbate et conventu de Sallai teneo alicui ad firmam non
dimittemus, dabimus, vendemus, invadiabimus vel a predicta domo de
Sallai alienabimus sine consensu et voluntate dictorum dominorum
nostrorum abbatis et conventus de Sallai. In hujus rei testimonium
presens scriptum sigilli mei impressione roboravi. Hiis testibus.
H. de Stainford, W. filio Roberti de Stainford, Nigello de Setel, et
aliis.

> Adam son of Henry le Waite swore never to let to farm, give or sell
> the land and tenements with messuage which he held of the abbey, without
> the consent of the abbot and convent.

330. Carta H. filii Willelmi le Waite de redditu xij.d. pro j.
tofto et aliis. *[Early Henry III]*
Sciant omnes presentes et futuri quod ego Henricus filius Willelmi le
Waite tactis sacrosanctis juravi pro me et pro heredibus meis, quod

fideliter et sine dolo solvemus domui de Sallai annuatim xij.d., sex
scilicet ad Pentecosten et sex ad festum sancti Martini, pro uno tofto
et pro terra illa in villa de Stainford quam Willelmus le Waite pater
meus tenuit de Ada filio Tunnoch et pro uno riding quod vocatur
Scouhpot et quod fidem et legalitatem dicte domui de Sallai pro posse
nostro semper servabimus. In hujus rei testimonium ego Henricus
cartam meam sigillo meo munitam eis feci. His testibus. W. filio Arkil,
Roberto filio Gamelli, et aliis.

Henry son of William le Waite swore to pay Sallay abbey an annual
rent of 12d. for a toft and land in Stainford and a riding called Scouhpot;
and to be faithful and loyal to the house of Sallay.

[Temp. Edward I]
331. Hoc escambium factum est inter abbatem et conventum
de Sallai et Willelmum filium Ade le Waite ex altera parte, videlicet
quod predicti abbas et conventus dederunt et concesserunt dicto
Willelmo et heredibus suis unam dimidiam acram terre in parte aquilonali de Docbohum et totam terram suam quam habuerunt ultra le
Rane ex parte aquilonali sicut se extendit in Dockebohun heved, versus
occidentem usque ad Rekebrayckeld et sicut aqua ejusdem fontis descendit in Ribel; tenendam et habendam dicto Willelmo et heredibus suis
de dictis abbate et conventu per[1] servicia inde debita et consueta pro
terra sua quam de eis prius tenuit; et dictus Willelmus pro hac concessione dedit et concessit dictis abbati et conventui terram suam quam
f. 91v. de eis tenuit in Stainford, videlicet assartum suum quod se extendit
versus Witebec et assartum quod fuit quondam Ketel le Archer et
assartum quod jacet juxta Birkebec et assartum quod fuit quondam
Sywardi; tenenda et habenda dictis abbati et conventui et eorum
successoribus inperpetuum. Et sciendum quod predicti abbas et conventus dicto Willelmo et heredibus suis predictam terram warantizabunt quamdiu predictus W. predictam terram suam predictis abbati
et conventui warantizare poterit. In cujus rei testimonium presenti
scripto cirografphato partes sigilla sua apposuerunt. Hiis testibus.
Nigello de Stainford, Thoma fratre ejus, Waltero de Clappham de
eadem, et multis aliis.

Exchange between the abbot and convent of Sallay and William son
of Adam le Waite.

332. Carta Ade filii Cecilie de ij. acris et dimidia cum tofto pro
ij. acris et j. tofto in Setel et redditu xij. d. abbacie. *[Early Henry III]*
Omnibus sancte matris ecclesie filiis Adam filius Cecilie de Setel
salutem in Domino. Noveritis me dedisse, concessisse et presenti
carta mea confirmasse Deo et monachis sancte Marie de Sallai in puram
et perpetuam elemosinam, solutam liberam et quietam ab omni servicio

[1] MS. pro.

et exaccione, duas acras terre et dimidiam cum tofto quod fuit Walteri
Poter super Gorsker in Stainford sub monte cum omnibus pertinenciis,
libertatibus et aisiamentis infra villam et extra, in escambium pro
duabus acris terre cum pertinenciis et uno tofto in Setel que dicti
monachi dederunt michi et heredibus meis; tenendas et habendas de
eis libere et quiete, reddendo inde annuatim eisdem xij.d., medietatem
ad Pentecosten et medietatem ad festum sancti Martini pro omnibus
serviciis. Et ego Adam et heredes mei dictas duas acras et dimidiam
cum pertinenciis et cum tofto in Stainforde dictis monachis warantizabimus et defendemus contra omnes quamdiu ipsi nobis warantizabunt dictum escambium in Setel. His testibus. R. de Plumton, W.
de Hebbedene, et aliis.

Adam son of Cecilia of Settle granted to Sallay abbey 2½ acres and a
toft on Gorsker in Stainford in exchange for 2 acres and a toft in Settle,
Adam paying the monks an annual rent of 12d.

333. Carta Ade de Stainforde de ij. bovatis datis Roberto de
Kirkeby.   [1194-8]
Sciant presentes et futuri quod ego Adam de Stainford dedi et concessi
et hac presenti carta mea confirmavi Reinero filio Ade pro homagio et
servicio suo duas bovatas terre in Stainford cum omnibus pertinenciis
eidem terre pertinentibus, scilicet, illas duas bovatas quas Radulphus
filius Kerling tenuit in eadem villa, illi et heredibus suis tenendas de
me et heredibus [meis] libere et quiete in villa et extra villam et in omnibus
aisiamentis et in omnibus locis; reddendo annuatim michi et heredibus
meis xviij.d. scilicet, novem ad festum sancti Martini et ix. ad Pentecosten et duos d. in fine wapentagii pro omni servicio; et pro hac
concessione dedit predictus Rainer michi tres marcas argenti de recognicione. Hiis testibus. Rogero de Bavent', Alexandro de Baiocis,
Radulfo filio Walteri, et aliis multis.

Adam of Stainford granted to Reiner son of Adam for his homage and
service 2 bovates in Stainford for a rent of 18d. For this concession Reiner
gave Adam 3 silver marks. Roger of Bavent was acting sheriff of Yorkshire
1194-8.

334. Carta Raineri filii Ade de ij. bovatis terre datis Roberto
de Kirkebi.   [*post* 1198]   *f.* 92.
Sciant presentes et futuri quod ego Rainerus filius Ade dedi et concessi et hac presenti carta mea confirmavi Roberto de Kirkebi pro
homagio et servicio suo duas bovatas terre in Stainford cum omnibus
pertinenciis eidem terre pertinentibus in villa et extra villam et in
omnibus aisiamentis et in omnibus locis, scilicet, illas duas bovatas
quas ego tenui de Ada de Stainford; habendas et tenendas illi et cuicumque eas assignare voluerit, libere et quiete de me et de heredibus
meis; reddendo inde annuatim michi et heredibus meis xviij.d. ad
duos terminos, scilicet, ix.d. ad festum beati Martini et novem d. ad

Pentecosten et duos denarios de fine wapeltak et dimidiam libram
cumini vel tres obolos ad festum sancti Martini pro omni servicio et
exaccione.   Et ego Rainerus et heredes mei debemus warentizare
predictam terram cum prefatis pertinenciis predicto Roberto vel
cuicumque ille voluerit assignare. Hiis testibus. Humfrido de Bassing',
Guarino de eadem, Olivero de Sandon, et aliis.

> Reiner son of Adam granted to Robert of Kirkby for his homage and
> service 2 bovates in Stainford, which he held of Adam of Stainford; rent
> 18d. and 2d., wapentake fine, and ½ lb. of cumin or 1½d.

335.   Carta Roberti de Kirkebi de ij. bovatis in Stainforde [et]
de Suano nativo suo.   [*Temp. John*]
Omnibus sancte ecclesie filiis presentibus et futuris Robertus de
Kirkebi salutem.   Noverit universitas vestra me pro salute anime mee
dedisse, concessisse et presenti carta mea confirmasse Deo et monachis
ecclesie sancte Marie de Sallai in perpetuam elemosinam, solutam
liberam et quietam de me et heredibus meis ab omni servicio et exaccione, duas bovatas terre in Stainforde sub monte cum toftis et croftis
et assartis et cum omnibus aliis pertinenciis, libertatibus et aisiamentis
infra villam et extra et cum Suano nativo meo in eadem terra manente
cum tota sequela sua, scilicet, quicquid habui in predicta villa et in
teritorio de Stainforde; tenenda et habenda inperpetuum libere et
quiete, faciendo servicium de Littona quantum pertinet ad predictam
terram in Stainforde; reddendo Elie de Gikel' et heredibus ejus tres
obolos in die Nativitatis Domini pro omni servicio et exaccione. Et ego
et heredes mei omnia prenominata prefatis monachis warantizabimus
et defendemus contra omnes inperpetuum. Hiis testibus. R. de Mung-
tona, J. de Touetona, Willelmo Pollard, et multis aliis.

> Robert of Kirkby granted to Sallay abbey 2 bovates in Stainford with
> tofts and crofts and assarts, and Swain his *nativus* with all his issue; doing
> the service of Litton and paying 1½d. annually to Elias of Giggleswick.

336.   Carta Aldus de j. bovata in Stainforde.   [*Early Henry III*]
Omnibus sancte ecclesie filiis presentibus et futuris Aldus filia Suani
de Gikeleswik salutem.   Noveritis me in legitima potestate mea dedisse,
concessisse et presenti carta mea confirmasse Deo et monachis ecclesie
sancte Marie de Sallai pro salute anime mee et omnium antecessorum
meorum, unam bovatam terre in teritorio de Stainforde cum crofto et
cum omnibus aliis pertinenciis, illam scilicet bovatam quam Walle
filius Willelmi le Waite tenuit ad firmam et quam Hugo de Stainforde
michi dedit in eadem villa.   Dedi eciam eisdem monachis de Sallai unum
toftum in Stainforde cum omnibus edificiis et pertinenciis suis, illud
f. 92v.   scilicet quod fuit Thome filii Radulfi inter toftum Thome de Littona
et toftum Henrici le Waite. Hec omnia dedi predictis monachis tenenda
et habenda cum omnibus pertinenciis, libertatibus et aisiamentis suis
infra villam et extra in perpetuam elemosinam, solutam liberam et

quietam ab omni servicio et exaccione, faciendo tantummodo servicium
de Litton quantum pertinet ad unam bovatam in Stainforde. Et ego
et heredes mei omnia prenominata predictis monachis contra omnes
warantizabimus inperpetuum. His testibus. W. de Hebdene, Eustachio
de Rillestona, J. de Estona, et aliis.

Aldus daughter of Swain of Giggleswick granted to Sallay abbey a
bovate and toft in Stainford, doing the service of Litton.

337. Carta Richeman de una bovata in Stainforde. [*c.* 1225-35]
Omnibus sancte ecclesie filiis presentibus et futuris Richeman Calle
salutem. Noveritis me pro salute anime mee et omnium antecessorum
meorum dedisse, concessisse et presenti carta mea quietum clamasse
de me et heredibus meis imperpetuum Deo et monachis ecclesie sancte
Marie de Sallai unam bovatam terre in teritorio de Stainforde cum
crofto et cum aliis omnibus pertinenciis suis, illam scilicet bovatam
quam Walle filius Willelmi le Waite tenuit ad firmam et quam Hugo de
Stainforde dedit Aldus' filie Suani de Gikel' in eadem villa de Stainforde
et unum toftum in Stainforde cum edificiis et cum omnibus pertinenciis
suis, illud scilicet quod Thomas filius Radulfi tenuit et jacet inter toftum
Thome de Litton et toftum Henrici le Waithe. Hec omnia concessi
predictis monachis tenenda et habenda cum omnibus pertinenciis suis,
libertatibus et aisiamentis infra villam et extra in perpetuam elemosinam,
solutam liberam et quietam ab omni servicio et exaccione, faciendo
tantummodo [servicium] de Littona; ita quod nec ego nec aliquis per
me versus prefatos monachos occasione alicujus concessionis vel donacionis clamium vel calumpniam movebimus inperpetuum. Et ego et
heredes mei omnia prenominata prefatis monachis quantum ad nos
pertinet warantizabimus contra omnes tam judeos quam christianos.
[His testibus.] W. de Hebbeden, E. de Rillestona, Radulfo de Oterburne, Davit de Setel, et aliis.

Richeman Calle granted to Sallay abbey a bovate and a toft in Stainford,
doing the service of Litton only.

[End of 12th Cent.]
338. Sciant qui sunt et qui venturi sunt quod ego Alanus
filius Aluredi concessi et quietum clamavi Willelmo fratri meo et
heredibus suis de me et heredibus meis duas bovatas terre in Stainforde
que fuerunt Aluredi patris nostri in eadem villa, cum tofto et crofto
que pater noster tenuit ibidem cum predictis bovatis terre, cum omnibus
pertinenciis [et] libertatibus ad predictas bovatas pertinentibus. Concessi
eciam et quietum clamavi predicto fratri meo Willelmo et heredibus
ejus de me et de heredibus meis omne jus et clamium quod ego unquam
habui vel habere potui vel heredes mei in prememorata terra, pro xx.
solidis quos predictus Willelmus dedit michi Alano pro hac quieta
clamacione et quia ego affidavi et juravi in comitatu Ebor. et in wap-

f. 93.   entagio de Stainclive et in parochia de Gikeleswik perpetuo hanc con-
vencionem ratam esse et hanc quietam clamacionem firmiter teneri.
Testibus.   Laurencio persona de Giseburne[1], Akario de Stainforde,
Simone clerico de Chich', et multis aliis.

> Alan son of Aelred granted to William his brother 2 bovates in the
> vill of Stainford that belonged to Aelred, and released all his rights therein
> for 20s.

[Temp. John]

339.   Omnibus has literas visuris vel audituris Willelmus de
Arches et Hannuimus [?] legitima sponsa sua salutem in Domino. Noveritis nos concessisse et quiete clamasse et hac presenti carta nostra confirmasse Willelmum filium Alueridi de Stainforde et totam sequelam suam
ab omnibus serviciis et demandis quecumque ad nos pertinentibus et
faciendo forinsecum servicium pro tenemento suo, sicut homines
ejusdem tenementi in dicta villa faciunt et reddendo annuatim dimidiam
marcham argenti pro omni servicio ut supradictum est ad nos pertinente.
Hanc itaque clamacionem dicto Willelmo et suis omnibus diebus vite
nostre concessimus et ad majorem securitatem sigillos nostros presenti
scripto apposuimus. Hiis testibus. W. de Stivetona, W. de Hebbedene,
J. de Haltona, et aliis.

> William of Arches and Hannuimus (?) his wife released William son of
> Aelred of Stainford from all service except forinsec and except a rent of
> nalf a mark.

340.   Carta W. de Yrebi data Willelmo filio Ailredi de j. bovata.

[ante 1230]

Sciant omnes tam presentes quam futuri quod ego Willelmus de Irebi
filius Ormi dedi et concessi et presenti carta mea confirmavi Willelmo
filio Aluredi et heredibus suis totum toftum cum pertinenciis, quod fuit
Althor in villa de Stainforde sub monte et unam bovatam terre cum
pertinenciis suis in eadem villa, illam scilicet quam Willelmus filius
Normanni tenuit; tenenda et habenda sibi et heredibus suis vel cui
assignare voluerit de me et heredibus meis libere et quiete ab omni
servicio et demanda; reddendo michi et heredibus meis vel cui assignare
voluero per annum duos d. scilicet die Paschatis et faciendo forinsecum
servicium capitali domino feodi quantum pertinet ad tantam terram.
Et ego et heredes mei warantizabimus predicto Willelmo et heredibus
suis vel cui assignare voluerit totum predictum toftum cum pertinenciis
et predictam bovatam terre cum omnibus pertinenciis et aisiamentis
suis contra omnes homines et omnes feminas, scilicet in boscis in pratis
in moris et mariscis, in pascuis in pasturis in turbariis in aquis in
semitis in communi pastura ejusdem ville et in omnibus aliis aisiamentis
ad predictam villam de Stainforde sub monte pertinentibus.   Pro hac

_____
[1] 1190-1230.

donacione et concessione dedit michi predictus Willelmus pre manibus
v. marcas argenti et ut hec donacio et concessio rata et stabilis inperpetuum permaneat, hoc presens scriptum sigilli mei munimine corob-
oravi. Hiis testibus. Domino Elia de Gikel', Laurencio tunc persona
de Gik', Thoma de Littona, et aliis.

> William of Earby son of Orm granted to William son of Aelred a toft
> and a bovate in Stainford for 2d. rent and forinsec service to the capital
> lord of the fee. For the donation William of Earby received 5 silver marks.

341. Confirmacio Ricardi filii W. filii Ayldrede de una bovata. *f. 93v.*
[*ante* 1230]
Omnibus sancte ecclesie filiis presentibus et futuris Ricardus filius
Willelmi filii Alfredi de Stainforde salutem. Noveritis me concessisse
et hac presenti carta mea confirmasse Deo et monachis ecclesie sancte
Marie de Sallai unam bovatam terre in villa de Stainforde sub monte,
illam, scilicet, quam pater meus tenuit de Willelmo de Yrebi cum tofto
et crofto et cum omnibus edificiis suis sicut continetur in carta patris
mei quam inde habent. Et in hujus rei testimonium huic scripto
sigillum meum apposui. Hiis testibus. Eustacio de Rillestona, Elia de
Gygleswik, Simone mercatore, et aliis.

> Richard son of William son of Aelred confirmed to Sallay abbey a
> bovate in Stainford, which his father held of William of Earby.

342. Carta Willelmi filii Aildredi de una bovata. [*c.* 1225-30]
Omnibus sancte ecclesie filiis presentibus et futuris Willelmus filius
Alfredi de Stainforde salutem. Noveritis me dedisse concessisse et
presenti carta mea confirmasse Deo et monachis ecclesie beate Marie
de Sallai unam bovatam terre in territorio de Stainforde sub [monte,
cum] croftis et toftis et cum omnibus edificiis et omnibus aliis pertinenciis, libertatibus et aisiamentis infra villam et extra de Stainforde,
illam scilicet quam tenui de Willelmo de Yrebi; tenenda et habenda in
puram et perpetuam elemosinam, solutam liberam et quietam ab omni
servicio et exaccione et omni re ad terram pertinente, faciendo inde
tantummodo servicium de Litton quantum pertinet ad unam bovatam
terre in Stainforde. Ego vero et heredes mei omnia prenominata dictis
monachis warantizabimus et defendemus contra omnes inperpetuum.
In hujus rei testimonium huic scripto sigillum meum apposui. Hiis
testibus. Eustacio de Rillestona, Helia de Gigleswick, Simone mercatore,
et multis aliis.

> William son of Aelred of Stainford granted to the Sallay monks a bovate
> in Stainford, doing only the service of Litton.

343. Carta Henrici filii T. de Litton de j. tofto et terra quam
pater suus dedit ei in Stainforde.   [*c.* 1260-70]
Omnibus hoc scriptum visuris vel audituris Henricus filius Thome de

Littona eternam in Domino salutem. Noverit universitas vestra me pro salute anime mee et omnium antecessorum et heredum meorum dedisse, concessisse et hac presenti carta mea confirmasse Deo et beate Marie et monachis de Sallai unum toftum et totam terram quam predictus Thomas pater meus dedit michi in villa et in teritorio de Stainforde sub monte cum omnibus pertinenciis, libertatibus et aisiamentis infra villam et extra; tenenda et habenda de me et heredibus meis sibi et successoribus suis in puram et perpetuam elemosinam, solutam liberam et quietam ab omni servicio et exaccione et omni re ad terram pertinente. Ego vero Henricus et heredes mei omnia prenominata predictis monachis contra omnes inperpetuum warantizabimus, adquietabimus et defendemus. Hiis testibus. Domino Godefrido de Alta Ripa, domino Henrico de Perci, domino Elia de Knol, H. de Stainforde, et aliis.

> Henry son of Thomas of Litton granted to Sallay abbey a toft and all the land his father had in Stainford.

344. Scriptum Roberti filii Walteri le Benur' de terra sua alicui non dimittere vel alienare.   [c. 1260-5]

f. 94. Omnibus hoc scriptum visuris vel audituris Robertus filius Walteri le Benur' eternam in Domino salutem. Noverit universitas vestra me tactis sacrosanctis jurasse pro me et pro heredibus meis fide mediante promississe quod nuncquam ego nec heredes mei terram et tenementa cum mesuagiis que de domino abbate et conventu de Sallai teneo alicui ad firmam dimittemus, dabimus, vendemus, invadiabimus vel a predicta domo de Sallai alienabimus sine consensu et voluntate dictorum dominorum nostrorum abbatis et conventus de Sallai. In hujus rei testimonium presens scriptum sigilli mei inpressione roboravi. Hiis testibus. Domino J. de Cancefelde, domino Henrico de Perci, Henrico de Stainforde, et aliis.

> Robert son of Walter le Benur' swore not to lease to farm, give or sell the lands he held of Sallay abbey without the consent of the abbot and convent.

f. 94v. *Blank.*

f. 95. **345.** Confirmacio Elie de Gygek' de duabus bovatis terre in Stainford de dono W. filii Ailfredi.   [c. 1225-30]
Omnibus sancte ecclesie filiis presentibus et futuris Elias de Gigeleswik salutem. Noveritis me pro salute anime mee et Alicie uxoris mee et omnium antecessorum et heredum meorum concessisse et quiete clamasse et hac presenti carta mea confirmasse Deo et monachis ecclesie beate Marie de Sallai in liberam et perpetuam elemosinam duas bovatas terre cum tofto ad easdem bovatas pertinente et cum omnibus aliis pertinenciis et aisiamentis ad dictas bovatas terre pertinentibus in villa de Stainforde sub monte, illas scilicet quas W. filius Alfredi tenuit in eadem villa; salvis michi et heredibus meis duobus [toftis] que idem

tenuit in eadem villa de Hawisa matre mea ad firmam et salva michi multura ad easdem bovatas pertinente et reddendo Hawise matri mee annuatim in vita sua dimidiam marcam et post ejus decessum michi et heredibus meis, scilicet, medietatem ad festum sancti Martini et aliam medietatem ad Pentecosten et faciendo servicium capitalibus dominis quantum pertinet ad prefatas terre in predicta villa. His testibus. W. Vavasore, Roberto fratre ejusdem, Simone mercatore, et aliis.

Elias of Giggleswick granted to Sallay abbey 2 bovates and a toft in Stainford.

346. Quieta clamacio Elie filii W. fratris Aufridi de ij. bovatis que fuerunt patris. [*c.* 1250-65]
Omnibus hoc scriptum visuris vel audituris Elias filius Willelmi filii Aufredi eternam in Domino salutem. Noverit universitas me pro salute anime mee et pro salute dicti Willelmi patris mei et omnium antecessorum et heredum meorum dedisse, concessisse et quietum clamasse Deo et beate Marie et monachis de Sallai totum jus et clamium quod habui vel habere potui in duabus bovatis terre cum omnibus pertinenciis in territorio de Stainforde sub monte que quondam fuerunt dicti W. patris mei; ita quod nec ego nec heredes mei vel aliquis per nos aliquod jus vel clamium in prenominatis duabus bovatis terre cum omnibus pertinenciis infra predictam villam et extra nobis vindicare poterimus inperpetuum. In hujus testimonium presens scriptum sigilli mei impressione roboravi. Hiis testibus. Domino Henrico [de Perci], domino Johanne de Cancefelde, domino Eustachio de Rillestona.

Elias son of William son of Aelred released to Sallay abbey his rights in 2 bovates of land in Stainford that belonged to his father.

347. Carta Willelmi filii Audridi de una bovata cum dimidia parte mesuagii. [*ante* 1244]
Omnibus sancte ecclesie filiis presentibus et futuris Willelmus filius Aufridi de Stainforde salutem. Noveritis me pro salute anime mee et omnium antecessorum meorum dedisse, concessisse et hac presenti carta mea confirmasse Deo et monachis ecclesie beate Marie de Sallai *f. 95v.* in perpetuam elemosinam unam bovatam terre in territorio de Stainforde sub monte cum dimidia parte mesuagii mei in eadem villa; illam, scilicet, bovatam terre quam habui ex dono Alani fratris mei in territorio de Stainford versus solem, plenarie cum omnibus assartis et communis et cum omnibus aliis pertinenciis, libertatibus et aisiamentis suis infra villam et extra; tenenda et habenda dictis monachis libere et quiete et pacifice de me et de heredibus meis ab omni servicio et omni re ad terram pertinente; reddendo inde annuatim michi et heredibus meis quadraginta denarios ad duos terminos, medietatem scilicet ad festum sancti Martini et aliam medietatem ad Pentecosten et faciendo

servicium de Littona domino Ricardo de Percy¹ et heredibus suis, quantum pertinet ad unam bovatam terre in villa de Stainforde de eodem tenemento. Ego vero predictus W. et heredes mei omnia prenominata dictis monachis warantizabimus, adquietabimus et defendemus contra omnes homines inperpetuum. His testibus. Domino Simone, G. de Knol, Henrico fratre ejus.

William son of Aelred of Stainford granted to Sallay abbey a bovate in Stainford with half of his messuage there; rent 40d., and the service of Litton to Richard de Percy and his heirs.

f. 96.

[*c.* 1230]
348. Omnibus hoc scriptum visuris vel audituris Johannes² abbas et conventus de Fontibus salutem. Sciatis nos pro bono pacis concessisse Roberto filio Gamelli, Henrico le Wayte, et aliis liberis hominibus de Stainforde sub monte saisinam commune pasture sue in Lotenrig', et in Walteberg. Et in hujus testimonium concessionis presenti scripto sigillum nostrum apposuimus. Hiis testibus. Simone de Marton, Eustachio de Rillestona, et aliis.

John abbot of Fountains granted to Robert son of Gamel, Henry le Wayte and other freemen of Stainford seisin of their common pasture in Lotenrig' and Walteberg.

349. Composicio inter abbatem et Hugonem filium Ade filii Hulf' de Litton de una bovata in Stainford pro j. bovata in Littona.
[*c.* 1250]
Notum sit omnibus hoc scriptum visuris vel audituris quod hec est finalis convencio facta inter abbatem et conventum de Sallai et Hugonem filium Ade filii Hulf de Litton et W. filium ejus, videlicet quod predictus Hugo et Willelmus filius ejus dederunt, concesserunt et presenti scripto confirmaverunt predictis abbati et conventui unam bovatam terre in villa de Stainforde, illam scilicet quam Elias de Gygleswik dedit Warino filio Gamelli de Stainford cum tofto ac crofto ad predictam bovatam pertinentibus et toftum quod vocatur Grenhou cum omnibus pertinenciis et cum omni jure quod umquam habuerunt vel habere potuerunt in villa de Stainforde; tenendum et habendum predictis abbati et conventui libere et quiete cum omnibus pertinenciis suis et aisiamentis; reddendo inde annuatim Willelmo filio Roberti de Stainforde duos solidos, scilicet medietatem ad Pentecosten et alteram medietatem ad festum sancti Martini pro omni servicio et omni re ad terram pertinente. Predicti vero abbas et conventus de Sallai dederunt et presenti scripto confirmaverunt predicto W. et Hugoni patri ejus et heredibus predicti W. unam bovatam terre in territorio de Litton; illam scilicet exteriorem versus solem, juxta bovatam Ade forestarii de Littona cum

¹ Died 1244
² There were three Johns in succession abbots of Fountains, 1203-47.

tofto et crofto que Alanus frater decani tenuit in eadem villa; tenendam et habendam predicto Hugoni et predicto Willelmo et heredibus predicti Willelmi cum omnibus pertinenciis suis, libertatibus et aisiamentis predicte terre pertinentibus; reddendo inde annuatim predictis abbati et conventui duos solidos sterlingorum, medietatem scilicet ad Pentecosten et aliam mediatatem ad festum sancti Martini pro omni re et exaccione predictis abbati et conventui pertinente. Et sciendum quod si predictus Hugo et predictus Willelmus filius ejus et heredes predicti Willelmi predictam terram in manu sua tenere non poterunt, nemini aliquo modo dimittent nisi predictis abbati et conventui de Sallai; et predictus abbas et conventus predictam terram de Littona cum pertinenciis suis predictis Hugoni et Willelmo filio ejus et heredibus predicti Willelmi tamdiu warantizabunt quamdiu predicti Hugo et Willelmus et heredes ipsius predictam terram de Stainford cum omnibus prenominatis predictis abbati et conventui warantizaverunt. Hiis *f. 96v.* testibus. Domino Elia de Gygeleswik[1], Henrico de Stainforde, Ricardo de Oterburne, Johanne de Houkes, et aliis.

> Exchange between Sallay abbey and Hugh son of Adam son of Hulf of Litton and W. his son. The abbey received a bovate in Stainford, paying 2s. yearly to William son of Robert of Stainford, in exchange for a bovate in Litton, paying 2s. yearly to the abbey.

350. Carta Agathe de Stainforde de dimidia acra terre. [*c.* 1250] *f. 97.*
Omnibus sancte ecclesie filiis hanc cartam visuris vel audituris Agatha quondam uxor Warini de Stainford salutem. Noverit universitas vestra me in viduitate mea et in legitima potestate corporis mei dedisse, concessisse et presenti carta mea confirmasse Deo et monachis ecclesie beate Marie de Sallai unam dimidiam acram terre simul cum corpore meo ibidem sepeliendo, in territorio de Stainforde sub monte, scilicet in berghis incipientem ad viam turbe et sic extendentem versus austrum usque ad angulum sepis et inde versus villam de Stainforde in omnibus parcellis quas ibidem habui donec una dimidia acra integre perficiatur; tenendam et habendam in puram et perpetuam elemosinam, libere quiete et pacifice cum omnibus libertatibus pertinenciis et aisiamentis ad villam predictam pertinentibus predictis monachis de me et heredibus meis inperpetuum, liberam et quietam ab omni servicio et exaccione et omni re ad terram pertinente. Ego vero predicta Agatha et heredes mei predictis monachis predictam dimidiam acram cum omnibus pertinenciis warantizabimus et defendemus inperpetuum. Hiis testibus. Elia de Gigel', Henrico de Stainforde, David de Setel, et multis aliis.

> Agatha widow of Warin of Stainford granted to the Sallay monks half an acre of land in Stainford together with her body for burial.

351. Carta Ade filii Tunnoch data Willelmo filio Gamelli de una acra.   [*ante* 1224]

---

[1] Sir Elias of Giggleswick appears 1251 (*Yorks. Fines*, 1246-72).

Notum sit omnibus hanc cartam visuris vel audituris quod ego Adam filius Gamelli de Stainforde sub monte concessu heredum meorum dedi et concessi et hac presenti carta mea confirmavi Willelmo filio Gamelli dispensatoris et heredibus suis unam acram terre in predicta villa de exteriori bovata mea, scilicet in Wincaterhes omnes selennias meas exceptis tribus, una scilicet quam Henricus Marisk' habuit et altera ibi juxta jacente et tercia quam Willelmus filius Halthor de me habuit in escambio et sellenniam jacentem juxta semitam molendini et exartum ibi juxta jacens et seulleniam in Esdrigham et exartum ibi juxta jacens ad predictam acram perficiendam et si aliquid predicte acre in predictis locis defuerit, ego in proximiore loco eidem terre prefatam acram perficiam; libere et quiete tenendam ille et heredes sui de me et heredibus meis, redendo annuatim quatuor d. pro omni servicio et exaccione, medietatem ad Pentecosten et alteram medietatem ad festum sancti Martini. Hanc igitur acram prefatus Willelmus et heredes sui tenebunt de me et heredibus meis donec ego vel heredes mei deliberaverim prefato Willelmo vel heredibus suis illam terram

f. 97v. quam Gamellus pater suus in Birremensfalde de bosco exartavit et si aliquid unius acre ibi defuerit, ego alibi in campo prefate ville prefatam acram plene perficiam et tunc predicta acra de predicta bovata michi remanebit et heredibus meis et alia acra prefato Willelmo et heredibus suis, in feodo et hereditate sine omni impedimento et contradiccione de me et heredibus meis. Ego vero Adam et heredes mei warantizabimus predicto Willelmo et heredibus suis contra omnes hanc terram et propter hoc dedit michi predictus Willelmus xij. s. ad recognicionem. Hiis testibus. Acario de Stainford, H. de Caltona, R. de Oterburne, et aliis.

Adam son of Tunnoch granted to William son of Gamel an acre in Stainford from his outer bovate, namely, all his selions in Wincaterhes except three; rent 4d.

352. Carta Willelmi filii Gamelli de uno tofto quod Gamellus emit de Ada filio Tunnoc. [*c.* 1224]
Omnibus sancte matris ecclesie filiis tam presentibus quam futuris Willelmus filius Gamelli salutem. Noveritis me dedisse, concessisse et presenti carta mea confirmasse Deo et beate Marie et monachis de Sallai pro salute anime mee et omnium antecessorum et heredum meorum unum toftum cum domo que desuper est in Stainforde, illud scilicet plenarie quod Gamellus dispensator pater meus emit de Ada filio Tunnoc, a salice que stat in aquilonari parte illius tofti usque ad viam carrariam sicut cingitur muro, cum pertinenciis et libertatibus et aisiamentis ad tantam terram pertinentibus in eadem villa; tenendum et habendum in liberam et perpetuam elemosinam, tam libere et quiete sicut ulla clemosina liberius et quietius dari aut teneri potest. Et ego et heredes mei prefatam elemosinam cum pertinenciis dictis monachis warantizabimus et defendemus versus omnes inperpetuum. His testibus. Laurencio persona de Gikel', Roberto persona de Prestona, W. Fland[r]ensi, et aliis.

William son of Gamel granted to Sallay a toft and house in Stainford which his father bought from Adam son of Tunnoch. *Cf.* the witnesses in No. 316.

353. Composicio R. filii Willelmi filii Gamelli de tofto dato in escambio. [*c.* 1240-50]
Omnibus hanc cartam visuris vel audituris Robertus filius Willelmi filii Gamelli dispensatoris de Stainforde salutem. Noveritis me dedisse, concessisse et presenti carta mea confirmasse Deo et beate Marie et monachis de Sallai totum toftum meum cum omnibus pertinenciis, illud scilicet quod fuit Willelmi patris mei, sine aliquo retenemento tenendum et habendum dictis monachis inperpetuum. Et ego et heredes mei dictum toftum cum omnibus pertinenciis suis dictis monachis warantizabimus inperpetuum et pro hac donacione et concessione dederunt michi et heredibus meis dicti monachi illud toftum cum pertinenciis quod Willelmus filius Aufridi aliquando tenuit, excepta illa porcione dicti tofti quam Ricardus filius dicti Willelmi aliquando tenuit; tenendum et habendum michi et heredibus meis de predictis monachis inperpetuum pro eodem servicio quod facere debuimus pro *f.* 98. dicto tofto quod eisdem dedi in villa de Stainforde; et dicti monachi dictum toftum michi et heredibus meis warantizabunt quamdiu toftum quod eis dedi warantizavero. His testibus. R. filio Gamelli, W. filio ejus, H. le Wayte, et aliis.

Sallay abbey exchanged tofts in Stainford with Robert son of William son of Gamel.

354. Confirmacio Ade filii Tunnoc de omnibus donis H. filii sui. [*Early Henry III*]
Omnibus sancte ecclesie filiis presentibus et futuris Adam filius Gamelli de Stainforde salutem. Noveritis me pro salute anime mee et Hugonis filii mei et omnium antecessorum et heredum meorum concessisse et presenti carta mea confirmasse Deo et monachis ecclesie sancte Marie de Sallai in puram et perpetuam elemosinam, omnes terras et pasturas et quicquid Hugo filius meus in terram meam eisdem monachis dedit in Stainforde sub monte et incartulavit in hereditatem dimisi; ita quod nec ego nec aliquis per me super predictis clamium vel calumpniam vel molestiam aliquando prefatis monachis inferemus et in hujus rei testimonium cartam meam eis feci sigillo meo munitam. His testibus. Johanne de Halton, Hugo filio ejus, Roberto de Setel, Roberto filio Gamelli, et aliis multis.

Adam son of Gamel (Tunnoc) of Stainford confirmed the gifts of his son Hugh to the abbey.

[*c.* 1250]
355. Omnibus has literas visuris vel audituris Thomas de Litton salutem. Noveritis me concessisse, dedisse et hac presenti carta

mea confirmasse Henrico filio meo pro homagio et servicio suo unum
toftum et duas acras terre in Stainforde cum omnibus pertinenciis suis,
illud scilicet toftum et illas duas acras terre quas Adam filius Gamelli
michi dedit in predicta villa de Stainforde; tenenda et habenda sibi et
heredibus suis de me et heredibus meis in feodo et hereditate in bosco
et plano, in moris et mari[s]cis, in viis et semitis, in aquis et molendinis
et in omnibus libertatibus, aisiamentis et communibus predicte ville
de Stainforde pertinentibus; reddendo inde michi et heredibus meis
annuatim iiij^{or}. d. pro omni servicio et exaccione, scilicet duos denarios
ad Pentecosten et duos ad festum sancti Martini. Ego vero Thomas et
heredes mei predicto Henrico et heredibus suis predictum toftum et
predictas acras terre cum pertinenciis suis contra omnes warantizabimus et defendemus inperpetuum. Hiis testibus. Henrico de Perci,
Elia de Gigel', Henrico de Stainforde, et multis aliis.

Thomas of Litton granted to Henry his son for his homage and service
a toft and 2 acres of land in Stainford, those which Adam son of Gamel
gave him in Stainford; rent 4d.

356. Composicio inter abbatem et Robertum filium Gamelli
de mensuracione pasture in Stainforde.   [*ante* 1265]
Notum sit omnibus hoc scripto visuris vel audituris quod facta mensuracione pasture de Stainforde per duodecim milites precepto domini
regis, ita convenisse inter abbatem et conventum de Sallai et Robertum
filium Gamelli, scilicet quod dictus abbas concessit dicto Roberto et
heredibus suis in aumento duarum bovatarum terre quas dictus Robertus
tenet in villa de Stainforde, quarum quelibet bovata continet quinque
acras, ultra mensuracionem factam per dictos duodecim, qui ad singulas
f. 98v. bovatas assignaverunt iiij^{or}. boves et iiij^{or}. vaccas cum sequela eorum,
scilicet duorum annorum et iiij^{or}. equas cum sequela duorum annorum
et quadraginta oves cum sequela unius anni quantum pertinet ad unam
bovatam secundum taxacionem predictam; ita quod dictus Robertus et
heredes sui non excedant numerum trium bovatarum terre secundum
taxacionem predictam. Pro hac autem concessione dictus Robertus pro
se et heredibus suis renunciavit omnibus cartis numerum animalium
continentibus et omnibus aliis rebus sibi et heredibus suis competentibus
et dicto abbati nocentibus contra scriptum, hoc adjuncto quod dictus
Robertus concedit pro se et heredibus suis se nullum omnino jus
habere infra divisas de Lang[c]lif. In cujus rei testimonium huic
scripto sigilla sua alternatim apposuerunt. His testibus. H. de Perci,
Johanne de Cancefeld, Henrico de Stainforde, et aliis.

By the king's command twelve knights measured Stainford pasture and
the abbot and convent of Sallay agreed with Robert son of Gamel that he
should have a number of animals corresponding to three bovates, whereas
he only held two bovates of five acres each; for each bovate 4 oxen and
4 cows with their two yearlings, 4 mares and their two yearlings and 40 sheep
with their one yearlings. In return Robert renounced all his charters

dealing with the number of animals and disclaimed all rights within the bounds of Langcliff. *Cf.* No. 360.

357. Carta Roberti filii Gamelli de redditu vj.d. et de fidelitate.

[Early Henry III]

Omnibus sancte ecclesie filiis presentibus et futuris Robertus filius Gamelli de Stainford salutem. Noveritis me et heredes meos debere domui de Sallai sex d. annuatim solvendos ad Pentecosten, pro tofto illo in Stainforde quod W. filius Gamelli frater meus eis dedit, quod toftum dicti monachi michi et heredibus meis concesserunt pro eisdem vj.d. Et sciendum quod ego pro me et pro heredibus meis tactis sacrosanctis juravi quod nunquam impediemus convenciones quas scierimus eosdem monachos fecisse de terris vel de pasturis sive de aliquibus rebus aliis nec aliquod placitum de warancia vel re alia movebimus contra eosdem monachos occasione alicujus tenementi habiti in villa vel in territorio de Stainforde, unde ipsi monachi dampnum vel jacturam incurrant, sed fidem et legalitatem dicte domui de Sallai pro posse nostro semper servabimus et utilitati ejus in consilio et auxilio providebimus, sicut domui quam nobis elegimus specialem in vita et in morte. His testibus. Johanne de Hactona, Helia de Gikelewik, Roberto de Setel, et aliis pluribus.

Robert son of Gamel of Stainford bound himself to pay to Sallay a rent of 6d. for the toft in Stainford that W. son of Gamel his brother gave to the monks; and not to interfere with any of their agreements, but to keep faith and loyalty to the house. Towneley gives the first witness as John of Halton and adds also Richard of Setel, William son of Arkill, Richard (? Oliver) Brinkill. This deed hath a very faire seale at the copieing hereof. (Towneley MS. 6, pp. 706-7, 711).

358. Carta R. filii Gamelli de redditu vj.d. pro j. tofto.

[Early Henry III]

Sciant omnes tam presentes quam futuri quod ego Robertus filius Gamelli de Stainforde tactis sacrosanctis juravi pro me et heredibus meis quod fideliter solvemus domui de Sallai annuatim vj.d. ad Pentecosten pro tofto illo in Stainforde quod W. frater meus eis dedit, quamdiu monachi de Sallai illud toftum michi et heredibus meis warantizaverint et quod fidem et legalitatem dicte domui de Sallai pro posse nostro semper servabimus et in hujus rei testimonium ego Robertus cartam meam sigillo meo munitam eis feci. His testibus. W. filio Arkil, Hugo filio Arkil de Stainforde, Roberto de Setel, et aliis pluribus.

Robert son of Gamel of Stainford bound himself to a 6d. rent to Sallay abbey for the toft in Stainford that his brother William gave to the monks, and promised fealty and loyalty to the house.

359. Carta Roberti filii Gamelli de una bovata terre in Stainforde.

[Early Henry III]

f. 99.   Omnibus sancte ecclesie filiis presentibus et futuris Robertus filius Gamelli de Stainforde salutem. Noveritis me pro salute anime dedisse, concessisse et presenti carta mea confirmasse Deo et monachis ecclesie sancte Marie de Sallai unam bovatam terre in territorio de Stainforde cum omnibus pertinenciis, libertatibus et aisiamentis suis infra villam et extra; tenendam et habendam in perpetuam elemosinam, solute libere et quiete ab omni servicio et exaccione, illam scilicet bovatam quam ego tenui in eadem villa de Hugone de Stainforde. Et ego et heredes mei predictam bovatam terre cum pertinenciis dictis monachis contra omnes imperpetuum warantizabimus. His testibus. Johanne de Halton, Helias de Gykel', Roberto de Setel, et multis aliis.

Robert son of Gamel of Stainford granted to Sallay abbey a bovate in Stainford which he held of Hugh of Stainford. *Cf.* the witnesses in No. 357.

360. Quieta clamacio W. filii R. [filii] Gamelli de omnibus terris et clausuris in Stainforde.   [1265]
Omnibus hoc scriptum visuris vel audituris Willelmus filius et heres Roberti filii Gamelli eternam in Domino salutem. Noverit universitas me concessisse et quietum clamasse domino abbati et conventui de Sallai de me et heredibus meis totum jus et clamium quod habui vel habere potui in omnibus terris et clausuris factis cum pertinenciis quas idem abbas et conventus habuerunt in territorio de Stainforde sub monte in anno gracie mº.ccº. sexagesimo quinto; ita quod nec ego nec heredes mei vel aliquis per nos aliquod [jus] vel clamium in omnibus prenominatis nobis vendicare poterimus inperpetuum. In hujus rei testimonium presenti scripto sigillum meum apposui. His testibus. Domino H. de Percy, domino J. de Cancefeud', Henrico de Stainforde, et aliis.

William son and heir of Robert son of Gamel released to Sallay his rights in the lands held by the abbey in Stainford in 1265 and in the enclosures then made. *Cf.* No. 356.

361. Quieta clamacio W. filii Horme de [terris] et pastura R. filii Gamelli et Willelmi filii Aufridi.   [*c.* 1240-50]
Omnibus hoc scriptum visuris vel audituris Willelmus filius Horm salutem. Noveritis me pro salute anime mee et omnium antecessorum meorum et heredum meorum dedisse, concessisse et hac presenti carta mea quietum clamasse Deo et beate Marie et abbati et conventui de Sallai totum jus et clamium [quod habui] vel habere potui in omnibus terris et pasturis, quas Robertus filius Gamelli et Willelmus filius Aufridi tenuerunt de me in villa de Stainforde sub monte et in omnibus serviciis et reditibus eorum et in omnibus aliis que ad me spectant vel spectare poterunt in villa prenominata sine aliquo retenemento; tenendas et habendas predictis abbati et conventui de me et heredibus meis in puram et perpetuam elemosinam liberam et quietam ab omni servicio et ab omni re ad terram pertinente, tam libere et quiete quam liberius et quietius aliqua elemosina dari poterit aut teneri. Et ad

majorem hujus donacionis securitatem presenti scripto sigillum meum apposui. His testibus. Domino T. persona de Brigham[1], Reginaldo de Maneriis, Ada filio Ade de Stainford, et aliis.

William son of Horm released to Sallay abbey his rights in the lands and pastures which Robert son of Gamel and William son of Aelred held of him in Stainford, and in all his services and rents in the same vill.

Blank.   *f. 99v*

[c. 1279-80]

362. Hoc scriptum cirograffatum testatur quod hoc escambium *f. 100*
factum fuit inter abbatem et conventum de Sallai ex una parte et Walterum de Clappeham ex altera, videlicet quod predicti abbas et conventus dederunt et concesserunt dicto Waltero et heredibus vel as[s]ignatis suis illam terram que jacet sub gardino suo ex parte oc[c]identali et vocatur Sitherit hevedland, tenendum et habendum dicto W. et heredibus vel assignatis suis de predictis abbate et conventu pro servicio et debito et consueto; et idem Walterus dedit et concessit predictis abbati et conventui et eorum successoribus terram suam que jacet in Docbothim juxta terram predictorum monachorum, quam quidem terram predictus Walterus et heredes vel as[s]ignati sui predictis abbati et conventui contra omnes warantizabunt, quamdiu dictus abbas et conventus terram alteram eisdem poterunt warantizare; et si contingat aliquod placitum evenire super predictos abbatem et conventum pro predicta terra per statutum domini regis, dictus W. et heredes vel assignati sui illam terram quam habent in excambio ex predictis abbate et conventu sine aliqua contradiccione vel retenemento eisdem reddent. Et ut hoc excambium ratum et stabile inperpetuum permaneat utraque pars presentibus scriptis sigillum suum alternatim apposuit. His testibus. Johanne de Fekeshere, Nigello de Stainforde, Willelmo le Waite, et multis aliis.

In an exchange between Sallay abbey and Walter of Clapham, the monks gave to Walter Sitherit hevedland lying west of his garden, in return for Docbothim near the land of the monks.

[20 July, 1293]

363. Hoc scriptum cirografphatum testatur quod abbas et conventus de Sallai concesserunt Waltero de Clapham et Emme uxori sue et heredibus suis quod ipsi molant bladum suum quod crescit super tres acras terre quas habent ex dono ipsorum abbatis et conventus in Stainford ad vicesimum vas multure. Quam quidem terram recuperaverunt coram justiciariis domini regis itinerantibus apud Ebor., scilicet Johanne de Wallibus, Willelmo de Seham, Rogero Luvedai, Johanne de Metingham, magistro Thoma de Sutingtona, anno regni regis

---

[1] T., parson of Brigham, occurs with Adam, parson of Crosthwait (*Fountains Chart.*, i, 55); and Thomas with Sylvester, bishop of Carlisle, 1247-54 (*Gray's Register*, p. 59n).

Edwardi viij; ita tamen quod si predicti Walterus et Emma uxor ejus aut heredes eorum aliud bladum alterius terre sue quam bladum trium acrarum terre molere fecerint vel procuraverint sub aliquo colore vel decepcione predicti bladi crescentis super tres acras terre sicut supradictum [est] nisi ad terciumdecimum vas ex ipso facto ipsi Walterus et Emma et heredes eorum gracia concessa privabuntur et nichilominus de sua transgressione secundum legem predictis abbati et conventui et eorum successoribus sine aliqua contradiccione satisfaciant.   In hujus rei testimonium hiis mutuis scriptis cirografphatis partes sigilla sua alternatim apposuerunt.   Datum apud Sallai terciodecimo kal. Aug. anno regni regis Edwardi vicesimo primo.

Sallay abbey granted to Walter of Clapham and Emma his wife the right to grind corn at the twentieth multure vessel, that corn alone growing on 3 acres in Stainford which were the gift of the abbey and which they recovered before the Justices in Eyre at York, 1279-80. Other corn they must grind at the thirteenth vessel and forfeit the privilege if they attempted to deceive. *Cf.* Dodsworth 92, f. 4.

[*c.* 1299-1302]
364.   Hoc scriptum cirografphatum testatur quod cum placitum assise nove dissesine motum fuerit coram justiciariis apud Ebor. inter
f. 100*v.* Rogerum abbatem de Salleya querentem et Nigellum de Stainforde tenentem suum deforciantem, de libero tenemento suo in Stainforde, videlicet de quadam placia vasti dicti abbatis latitudine triginta pedum et longitudine quatuor viginti pedum, que quidem placia jacet juxta domum dicti Nigelli in Stainforde et inclusa fuit per predictum Nigellum muro de vasto predicte ville sine concessione dicti abbatis domini ejusdem ville, tandem in hac forma conquieverunt, videlicet, quod predictus abbas et ejusdem loci conventus concesserunt, remiserunt et quietum clamaverunt dicto Nigello predictam placiam de vasto dicti abbatis; tenendam et habendam dicto Nigello et heredibus suis in suo separali, ita quod predictus abbas nec successores sui in predicta placia aliquod jus vel clamium de cetero exigere poterunt; et quia predictus Nigellus concessit se nullum jus habere se appruiandum de vasto predicte ville dedit predicto abbati pro hac concessione et quietaclamacione dicte placie triginta solidos et conservabit predictum abbatem indempnum de amerciamento pro retractacione dicte assise.   In cujus rei testimonium huic scripto cirographato sigilla partium alternatim sunt apposita.   His testibus. Edmundo Maunsel de Horton, Ada de eadem, Ada de la Grene, W. de Yreby, et aliis.

Nigel of Stainford enclosed a piece of waste 30 feet by 24 feet, lying near his home and belonging to Sallay abbey, without first obtaining the abbot's permission.   After a writ of novel disseisin before the Justices at York, an agreement was reached by which the abbey granted Nigel the land in severalty for a sum of 30s., and Nigel disclaimed any rights of cultivating the waste.

[25 Jan., 1282-3]
365. Anno domini m⁰.cc⁰. octogesimo secundo, die conversionis sancti Pauli factum fuit hoc excambium inter Thomam abbatem de Sallai et conventum ejusdem loci ex una parte et Nigellum de Stainford ex altera, de quibusdam particulis terre in territorio de Stainford Undirberd jacentem, videlicet quod predictus abbas et ejusdem loci conventus dederunt et concesserunt predicto Nigello et heredibus suis unam acram terre et tres rodas et dimidiam et octo perticatas et dimidiam que jacent in locis subscriptis in Linhauy, in Kerlinhauy et apud Witebec et Cristianeriding cum vasto superiore et in Walandis nomine Standiclandis cum capitar' versus Venterhis et unam silionem in Venterherhis inter siliones predicti Nigelli et in Schirwdridig'ns juxta terram Walteri de Clapham versus australem partem; et predictus Nigellus dedit et concessit abbati et conventui pro predicto escambio unam acram terre et tres rodas et dimidiam et octo perticatas et dimidiam in locis subscriptis, videlicet unam selionem retro grangiam abbatis et in le Gayles et extra portam abbatis et ad Tadlandis juxta viam et sub Tadlandis et tres siliones super Vatelandis cum capiterᵃ juxta viam et unam parvam silionem apud Apiltreham et unam silionem juxta le Buretre et octo siliones in Ventiterhis et unam silionem in Thoregrine. In excambii hujus testimonium his scriptis cirographatis sigilla sua alternatim apposuerunt. His testibus. Roberto de *f.* 101. Stainforde, Roberto filio Johannis de eadem.

Exchange arranged between Thomas abbot of Sallay and Nigel of Stainford, 25 Jan., 1282/3.

[10 Sept., 1304]
366. Omnibus has literas visuris vel audituris Nigellus de Stainford salutem in Domino sempiternam. Noverit universitas vestra me atornasse et loco meo posuisse Willelmum de Edesford vel Simonem de Podesai seu Johannem de Midop ad tradendum seisinam abbati et conventui de Sallai aut eorum certo atturnato de omnibus terris, tenementis et reditibus meis in Stainforf Underberh quo tempore dicti abbas et conventus licenciam domini regis et domini illius feodis dicta tenementa ingrediendi habuerint. In cujus rei testimonium has literas sigillo meo signatas eisdem fieri feci patentes. Datum apud Ebor. die jovis proximo post Nativitatem beate Marie virginis, anno Domini m⁰.ccc⁰. quarto.

Nigel of Stainford appointed as attorneys William of Edesford or Simon of Podesay or John of Midhop to deliver seisin to Sallay abbey of any of his lands, tenements or rents, after they had secured the king's licence and that of the lord of the fee. *Cf.* No. 475n; *Cal. Pat. Rolls*, 1301-7, p. 322; *Yorks. Inquis.*, iv, 107. For the Pudsays of Bolton, see *Pudsay Deeds*, pp. 17-65.

[*Early 14th Century*]
367. Omnibus hoc scriptum visuris vel audituris Thomas
filius Willelmi de Stainford salutem in Domino. Noveritis me pro
salute anime mee dedisse, concessisse et hoc presenti scripto confirmasse
Deo et beate Marie et monachis de Sallai et eorum successoribus in
liberam, puram et perpetuam elemosinam ad lumen ecclesie sue quinque solidos argenti annuatim capiendos ad festum Pent' et sancti
Martini per equales porciones, de uno tofto et medietate unius acre
prati in Stainforde Underberg, videlicet de illo tofto quod habui ex
dono patris mei et de illo prato quod jacet inter Schirewd et divisas de
Horton; tenendum et habendum predictum reditum predictis monachis
et eorum successoribus in liberam et puram elemosinam inperpetuum.
Et volo et concedo pro me et heredibus meis et assignatis, quod si
predictus reditus a retro fuerit ad terminos in parte vel in toto, bene
licebit predictis monachis et eorum successoribus in predictis tenementis per totum distringere in quascumque manus devenerint et
districcionem illam contra vadium et plegium retinere quousque de
principali cum areragiis plenarie fuerit eisdem satisfactum. Et ego
predictus Thomas et heredes mei predictum reditum quinque solidorum
predictis monachis et eorum successoribus warantizabimus inperpetuum.
In cujus rei testimonium presenti scripto sigillum meum apposui. His
testibus. W. de Malhom, J. de Boulton, J. de Midop', et aliis.

> Thomas son of William of Stainford granted to Sallay 5s. of silver
> annually to provide a light for the church; the money to come from a toft
> and half an acre of meadow in Stainford, and the abbey to have the right
> to distrain for arrears.

f. 101*v*.   *Blank.*

[1343]
Sciant presentes et futuri quod ego Willelmus de Berewyks
dedi et concessi et hac presenti carta mea confirmavi Deo et beate
Marie et abbati et conventui de Sallai duo messuagia, tres acras et unam
rodam terre et dimidiam acram prati in villa et territorio de Staynford
Underbergh; tenendum et habendum abbati et conventui et successoribus suis libere quiete integre bene et in pace cum omnibus pertinentiis libertatibus aysyamentis comoditatibus suis universis et
singulis de capitalibus dominis feodi illius per servitia inde debita et
consueta imperpetuum. Et ego predictus Willelmus et heredes mei
predicta duo messuagia, tres acras et unam rodam terre et dimidiam
acram prati cum omnibus pertinentiis predictis abbati et conventui
et successoribus suis ut predictum est contra omnes gentes warantizabimus et inperpetuum defendemus. In cujus rei testimonium presenti
carte sigillum meum apposui. Hiis testibus. Domino Johanne Tempest
milite, Johanne de Malghum, Alano de Horton, Henrico de Bolton,
Johanne de Puddesay, Johanne de Halton, Ricardo del Banke, et aliis.
Datum apud Staynford Underbergh die veneris proximo post festum

sancti Augustini Anglie episcopi anno Domini millesimo trecentesimo quadragesimo tertio, et regni regis Edwardi tertii post conquestum decimo septimo. (Towneley MS. 6, pp. 690, 705).

In 1343 William of Berwick granted to Sallay abbey two messuages, 3 acres 1 rood of land, and ½ acre of meadow in Stainford Underbergh.

LANGECLYF.

[*Michaelmas*, 1223] *f.* 102.

368. Finalis concordia inter Henricum de Herghum et Eliam de Kyleswik[1]. Finalis concordia facta apud Ebor. die luna proxima post festum sancti Michaelis, anno regni regis domini Henrici regis Anglie filii regis Johannis septimo coram Simone de Hale tunc vice-comite Ebor., Roberto de Ros, Ricardo de Perci, Petro de Brus, Roberto de Perci et aliis pluribus fidelibus domini regis tunc ibidem presentibus inter Henricum de Herghum petentem et Eliam de Gikel' tenentem, de duodecim bovatis terre cum pertinenciis in Gikel' et de una carucata terre cum pertinenciis in Lanclif et de tribus carucatis terre cum per-tinenciis in Kirkebi in Malghedale, unde duellum invadiatum fuit inter eos per breve domini regis de recto in dicto comitatu Ebor., scilicet, quod dictus Henricus quietas clamavit de se et heredibus suis in-perpetuum prefato Elie de Gikel' et heredibus suis omnes terras predictas cum omnibus pertinenciis suis; et pro ista quieta clamacione, fine et concordia item Elias dedit prefato Henrico viginti marcas argenti et unam carucatam terre cum toftis et croftis et omnibus aliis pertinenciis suis in Kirkebi in Malghedale sine aliquo retenemento, scilicet, quatuor bovatas terre que dicuntur Halle Half Flocland et duas bovatas quas Walterus equitiarius tenuit et duas bovatas terre quas Ulfus tenuit et Willelmum Baldwinum cum tota sequela sua; tenenda et habenda eidem Henrico et heredibus suis de predicta Elia et heredibus suis hereditarie, redendo predicto Elie et heredibus suis sex solidos annuatim, medietatem ad Pentecosten et aliam medietatem ad festum sancti Martini et faciendo opera quatuor hominum annuatim una die tantum in estate, que scilicet opera predicta carucata terre debet capitali domino predicte terre.

Final concord at York between Henry of Herghum and Elias of Giggles-wick, concerning 12 bovates in Giggleswick, a carucate in Langcliff and 3 carucates in Kirkby. Henry released his rights to Elias in return for 20 marks of silver and a carucate in Kirkby in Malhamdale; rent 6s. and the works of four men on one day only in summer.

369. Carta Elie de Gikeleswik de Langclif. [*c.* 1240]
Omnibus sancte ecclesie filiis presentibus et futuris Elias de Gikeleswik filius Ade salutem. Noverit universitas vestra me pro salute anime

[1] Giggleswick.

mee, patris et matris mee et omnium antecessorum et heredum meorum
dedisse, concessisse et presenti carta mea confirmasse Deo et monachis
ecclesie sancte Marie de Sallai cum corpore meo ibidem sepeliendo,
totam terram quam habui in Langclif infra villam et extra tam in dominicis quam in serviciis cum bosco ejusdem ville et molendino cum
secta sua et cum omnibus pertinenciis, libertatibus et aisiamentis
dicte ville de Langclif pertinentibus. Dedi eciam eisdem monachis et
presenti carta mea confirmavi tres bovatas terre in territorio de Stainford
cum tribus toftis, duas scilicet quas Willelmus filius Alredi de matre
mea tenuit et unam quam Robertus filius Gamelli tenuit cum capitali
mesuagio meo et unum toftum quod predictus W. tenuit et unum quod
vocatur Grenehouw et homagium et servicium Roberti filii Willelmi
et dominium tocius ville de Stainforde, scilicet, quicquid habui tam in
f. 102*v.* dominicis quam in serviciis cum omnibus pertinenciis, libertatibus et
aisiamentis predicte ville de Stainforde pertinentibus. Preterea dedi
prefatis monachis et presenti carta mea confirmavi communam bosci
mei de Gikelewik ad edificandum, claudendum et conburendum in
predictis locis et liberum transitum et exitum per terram meam, sibi et
hominibus suis et averiis suis ubique extra pratum et bladum. Hec
autem omnia dedi prefatis monachis sine retenemento aliquo, tenenda
et habenda in liberam et perpetuam elemosinam, solutam et quietam ab
omni servicio et exaccione et omni re ad terram pertinente, excepto
servicio quod fieri [debet] capitali domino et heredibus suis. Et ego et
heredes mei omnia predicta cum pertinenciis predictis warantizabimus
monachis et defendemus contra omnes homines inperpetuum. His
testibus. Helia de Whitekirk[1], H. de Knol, Ricardo Tempest, Johanne
Flandrense, et multis aliis.

Elias of Giggleswick granted to Sallay abbey together with his body for
burial his land in Langcliff, in demesne and in service, and the mill with
its suit; three bovates in Stainford and three tofts; the homage and service
of Robert son of William and the demesne of all Stainford; common of wood
in Giggleswick to build, enclose and burn, and right of way; the whole free
from service except that due to the chief lord.

STAINFORDE.

370. Carta Elie de Gikeleswik de tofto Willelmi Coupman et
pastura ad cc. oves. [*c.* 1240]
Omnibus sancte matris ecclesie filiis tam presentibus quam futuris
Helias de Gicleswik salutem. Noveritis me pro salute anime mee et
Alicie sponse mee et patris et matris mee et omnium antecessorum et
heredum meorum dedisse, concessisse et hac presenti carta mea confirmasse Deo et beate Marie et monachis de Sallai, cum corpore meo
ibidem sepeliendo, unum toftum in Stainforde subtus montem, videlicet quod Willelmus Coupman tenuit et pasturam ad cc. oves in eadem

[1] Bailiff, *c.* 1240. *Cf.* No. 98.

villa, cum omnibus aisiamentis, libertatibus infra villam et extra ad eandem villam pertinentibus; tenenda et habenda in puram et perpetuam elemosinam, libere et quiete sicut ulla elemosina liberius et quietius dari et teneri potest. Et ego et heredes mei hec omnia predicta prefatis monachis warantizabimus et defendemus contra omnes inperpetuum. His testibus. W. Flemang, W. de Arches, Willelmo Vavasore, et aliis.

Elias of Giggleswick granted to Sallay abbey together with his body for burial a toft in Stainford and pasture for 200 sheep. Elias released his manor of Giggleswick to Henry son and heir of William de Percy and received annually in return 24 marks paid at Sallay. (*Percy Chart.*, p. 48). 16 May, 1255. Warin abbot of Sallay released to Henry de Percy son of William de Percy all his rights in Giggleswick wood.

Omnibus.... Warinus abbas et conventus de Salley.... quietum clamasse.... Henrico de Perci filio Willelmi de Perci totum jus.... quod unquam habuimus.... in bosco de Gikeleswyk ex dono Helewisie de Gikeleswyk.... Insuper.... nos obligavimus quod, si contingat quod infra feodum dicti Henrici aliquo modo sine licencia sua et bona voluntate intraverimus, licebit eidem Henrico dictum tenementum feodi sui in manu sua capere.... et illud hereditario jure perpetuo possidere, ita quod pecunia quam pro tenemento exposuimus nobis non refundatur. Actum ad Pentecosten, anno gracie m⁰.cc⁰. quinquagesimo quinto.... Hiis testibus. Domino Petro de Perci, Godefrido de Alta Ripa, Henrico de Perci de Setel, Willelmo Bouhait, Galfrido Dagun, Nigello de Setel, Thoma serviente de eadem villam et aliis (*Percy Chart.*, p. 52).

371. Confirmacio Ade filii Elie de Gicleswik de Langclif.
[*c.* 1252]
Omnibus hoc scriptum visuris vel audituris Adam de Gicleswik filius Elie de Gicleswik salutem. Noveritis me concessisse et presenti carta confirmasse Deo et beate Marie et monachis de Sallai omnes donaciones quas pater meus eis donavit, prout in carta patris mei quam inde habent testatur. In cujus rei testimonium presenti scripto sigillum meum apposui. His testibus. Domino W. de Tunstall, H. de Stainforde, Simone Coupman, et aliis.

Adam son of Elias of Giggleswick confirmed his father's gifts to Sallay abbey.

372. Carta abbatis de Furn' de multura et de stangno. [1227-30]
Sciant presentes et futuri quod ego frater G. dictus abbas de Furn' et ejusdem loci conventus dedimus et concessimus et hac presenti carta confirmavimus domino Elie de Gicleswik et heredibus suis molituram ville nostre in Stachusum, ita videlicet quod omnes homines nostri de dicta villa molent ad molendinum dicti Elie ad octavum decimum vas

in suo ordine [sine] mora et molestia nec aliud molendinum frequenta-
bunt dicti homines mei in dicta villa manentes sive servi sive liberi.
f. 103.   Concessimus insuper dicto Elie stangnum quod firmavit in terra nostra
de Stachusum ut in pace illud habeat et si libuerit dicto Elie in dicta
possessione alibi firmare dictum stangnum licebit ei, tamen sine mani-
festo inpedimento terre nostre.   Dictus autem Elias et heredes sui
dabunt nobis annuatim unam libram cimini vel duos d. in die Natalis
Domini pro dicto stangno et molitura pro omni servicio.   Nos autem
dicto Elie et heredibus suis dictum stangnum et molituram contra omnes
homines warantizabimus et defendemus inperpetuum.   His testibus.
W. de Archis, W. de Hebeden, Roberto de Perci, et multis aliis.

Brother G., abbot of Furness, granted to Elias of Giggleswick multure
of the monks' vill of Stackhouse, so that all their men of that vill grind at
the mill of Elias at the 18th vessel in order without delay or hindrance, and
whether bond or free should not frequent any other mill.   Furness also
conceded to Elias the mill pond which he had strengthened in their land of
Stackhouse, while Elias was to pay 1 lb. of cumin or 2d. at Christmas.   The
witnesses in Dodsworth are William of Arches, William of Hebden, Robert
de Percy parson of Gargrave, Laurence parson of Gikleswic, William Greyn-
dorge, Roger of Saxelton, Richard of Setel.   Seal of the abbot of Furness.
(Dodsworth 8, f. 18v).

LANGCLIF.

373.   Quieta clamacio Ranulfi de Setel de uno tofto in Langclif
et pastura c. ovibus et v. vaccis et v. equabus cum earum sequela.
[Late Henry III]
Omnibus hoc scriptum visuris vel audituris Ranulfus filius et heres
Davit de Setel eternam in Domino salutem.   Noverit universitas vestra
me pro salute anime mee et omnium antecessorum et heredum meorum
dedisse, concessisse et hac presenti carta mea confirmasse Deo et beate
Marie et monachis de Sallai unum toftum quod predictus pater meus
aliquando tenuit de Elia de Gicleswik in villa de Langclif et communam
pasture centum ovibus per majus centum et communam pasture quinque
vaccis et v. equabus cum sequela earum trium annorum et totum jus
et clamium quod habuimus vel habere aliquo modo potuimus in omnibus toftis, terris et pasturis cum pertinenciis in eadem villa et in territorio de Langclif; ita quod nec ego nec heredes mei vel aliquis per nos
aliquod jus vel clamium nobis in predictis de cetero vendicare poterimus
imperpetuum, renunciantes omnibus cum reliquo jure que ego ipse
vel predictus Davit pater meus de predicto Elia habuimus causa predicti
tenementi.   In hujus rei testimonium presens scriptum sigilli mei
impressione roboravi.   His testibus.   Domino Godefrido de Alta Ripa,
domino H. de Perci, Radulpho de Claiton, et multis aliis.

Ralph son and heir of David of Settle released to Sallay abbey a toft
his father once held of Elias of Giggleswick in Langcliff, common of pasture

for 100 sheep by the long hundred, for 5 cows and 5 mares with their three
yearlings, and all his rights in the tofts, lands and pastures of Langcliff.

374. Confirmacio Henrici de Percy super donum Elie de
Gicleswike. [*post 1245*]
Omnibus sancte ecclesie filiis presentibus et futuris Henricus de
Perci filius et heres Willelmi de Perci salutem. Noverit universitas
vestra me pro salute anime mee et pro salute anime predicti Willelmi
patris mei et omnium antecessorum et heredum meorum concessisse
et presenti carta mea confirmasse Deo et beate Marie et monachis de
Sallai totam terram quam habent ex dono Elie de Gicleswik in territorio de Lanclif et de Stainforde tam in dominicis quam in serviciis
cum omnibus pertinenciis suis et molendinum de Langclif cum secta
sua et cum omnibus aliis libertatibus et aisiamentis prout in carta ipsius
Elie continetur, excepto bosco de Gicleswik qui quietus dicto Henrico
et heredibus suis remanebit de dictis monachis et successoribus suis;
tenendam et habendam dictis monachis et eorum successoribus libere
et quiete in perpetuam elemosinam, salvo [michi] et heredibus meis *f.* 103*v.*
servicio quod dictus Elias facere solebat temporibus Ricardi de Perci[1] et
predicti Willelmi de Perci[2] patris mei. In hujus rei testimonium presens
scriptum sigilli impressione roboravi. Hiis testibus. Domino Petro
de Perci, domino Godefrido de Alta Ripa, domino W. de Pageham,
domino Henrico de Perci, et aliis.

> Henry de Percy confirmed to Sallay abbey the land the monks had of
> the gift of Elias of Giggleswick in Langcliff and Stainford, and Langcliff mill
> with its suit etc., except Giggleswick wood which remained to Henry,
> and rendering the service that Elias used to render in the time of Richard
> de Percy and William de Percy.

375. Confirmacio Henrici de Stainford de dimidia acra in
Langclif. [*Late Henry III*]
Notum sit omnibus presentibus et futuris quod ita convenit inter
abbatem et conventum de Sallai et inter Henricum de Stainforde de
querelis inter eos motis, scilicet, quod predictus Henricus concessit
et quietum clamavit de se et heredibus suis abbati et conventui de
Sallai inperpetuum dimidiam acram terre in teritorio de Lang[c]lif cum
omnibus pertinenciis et cum omni jure quod in eadem villa vel territorio habuit vel habere potuit. Predicti vero abbas et conventus concesserunt pro se et pro successoribus suis dicto Henrico et heredibus
suis ut teneat de eis unum toftum in villa de Stainforde, illud scilicet
quod Walle tenuit de predicto H. in eadem villa cum omnibus pertinenciis suis et pasturam in territorio de Stainford extra villam et intra
sufficientem decem vaccis suis propriis cum sequela unius anni et tribus
jumentis cum sequela duorum annorum et xl. ovibus cum sequela unius
anni et octo bobus in estate tantum. Si autem contigerit dictum Henricum non habere numerum tantorum averiorum, licebit eidem conplere

---

[1] Richard de Percy died 1244. [2] William de Percy died 1245.

de averiis illius hominis qui predictum toftum de eo tenebit, ita tamen
quod prescriptum numerum nuncquam excedat; redendo annuatim
domui de Sallai unam libram piperis pro omni servicio ad eos pertinente ad Natale Domini. Et sciendum quod predictus Henricus et
heredes sui predictum toftum nec pasturam suis propriis [usibus]
concessam alicui homini vendent nec invadiabunt nec aliquo modo alienabunt nec aliquid inde facient, quod in gravamen vel nocumentum dicte
domus de Sallai possit redundare. His testibus. Ricardo priore de
Sallai, W. cellerario[1], R. sub-cellerario, Roberto portario, et aliis multis.

As a settlement of disputes Henry of Stainford granted to Sallay abbey
half an acre in Langcliff, and Sallay granted to Henry a toft in Stainford
and pasture for 10 cows with their one yearlings, 3 draught cattle with their
two yearlings, 40 sheep with their one yearlings, and 8 oxen in summer
only. This number might be made up from the animals of the tenant of
the toft; rent 1 lb. of pepper at Christmas.

STAINFORD.

376. Confirmacio Ricardi de Perci de omnibus terris in
Stainford.   [*ante* 1230]
Omnibus sancte matris ecclesie filiis presentibus et futuris Ricardus
de Perci salutem in Domino. Noveritis me pro salute anime mee et
omnium antecessorum meorum concessisse et presenti carta confirmasse Deo et monachis ecclesie beate Marie de Sallai, in liberam et
perpetuam elemosinam quicquid habent de feodo meo in villa et in
teritorio de Stainforde subtus montem et quicquid racionabiliter de
cetero adquirere poterunt in eadem villa et in eodem teritorio, salvis
michi et heredibus meis firmis et serviciis omnibus et toto jure meo
quod inde habere debeo et habere consuevi. Hiis testibus. Roberto de
f. 104.   Perci, Alano de Wilton, H. persona de Giseburn, Laurencio persona
de Gicleswik, et aliis.

Richard de Percy confirmed to Sallay abbey what they had acquired
or would acquire of his fee in the vill and territory of Stainford, saving all
farms and services.

f. 104*v.*   [*c.* 1244]
377. Omnibus hanc cartam visuris vel audituris Henricus de
Perci salutem. Noveritis me pro salute anime mee et Ricardi de Perci
patris mei et omnium antecessorum et heredum meorum dedisse,
concessisse et hac presenti carta mea confirmasse Deo et beate Marie
et monachis de Sallai ibidem Deo servientibus, in puram et perpetuam
elemosinam, solutam et quietam ab omni seculari servicio et exaccione
inperpetuum unum toftum et unam acram et unam rodam terre que
quondam habuerunt de dono Ricardi filii le mestre in villa de Setel

---

[1] Brother W., cellarer of Sallay, occurs some time before 1267 (*Yorks.
Deeds*, vi, 139).

cum pertinenciis, quantum pertinet ad illud toftum et ad illam terram;
ita tamen quod nec ego Henricus nec heredes mei per predictos monachos
vel successores suos occasione donacionis predicti tofti et predicte terre,
ad proficuum meum vel heredum meorum faciendum in predicto manerio de Setel possumus vel debeamus impediri. Preterea remisi et
omnino quietum clamavi de me et de heredibus meis dictis monachis
et successoribus suis omnia servicia et consuetudines que exigebam
aliquando per breve domini regis de duabus carucatis terre cum pertinenciis in villa de Stainforde Underbere a dictis monachis et hominibus
suis. Concessi eciam eisdem monachis et successoribus suis liberum
et sufficientem egressum et regressum cum carris et carrectis et cariagiis
equorum infra manerium meum de Setel sicut melius vel liberius
umquam habuerunt tempore Ricardi patris mei. Et sciendum quod
dicti monachi receperunt animam Ricardi de Perci[1] patris mei et meam
et omnium antecessorum et heredum meorum in speciali memoria inperpetuum secundum formam ordinis Cisterciensis, scilicet in crastino
sancti Laurencii. Ut autem hec mea donacio concessio et presentis
carte confirmacio rata et stabilis permaneat huic scripto sigilla nostra
alternatim apposuimus. Hiis testibus. W. de Middeltona, Henrico de
Davyl', Thoma de Stainford, et aliis.

Henry de Percy confirmed to Sallay a toft, an acre and a rood in Settle,
and released the monks from the services and customs on 2 carucates in
Stainford; gave them right of way in Settle manor such as they possessed
under his father Richard. In return the abbey was to have a special remem-
brance on August 11 for ever for the souls of Richard, Henry and all the
Percys according to the form of the Cistercian Order.

[*post* 1244]

378. Omnibus hanc cartam visuris vel audituris Henricus de
Perci filius Ricardi de Perci eternam in Domino salutem. Noverit
universitas vestra me dedisse, concessisse et presenti carta mea confirmasse Deo et beate Marie et monachis de Sallai Willelmum filium
Malgeri de Setel nativum meum cum tota sequela sua et omnibus
catallis suis; ita quod ego Henricus nec heredes mei nec aliquis per
nos nunquam de cetero aliquod jus vel clamium in predicto Willelmo
vel sequela sua vel catallis suis vendicabimus inperpetuum. Pro hac
donacione dederunt michi dicti monachi xxti. solidos sterlingorum.
Ego vero Henricus et heredes mei predictum Willelmum cum tota
sequela sua contra omnes warantizabimus inperpetuum dictis monachis
et eorum successoribus. His testibus. Domino Godefrido de Alta
Ripa, domino Simone de Marton, Elia de Knol, et aliis.

Henry de Percy son of Richard de Percy granted to Sallay abbey William
son of Malger of Settle his *nativus*, with all his issue and chattels. In return
the monks gave Henry 20s.

[1] Richard de Percy died 1244.

379. Carta Walteri Hair de omnibus particulis terrarum cum pertinenciis ad dimidiam carucatam in Setel.	[c. 1250-60]

f. 105. Omnibus sancte ecclesie filiis presentibus et futuris Walterus Hayr de Setel salutem in Domino. Noveritis me pro salute anime mee et omnium antecessorum et heredum meorum dedisse, concessisse et hac presenti carta mea confirmasse Deo et beate Marie et monachis de Sallai omnes particulas terrarum pertinentes ad illam dimidiam carucatam terre in Setel, quam Robertus filius tenuit in eadem villa quas habui vel habere potui sine aliquo retenemento, in Elisdunriding et Illegrim, Alington, Alinghale et in Clichopriding cum omnibus libertatibus et aisiamentis et communis ad tantam terram pertinentibus in villa de Setil; tenendas et habendas de me et heredibus meis in puram et perpetuam elemosinam, solutas liberas et quietas ab omni servicio seculari et exaccione et omni re ad terram pertinente. Ego vero Walterus et heredes mei omnia supradicta dictis monachis warantizabimus, adquietabimus et defendemus contra omnes homines inperpetuum. His testibus. Domino H. de Percy, domino Nigello de Setel, H. de Stainforde, et multis aliis.

Walter Hayr of Settle granted to Sallay abbey all the strips of land belonging to half a carucate in Settle.

380. Carta Roberti de Setil de duabus acris et uno tofto in Setil.	[c. 1225]

Omnibus sancte ecclesie filiis presentibus et futuris Robertus de Setel salutem. Noveritis me pro salute anime mee et omnium antecessorum et heredum meorum dedisse, concessisse et presenti carta mea confirmasse Deo et ecclesie beate Marie et monachis de Sallai, una cum corpore meo ibidem sepeliendo, illud toftum cum crofto et pertinenciis in Setel quod Christiana soror mea de me tenuit in eadem villa cum homagio et servicio ejusdem Christiane et heredum ipsius, reddendo scilicet annuatim duos solidos pro eodem tofto eidem domui. Preterea dedi eidem domui de Sallai unam acram terre de terra mea super Natebrec, scilicet ex parte australi et unam aliam acram in essarto meo de Fractescell, scilicet ex parte del north per perticam viginti et quatuor pedum sicut ego eandem terram recepi de domino meo Henrico de Puteaco. Hec omnia dedi eisdem monachis tenenda et habenda cum omnibus pertinenciis suis in villa de Setel, in puram et perpetuam elemosinam, solute libere et quiete ab omni servicio et exaccione et omni re ad terram pertinente. Et ego et heredes mei omnia prenominata predictis monachis warantizabimus et defendemus versus omnes inperpetuum. His testibus. W. capellano de Gigleswik, H. de eadem, Ranulfo de Oterburne, et aliis.

Robert of Settle granted to Sallay a toft with a croft in Settle which his sister Christian held of him, with her homage and service, i.e., 2s. to the abbey; also two acres by a perch of 24 ft.

381. Confirmacio Thome filii Petri de Setel de duabus acris, Stocdale. [*c.* 1225]
Omnibus sancte ecclesie filiis presentibus et futuris Thomas filius Petri de Setel salutem. Noveritis me concessisse et presenti carta mea confirmasse Deo et beate Marie et monachis de Sallai duas acras terre cum pertinenciis et totum toftum que Robertus clericus de Setil frater meus dedit eisdem monachis cum corpore suo in eadem villa de Setel; ita quod nec ego nec aliquis per me clamium vel calumpniam *f.* 105*v.* versus predictos monachos super prenominatis inperpetuum movebimus. Hiis testibus. R. de Plumpton, W. de Hebdene, W. de Stivetona, et aliis.

Thomas son of Peter of Settle confirmed the previous gift of his brother Robert clerk of Settle.

SETYLL.

[*Early Henry III*]
382. Sciant presentes et futuri quod ego Simon filius W. mercatoris vendidi et quietas clamavi duas bovatas terre in Setel Roberto filio Petri et heredibus suis de me et de heredibus meis quietas inperpetuum, illas scilicet quas pater meus tenuit de patre suo, excepto crofto predictis bovatis pertinente, pro quinque marcis et dimidia quas michi dedit in magna mea necessitate. Et ego et heredes mei sibi et heredibus suis predictam vendicionem et quietam clamacionem warantizabimus inperpetuum contra omnes homines. His testibus. Domino H. Percy, domino Waltero de Perci, Ricardo de Everlai, et multis aliis.

Simon son of W. the merchant sold to Robert son of Peter 2 bovates in Settle (one toft excepted), for 5½ marks. For 15 marks and a palfrey Matilda countess of Warwick gave to Henry de Puteaco the vill of Settle, the service of Giggleswick and the advowson of the church. *Test.* Nigel of Stockeld, Gilbert de Percy, Payne (Pagano) of Catton, William son of Geoffrey de Percy, Robert son of Robert chamberlain of the Countess, William of Toppeclive, Hugh son of Hugh, Walter (?) of Catton, William son of Alan de Percy, Henry de Percy, Nicholas Lengleis, Richard of Everlay, Thomas son of Roger, Peter of Ardington, Serlo of Ardington, William son of Robert of Siclinghale, Robert his son. Seal of the countess. (Dodsworth 8, f. 17). Deed of William de Percy to Henry his brother of the manor of Settle *temp.* Adam of Driffield steward. *Test.* (Elias of Giggleswick), Jordan of Estre (de Atrio), Oliver of [Brinkle], Richard of Goldesburgh, William of Arches, Alan of Catherton, Robert of Settle, etc. Carta adeo lacerata ut infuturum illegibilis (*ibid.*, f. 17v; *Percy Chart.*, pp. 31-2, without witnesses). In 1226/7 William de Percy conveyed this manor by fine to Richard de Percy his uncle (*ibid.*, pp. 8-10), and in 1260 Henry son of Richard de Percy granted it to Henry son of William de Percy (*ibid.*, p. 93).

383. Confirmacio Walteri de Setel de donis Roberti clerici de Setel. [*Early Henry III*]

Omnibus sancte ecclesie filiis presentibus et futuris Walterus de Setel filius Ade salutem. Noveritis me concessisse et presenti carta mea confirmasse Deo et monachis ecclesie sancte Marie de Sallai quicquid habent in villa et in teritorio de Setel ex dono Roberti clerici filii Petri avunculi mei sicut carta ejusdem Roberti quam inde habent testatur et proportat. His testibus. Helia de Gicleswik, Ranulfo de Oterburne, Ricardo de Setel, et aliis.

Walter of Settle son of Adam confirmed to Sallay abbey the gifts of Robert the clerk, his cousin.

384. Carta Ricardi filii magistri de j. tofto et crofto et de una acra terre et una roda in Setel. [*ante* 1244]
Omnibus sancte matris ecclesie filiis presentibus et futuris Ricardus filius magistri de Setel salutem. Noveritis me pro salute anime mee et Albri uxoris mee et omnium heredum meorum et patris mei et matris mee dedisse et concessisse et hac presenti carta confirmasse Deo et monachis ecclesie beate Marie de Sallai, simul cum corpore meo ibidem sepeliendo, unum toftum in villa de Setil cum crofto et edificiis et aliis pertinenciis in eadem villa, illud scilicet quod Alanus carpentarius tenuit et unam acram terre et unam rodam in teritorio de Setil, cum omnibus libertatibus et aisiamentis dicte ville de Setil pertinentibus, jacentem scilicet in superiori parte de Lairsidriding versus orientem; tenenda et habenda predictis monachis in puram et perpetuam elemosinam inperpetuum de me et de heredibus meis, liberam et quietam et solutam ab omni servicio et exaccione et omni ad terram pertinente. Ego vero Ricardus et heredes mei omnia prenominata predictis monachis contra omnes homines warantizabimus et defendemus et ad majorem hujus rei securitatem huic scripto sigillum meum apposui. His testibus. Hugone de Altona, Ricardo de Boultona, W. de Casdelau, et aliis.

Richard son of the master of Settle granted to Sallay abbey, together with his body for burial, a toft in Settle with a croft and buildings and an acre and a rood. *Cf.* No. 377.

385. Carta Ricardi de Setil de j. tofto. [*Early Henry III*]
f. 106. Omnibus sancte ecclesie filiis presentibus et futuris Ricardus filius magistri de Setil salutem. Noverit universitas vestra me dedisse, concessisse et hac presenti carta mea confirmasse Deo et beate Marie de Sallai et monachis ibidem Deo servientibus, pro salute anime mee, patris mee et omnium antecessorum meorum et heredum meorum, unum mesuagium in gardino meo de Setil, juxta domum Roberti Casteloc versus orientem; habendum et tenendum de me et heredibus meis in puram et perpetuam elemosinam, solutam liberam et quietam ab omni servicio et exaccione. Et ego et heredes mei Deo et beate Marie et jam dictis monachis predictum mesuagium contra omnes homines warantizabimus. His testibus. Malgero Vavasor, W. filio ejus, Elia de Gicleswik, et aliis.

Richard son of the master of Settle granted to Sallay abbey a messuage
in his garden of Settle, near the house of Robert Casteloc towards the east.

386. Carta Elie filii Ade filii Cecilie de una acra in Setil.

[*c.* 1240-50]

Omnibus sancte ecclesie filiis presentibus et futuris Helias filius Ade
filii Cecilie salutem. Noveritis me pro salute anime mee et omnium
antecessorum et heredum meorum concessisse et presenti carta mea
confirmasse Deo et monachis ecclesie beate Marie de Sallai in puram
et perpetuam elemosinam, solutam liberam et quietam ab omni
servicio et exaccione et omni re ad terram pertinente, unam acram
terre cum omnibus pertinenciis, libertatibus et aisiamentis suis ad
tantam terram in villa de Setil pertinentibus; illam scilicet quam pater
meus eisdem monachis dedit cum corpore suo, cujus dimidia acra et
xvj. fal' jacent juxta lapidem stantem et totum residuum in Sourlandes
et Sinnwrosinc et in Mulchathis. Et ego et heredes mei predictam terram
cum omnibus pertinenciis prefatis monachis warantizabimus contra
omnes inperpetuum. His testibus. H. de Gicleswik, Ricardo de Setil,
etc.

Elias son of Adam son of Cecilia confirmed to Sallay an acre in Settle,
which his father gave to the monks together with his body for burial.

387. Carta Simonis Coupman de communa pastura de Setil
et quieta clamacio de Stockedale.   [*c.* 1224]

Universis Christi fidelibus presentibus et futuris Simon filius Willelmi
Coupman de Gigleswik salutem. Noveritis me pro salute anime mee
et omnium antecessorum meorum et heredum meorum dedisse et
concessisse et presenti carta mea confirmasse Deo et beate Marie et
monachis de Sallai liberam communam omnibus averiis suis per totam
terram meam infra divisas de Setil et totam calumpniam quam habui
versus eosdem infra pasturam suam de Stokedale, de me et heredibus
meis inperpetuum quietum clamasse; et ut hec concessio et quieta
clamacio rata et stabilis perseveret huic scripto sigillum meum apposui
in testimonium; et quoniam predicti monachi receperunt me caritative
in fraternitate domus sue et ordinis sui, fidelitatem in omnibus eis
servare fide media promisi. His testibus. Laurencio persona de Gicleswik, Roberto persona de Preston [tunc decano de Cravene][1], Willelmo
Flandrense, et aliis multis.

Simon son of William Coupman of Giggleswick granted to the Sallay monks
free common for all their animals upon his land within the bounds of Settle,
and released all claims he had against them on their pasture of Stockdale.
The monks had received him into ·the fraternity of the house and
order, and he had promised them fealty in all things. To the witnesses add
John of Halton, Hugh, Elias and John his sons, Elias of Gikleswic, Richard
son of the master of Settle, David of Settle. (Dodsworth 155, f. 17).

[1] From Dodsworth.

388. Carta Nigelli de uno tofto in Setil.   [*ante* 1230]

f. 106*v.* Omnibus sancte ecclesie filiis tam presentibus quam futuris Nigellus filius Walteri de Stockedele salutem. Noveritis me dedisse, concessisse et presenti carta mea confirmasse Deo et beate Marie et monachis de Sallai unum toftum in Setil cum libero introitu et exitu, videlicet quod fuit Ricardi filii Alry, cum corpore Agnetis matris mee ibidem sepeliendo et pro salute anime mee et W patris mei et omnium antecessorum et heredum meorum, in puram et perpetuam elemosinam, tam liberam et quietam sicut ulla elemosina liberius et quietius dari et teneri potest. Et ego N. et heredes mei warantizabimus et defendemus prenominatum toftum predictis monachis contra omnes inperpetuum. Sciendum vero quod si contigerit quod predictum toftum illis warantizare non poterimus secundum consideracionem virorum legalium ad valenciam ipsius satisfaciemus. His testibus. R. decano de Craven, Henrico de Giseburne, Laurencio de Gicleswik, et aliis.

Nigel son of Walter of Stockdale granted to Sallay abbey, together with the body of Agnes his mother for burial, a toft in Settle.

For EU product safety concerns, contact us at Calle de José Abascal, 56–1°,
28003 Madrid, Spain or eugpsr@cambridge.org.

www.ingramcontent.com/pod-product-compliance
Ingram Content Group UK Ltd.
Pitfield, Milton Keynes, MK11 3LW, UK
UKHW010042140625
459647UK00012BA/1547